英語学入門

安藤貞雄・澤田治美 編

開拓社

English Linguistics: An Introduction
2001

はしがき

　本書は，大学・短大の「英語学概論」の教科書として新しく書き下ろされたものである．「入門」と銘打ったのは，専門用語も必要不可欠なものにしぼって，本書の記述をできるだけ明晰でわかりやすくすることに意を用いたからである．また，入門書の性質上，興味深い事例をあげたり，常に日本語との比較も行うなどして，学生諸君が言葉の研究の面白さを会得することができるように努めた．

　本書は，従来の類書ではほとんど（あるいは，不十分にしか）論じられたことのない，英語のフォニックス，認知意味論，メタファー論，情報構造，日英語の比較などを含んでいる点で，いま最も up-to-date な英語学入門ではないかと自負している．本書の構成は，次のとおりである．

　第1章「英語学とは何か」は，言語学やフィロロジーと比較して，英語学の特徴と守備範囲を明確にするとともに，心理言語学，社会言語学，対照言語学など，英語学の関連分野を概観している．

　第2章「言語とは何か」は，前半で動物の伝達や各種の信号などと比較することによって，人間言語の特質を明らかにし，後半で言語の種々の機能を考察している．

　第3章「英語のフォニックス——綴り字と発音」は，war を「ウヮー」，allow を「アロウ」というふうに発音する学生が跡を絶たない現状にかんがみて，「綴り字あり，発音を求む」という要望に応えることを意図している．日本の英語教育では，この面での訓練がほとんどないがしろにされていると思われるからである．

　第4章「音声学と音韻論」では，まず，この二つの学問分野のアプローチの違いを明確にし，音声学的な事実が音韻論ではどのように"料理される"かを示している．次に，音声学においては，日本語の音声との対比において英語の音声の特徴を浮き彫りにするとともに，最新の研究成果に基づいて，随所で従来の不適切な記述を正している．

　第5章「形態論」では，形態素の種類，IC分析，語形成の方法など，形態論の基本的問題を扱っている．ここで紹介された分析は，日本語を分析するときにも役立つはずである．

　第6章「統語論」では，まず，基本文型，構成素，範疇などの統語論の基本概念を明らかにし，次に，補部と付加部，補文構造，文の生成を扱っている．

記述の枠組みは，生成文法，とりわけ GB 理論であるが，それは英語の記述には最近のミニマリスト・プログラムよりも，GB 理論のほうが役立つと考えているからである．

　第 7 章「意味論」では，まず，語の意味，句の意味，文の意味が決定される方法を考え，次いで，意味関係，意味変化を考察し，最後に，最近脚光を浴びている認知意味論をとりあげている．認知意味論の考え方は，言葉の意味の背後に外界に対する私たちの認識を読みとるのに有益であろう．

　第 8 章「語用論」では，言語表現とそのコンテクストとの関係を研究する．具体的には，発話行為，前提，会話の含意，直示性などをかなり詳細に解説してある．学生諸君には，語用論を学ぶことで言葉のコンテクストに目を向ける習慣を養っていただきたいと念じている．

　第 9 章「情報構造」では，文を言語体系の立場から研究する文法と異なり，文を言語使用の立場からとらえる．具体的には，何について何を述べるかという「話題・評言」関係と，伝達しようとする情報が聞き手にとって旧情報であるか，新情報であるかという点を解明する．

　第 10 章「日英語の比較」は，系統の異なる英語と日本語を，語彙の比較，語順の比較、文構造の比較，語順と新情報・旧情報とのかかわり，受身文の比較などを，特に機能的構文論の立場から探究して，両言語の共通点と相違点を浮き彫りにしている．

　各章末の【recommended reading】は，その章の内容をより広く深く理解するための基本的文献を紹介したものであり，【研究課題】はレポート作成のためのトピックを示唆したものである．

　各章の分担について一言するならば，第 1, 2, 3, 5, 7 章（§7.6 を除く）を安藤，第 4 章を南條，第 6 章を杉山，第 7 章の §7.6，および第 8 章を澤田，第 9 章を加藤，第 10 章を高見がそれぞれ分担した．原稿および初稿の段階で二人の編者が，すべての章に目を通して，用語の統一をはじめ，表現のわかりやすさ，用例の適切さ，内容の正確さなどを綿密にチェックした．

　最後に，出版界不況の折りにもかかわらず，本書の出版を快くお引き受けくださった開拓社のご厚意と，編集者・川田賢氏の周到なお心配りに対して心から御礼を申しあげたい．

2001 年 10 月　秋の声を聴きつつ

安藤　貞雄
澤田　治美

目　次

はしがき

第1章　英語学とは何か … 1
　1.1　言語学と英語学 … 1
　1.2　言語学とフィロロジー … 2
　1.3　言語学・英語学の仕事 … 4
　1.4　言語学・英語学の関連分野 … 7

第2章　言語とは何か … 10
　2.1　言語の特徴 … 10
　2.2　言語の機能 … 16

第3章　英語のフォニックス――綴り字と発音―― … 20
　3.0　はじめに … 20
　3.1　子音字の発音 … 20
　3.2　母音字の発音 … 24
　3.3　弱音節の母音 … 28
　3.4　発音されない子音字 … 29
　3.5　母音字の例外的な発音 … 30

第4章　音声学・音韻論 … 32
　4.1　音声学と音韻論 … 32
　　4.1.1　音声学 … 32
　　4.1.2　音韻論 … 33
　4.2　音素と異音 … 33
　4.3　音声器官 … 34
　4.4　母音と子音 … 35
　4.5　英米の標準発音 … 36
　　4.5.1　アメリカの標準発音 … 36
　　4.5.2　イギリスの標準発音 … 36
　4.6　一般アメリカ英語の母音音素 … 37
　　4.6.1　母音の分類基準 … 37
　　4.6.2　単一母音と二重母音 … 38

4.6.3　弛緩母音と緊張母音	39
4.6.4　母音の長さ	39
4.6.5　一般アメリカ英語の弛緩母音	40
4.6.6　一般アメリカ英語の緊張母音	42
4.6.7　一般アメリカ英語の二重母音	43
4.7　一般アメリカ英語の子音音素	44
4.7.1　子音の分類基準	44
4.7.1.1　調音位置	44
4.7.1.2　調音様式	45
4.7.1.3　声	46
4.7.2　日本語と一般アメリカ英語の子音体系	47
4.7.3　閉鎖音	48
4.7.4　摩擦音と破擦音	49
4.7.5　鼻音	50
4.7.6　接近音	50
4.8　同化	51
4.9　音節	52
4.9.1　音節の内部構造	52
4.9.2　頭子音と尾子音の配列	53
4.9.3　開音節と閉音節	54
4.9.4　音節主音的子音	55
4.10　アクセントとリズム	56
4.10.1　アクセント	56
4.10.2　強勢アクセントと高さアクセント	56
4.10.3　単語のアクセントの位置	57
4.10.4　英語のアクセント規則	58
4.10.5　強勢	60
4.10.6　リズム	61
4.10.7　強形と弱形	62
4.11　音声現象と音節構造	63
4.11.1　音節に基づく音声現象の一般化	63
4.11.2　弾音化	64
4.11.3　咽頭化	65
4.11.4　子音の脱落	66
4.11.5　音声現象と分節	67
4.11.6　アクセントと分節	69
4.11.7　なぜ音声現象は生じるのか	70

第5章　形態論 ･････････････････････････････････････ 72
　　5.0　形態論とは ････････････････････････････････ 72
　　5.1　形態素 ･･･････････････････････････････････ 72
　　5.2　形態素に基づく語の分類 ･････････････････････ 73
　　5.3　拘束形態素（接辞） ･････････････････････････ 75
　　5.4　派生接辞と屈折接辞の区別 ･･･････････････････ 76
　　5.5　形態素と異形態 ････････････････････････････ 77
　　5.6　語基と語幹 ･･･････････････････････････････ 79
　　5.7　IC 分析 ･････････････････････････････････ 79
　　5.8　語形成 ･･････････････････････････････････ 81
　　　　5.8.1　複　合 ････････････････････････････ 81
　　　　5.8.2　派　生 ････････････････････････････ 83
　　　　5.8.3　転　換 ････････････････････････････ 84
　　　　5.8.4　短　縮 ････････････････････････････ 86
　　　　5.8.5　混　成 ････････････････････････････ 87
　　　　5.8.6　語根創造 ･･････････････････････････ 88

第6章　統語論 ･････････････････････････････････････ 89
　　6.0　統語論とは ･･･････････････････････････････ 89
　　6.1　文 ････････････････････････････････････ 90
　　6.2　文の種類 ････････････････････････････････ 91
　　　　6.2.1　構造から見た分類 ･･･････････････････ 91
　　　　6.2.2　機能から見た分類 ･･･････････････････ 91
　　6.3　基本文型 ････････････････････････････････ 92
　　　　6.3.1　SV 型 ････････････････････････････ 92
　　　　6.3.2　SVA 型 ･･････････････････････････ 92
　　　　6.3.3　SVC 型 ･･････････････････････････ 93
　　　　6.3.4　SVCA 型 ････････････････････････ 93
　　　　6.3.5　SVO 型 ･･････････････････････････ 95
　　　　6.3.6　SVOA 型 ････････････････････････ 95
　　　　6.3.7　SVOO 型 ････････････････････････ 96
　　　　6.3.8　SVOC 型 ････････････････････････ 98
　　6.4　文の内部構造 ････････････････････････････ 102
　　　　6.4.1　構成素と階層構造 ･･････････････････ 102
　　　　6.4.2　樹形図の示す構造関係 ･･･････････････ 105
　　　　6.4.3　構成素診断テスト ･･････････････････ 107
　　6.5　補文の構造 ･････････････････････････････ 108
　　6.6　X-bar 理論 ････････････････････････････ 112
　　　　6.6.1　X-bar 式型 ･･････････････････････ 112

6.6.2　補部と付加部 ………………………………………………… 115
　　　6.6.3　X′ の経験的証拠 ……………………………………………… 118
　　6.7　変形と文の生成 ……………………………………………………… 120
　　　6.7.1　yes/no 疑問文 ………………………………………………… 121
　　　6.7.2　wh 疑問文 ……………………………………………………… 123
　　　6.7.3　NP 移動 ………………………………………………………… 124
　　　6.7.4　重名詞句転移 …………………………………………………… 125
　　　6.7.5　外置化 …………………………………………………………… 126
　　6.8　移動の一般的制約 …………………………………………………… 127

第 7 章　意味論 ……………………………………………………………… 133

　　7.0　はじめに ……………………………………………………………… 133
　　7.1　語の意味 ……………………………………………………………… 133
　　7.2　句の意味 ……………………………………………………………… 135
　　7.3　節の意味解釈 ………………………………………………………… 137
　　7.4　意味関係 ……………………………………………………………… 141
　　　7.4.1　同義性 …………………………………………………………… 141
　　　7.4.2　多義性 …………………………………………………………… 142
　　　7.4.3　非両立関係 ……………………………………………………… 144
　　　7.4.4　上下関係 ………………………………………………………… 146
　　7.5　意味変化 ……………………………………………………………… 147
　　　7.5.1　意味変化の要因 ………………………………………………… 147
　　　7.5.2　意味変化のタイプ ……………………………………………… 149
　　7.6　認知意味論 …………………………………………………………… 151
　　　7.6.1　認知意味論の特徴 ……………………………………………… 151
　　　7.6.2　カテゴリー化 …………………………………………………… 152
　　　7.6.3　メタファー ……………………………………………………… 154
　　　7.6.4　メトニミーとシネクドキ ……………………………………… 156
　　　7.6.5　イメージ・スキーマ …………………………………………… 158
　　　7.6.6　事例研究：法助動詞 may をめぐって ……………………… 160
　　　　　7.6.6.1　may の多義性 …………………………………………… 160
　　　　　7.6.6.2　相互作用モデルから見た "may ... but" 文 …………… 163
　　　　　7.6.6.3　データ分析 ……………………………………………… 164

第 8 章　語用論 ……………………………………………………………… 167

　　8.1　語用論とは何か ……………………………………………………… 167
　　8.2　直　示 ………………………………………………………………… 171
　　　8.2.1　はじめに ………………………………………………………… 171
　　　8.2.2　人称直示 ………………………………………………………… 175

8.2.3　時間直示	177
8.2.4　場所直示	179
8.3　発話行為	182
8.3.1　はじめに	182
8.3.2　叙述文と遂行文	183
8.3.3　発話行為のための適切性条件	190
8.3.4　発話行為の分類	191
8.3.5　間接的発話行為	193
8.4　前提	195
8.4.1　前提とは何か	195
8.4.2　前提のタイプ	196
8.5　会話の含意	201
8.5.1　はじめに	201
8.5.2　「協調の原則」と四つの「公理」	202
8.5.3　公理と会話の含意	204
8.5.3.1　量の公理と含意	205
8.5.3.2　質の公理と含意	207
8.5.3.3　関係の公理と含意	208
8.5.3.4　様態の公理と含意	210
8.6　終わりに	211

第9章　情報構造　214

9.0　文の情報構造	214
9.1　旧情報と新情報	215
9.2　旧情報と新情報の特徴	216
9.3　話題と評言	217
9.4　情報構造と構文	219
9.4.1　there 構文	219
9.4.2　SVOO 型と SVOA 型	222
9.4.3　put out the cat のタイプと put the cat out のタイプ	223
9.4.4　it 分裂文と擬似分裂文	224
9.5　話題と構文	225
9.5.1　話題化	225
9.5.2　受身文	226
9.5.3　主語繰り上げ	226
9.6　倒置と焦点化	227
9.6.1　否定の焦点化	228
9.6.2　副詞の焦点化	228
9.6.3　主語を焦点化する倒置	229

9.6.3.1	場所・方向の前置詞句の倒置	229
9.6.3.2	形容詞句の倒置	229
9.6.3.3	分詞句の倒置	230
9.7	事実動詞と情報構造	230
9.8	副詞節と情報構造	231
9.9	否定と情報構造	233
9.10	実例の観察	233

第10章 日英語の比較 ……………………………………… 237

- 10.1 語彙の比較 ……………………………… 237
- 10.2 語順の比較 ……………………………… 241
- 10.3 文構造の比較 …………………………… 244
- 10.4 後置文の比較 …………………………… 249
  - 10.4.1 英語の文の情報構造 ……………… 250
  - 10.4.2 日本語の文の情報構造 …………… 254
  - 10.4.3 日英語の情報構造の相違 ………… 257
- 10.5 受身文の比較 …………………………… 258
  - 10.5.1 英語の受身文 ……………………… 259
  - 10.5.2 日本語の受身文 …………………… 261
- 10.6 終わりに ………………………………… 265

参考文献 …………………………………………………… 269

索　引 ……………………………………………………… 277

英語学入門

第1章

英語学とは何か

1.1 言語学と英語学

　言語学 (linguistics) は，人間言語を音韻・形態・文法・意味の各レベルにおいて科学的に研究することによって，人間言語の構造・獲得・使用の本質を明らかにし，ひいては言語の働きから心の働きを見極めることを目指す学問である．言語は，人間を他の動物と区別する特徴であり，その意味で人間言語の探究は人間学の中枢であると言ってよい．

　これに対して，**英語学** (English linguistics) は，英語という個別言語を同様な各レベルにおいて研究することによって，英語という個別言語の特質を明らかにすることを目指す学問分野である．

　言い替えれば，英語という個別言語を対象として言語学を行えば，即英語学である，ということになる．両者の間には，したがって，対象の違いがあるだけで，後述する細部を除けば，方法論的な違いはないと言ってよい．

　言語学と英語学は，「一般」と「個別」の関係にある．両者は密接不可分であって，言語学の理論を踏まえないで英語学を行うことはできないし，逆に，英語学のような個別言語学の提供する言語事実に基づくことなしに言語学を行うことはできない．

　それでは，言語学と英語学のような個別言語学との間にはどのような違いがあるのだろうか．Chomsky の次の言葉は，両者の違いを明瞭に指摘している．

　　(1)　For the scientist interested in the nature of language, it is

the general principles that are of primary importance; the special properties of particular languages are of much less interest. (Chomsky (1980: 237))
(言語の本質に関心を抱く科学者にとって最も重要なのは，一般的な原理である．個々の言語の特異な性質は，はるかに関心が少ない)

(2) ... ordinary grammar books, quite properly for their purposes, tacitly assume a principled grammar (generally without awareness) and deal with idiosyncracies, with the kinds of things that could not be known without experience or instruction. (Ibid.: 133)
(普通の文法書は，その目的からすれば当然のことだが，(通例無意識的に) 暗黙のうちに原理づけられた文法を想定し，特異な事柄，すなわち，経験したり，教えられたりしなければ自分の知識となりえないような事柄を扱っている)

すなわち，言語学は「一般的な原理」に関心を抱くのに対して，英語学のような個別言語学は「原理づけられた文法」を前提として，おもに「個々の言語の特異な性質」，つまり「経験したり，教えられたりしなければ自分の知識になりえないような事柄」を扱う，ということになる．

Chomsky は，言語知識のうち，その大筋が生得的に決まっている部分を「**核**」(core) とし，経験による可変性の多い部分を「**周辺**」(periphery) とした上で，もっぱら前者に関心を向けてきた．英語学は，前者に基づきながら，後者にも十分な注意を払うという点で，言語学よりも守備範囲が広く，扱う事実も一段と豊かであると言えるかもしれない．

言語学と英語学は，「一般」と「個別」の関係であっても，決して「本店」と「支店」の関係ではない．

1.2 言語学とフィロロジー

linguistics という用語は，19 世紀の半ばごろ，当時発達しはじめた比較文

法に基づく言語研究を，伝統的な言語研究である philology[1] と区別するために用いられるようになったものである．

この二つの学問分野の間には，次のような相違がある．

① フィロロジーは，言語を文化や文学を担うものとして研究するのに対して，言語学は言語自体を研究の対象とする．したがって，言語学では，文字や文学をもたない言語も研究対象となる．

② フィロロジーは，書かれた文献を手がかりにして民族の精神文化を研究することを究極目標とする点で，本来テキスト指向的であるのに対して，言語学はテキスト指向的ではない．言い替えれば，フィロロジーはもっぱら書き言葉を対象とし，**データ中心的** (data-oriented) であるのに対して，言語学はおもに話し言葉を対象とし，**事実中心的** (fact-oriented) である．

③ 言語学は一般化と理論体系の構築を目指すのに対して，フィロロジーは個別化を目指し，特定の言語の特徴，たとえば英語の場合なら「英語性」(Englishness) を明らかにすることを目標とする．

④ フィロロジーはすぐれて歴史的であるが，言語学は通例，**記述的** (descriptive) である．

さて，フィロロジーと言語学の違いが以上のようであるとすると，個別言語の科学的研究である英語学には，当然，言語学的英語学 (English linguistics) とフィロロジー的英語学 (English philology) の2種類があることになる．言語学は，音韻・形態・統語・意味の各レベルにおいて一般言語理論を志向した分析・記述を行うのに対して，フィロロジーでは，テキストの解釈のための言語分析が，同じように音韻・形態・統語・意味，さらに韻律・文体のレベルにおいて行われる．

すなわち，かりに同一のテキストを分析しても，それが一般言語理論を志向したものであれば言語学的英語学となり，英語性を志向したものであればフィロロジー的英語学である，ということになる．どちらにも独自の存在理由があり，そのどちらに従事するかは，研究者の資質によるところが多い．もちろん，至難の業ではあるが，どちらの英語学をも視野に収めて研究を進めることを理想とするべきであろう．

---

1. philology は従来「文献学」と訳されてきたが，これは適当な訳語ではない．最近は「フィロロジー」と片仮名書きを用いることが多くなった．

1.3　言語学・英語学の仕事

　以上見てきたとおり，言語学の仕事を語ることは，ほぼ英語学のそれを語ることになる．したがって，この節では，同時に英語学の仕事を語るものでもあると理解されたい．

　さて，言語学・英語学は，研究分野や対象言語の違い，視点や方法論の違いにより，さまざまな種類が生じる．

　① **研究分野**：　音韻論・形態論・統語論・意味論・語用論などの各分野がある．これらの各分野については，第3章以下で詳しく扱う予定である．

　② 対象言語の違いにより，次のような区別が生じる．

言語一般と個別言語：　人間言語に共通に見られる現象を追求し，有意義な一般化をとらえることを目指すものは，**一般言語学** (general linguistics) または**理論言語学** (theoretical linguistics) と呼ばれる．一方，英語とかフランス語とかの個別言語を扱う言語学は，それぞれ，英語学とかフランス語学と呼ばれる．

ラングとパロール：　スイスの言語学者 Ferdinand de Saussure (1857–1913) は，Saussure (1916) において**言語活動** (langage) の個人的側面を「**パロール**」(parole)，社会的側面を「**ラング**」(langue) と呼んだ．言い替えれば，言語活動はラングとパロールからなり，言語活動からパロールを引けばラングが得られる．

　ラングは，「言語能力の社会的所産であり，同時に，この能力を個人が行使できるように，社会全体が採用した必要な制約の総体である」と定義される．一方，パロールは，「言語活動の遂行的側面であり，遂行は常に個人であり，個人がその主である」．

　もっと平易に野球の比喩で言うならば，野球のルールブックがラングであり，その一つ一つの試合がパロールである．音楽の比喩で言うならば，楽譜がラングであり，その演奏がパロールである．

　パロールは個人的・瞬間的であるが，ラングは社会的事実である．言語変化は，個人のパロールを通じて生じる．

　de Saussure は，言語活動は多様で混質的であり，個人の領域にも社会の領域にも属するので，その単位を引き出すことはむずかしいとし，ラングこそが言語学の対象であると論じた．しかし，その後の研究者は，たとえばシ

ェイクスピアの言語，アメリカの独立宣言の言語の研究のように，パロールの言語学も認めるようになった．個人的文体論は，明らかに，パロールの言語学である．[2]

話し言葉と書き言葉： 従来の言語学書では，話し言葉を書き言葉よりも優先する傾向があった．確かに，子供は書き言葉を習得する以前に話し言葉を操るようになるのであり，世界には文字言語をもたない言語はいくらでもある．けれども，本来両者はそれぞれ別個の機能をもつものであり，一方で他方を代替させることができないものである．

プラハ言語学派の言語学者 Mathesius (1882–1945) も，「初期の言語学者は書き言葉のみを扱い，一方，現代の方言学は話し言葉のみを扱っているが，書き言葉は，話し言葉と同様に，独自の言語形式であって，それぞれが特有の機能を有しているのである」(Mathesius (1975: 15)) と述べている．

③ **共時態と通時態：** 言語研究は，言語が時間の流れにおいて占める軸に関して，大きく二つに分かれる．de Saussure は，同時性の軸 (AB) に立つ，一時期の言語状態を**「共時態」**(synchrony) と呼び，継起性の軸 (CD) に沿って変化する言語現象を**通時態** (diachrony) と呼んだ．そして，言語の共時態を扱うものを**共時言語学** (synchronic linguistics) と呼び (記述言語学 (descriptive linguistics) ともいう)，歴史的変化を追求する場合を**通時言語学** (diachronic linguistics) (歴史言語学 (historical linguistics) ともいう) と呼ぶことを提唱した．

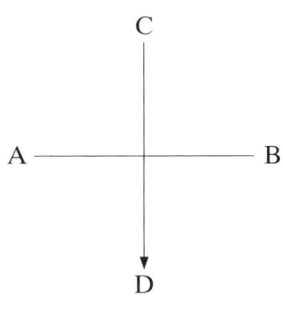

共時態と通時態は視点の対立であって，(de Saussure によれば) 妥協を許さない．たとえば，husband という語は，共時的に見れば「夫」という意味の単一語であるが，通時的に見れば，OE では hūsbonda (=house master) という複合語であったと説明される．the most unkindest cut of all (非道きわ

---

2. ただし，個人的なパロールといえども，ラング (文法と言い替えてもよい) というレールの上を走っている以上，まったくの個人的な恣意は許されない．たとえば，英語の話し手は a big tiger とは自由に言えるが，*tiger big a とは言えない．それでは，ラングのルールに違反するからである．

まる一撃)(Shakespeare, *Caesar* 3.2.187)のような，いわゆる**二重最上級**についても，二つの視点からの説明が可能になる．「二重最上級は，初期近代英語，特に Shakespeare に多い」と言えば，共時的な説明であるが，「二重最上級は Shakespeare の時代以来，標準英語から姿を消した」と言えば，通時的な説明になる．日本語の「たそがれ」にしても，共時的には「夕方」を意味する単一語であるが，通時的には「誰そ彼？」という意味の一つの文であったと説明しなければならない．

共時的な説明と通時的な説明とを混同することは避けなければならないが，同時に，共時的な一般化と通時的な一般化は矛盾しないほうが望ましい．つまり，たとえ共時態をうまく説明できる一般化をしたとしても，その一般化が，同時に通時的な事実をも整合的に説明できないとすれば，その一般化にはどこか欠陥がある，ということである．

④ **方法論**：　方法論の違いにより，次のような学派が生じる．

構造言語学 (structural linguistics)：　この学派は，言語をばらばらな要素の集まりと考えるのではなく，要素同士が有機的な関係を保つ構造または体系としてとらえ，個々の要素を構造全体の中に位置づけることを特徴とする．ヨーロッパでは，de Saussure の影響下に，その直弟子の Bally, Sechehaye らを中心とするジュネーヴ学派，Mathesius, Jakobson, Trubetzkoy を中心とするプラハ学派，Hjelmslev をリーダーとするコペンハーゲン学派が生まれた．

アメリカでは，Boas, Sapir, Bloomfield によるインディアン諸語の言語と文化の研究が始まった（アメリカの言語学の顕著な特徴である人類学的傾向は，前2者の影響によるところが多い）．中でも Bloomfield の *Language* (1933) は，行動心理学の立場に立つ機械的・物理的な手法をうち建て，以後のアメリカ構造主義を方向づけた．

機能言語学 (functional linguistics)：　プラハ学派に端を発し，言語事実に対する共時的アプローチの提唱，言語の体系性の強調，特定の社会において言語が果たす機能の解明を特徴とする．Halliday の機能言語学や Kuno (久野) の機能的構文論もプラハ学派の流れを汲むものと言える．本書第10章には，機能的構文論のアプローチの具体例が見られる．

生成文法 (generative grammar)：　MIT の Noam Chomsky を中心に発展したきた学派で，構造言語学の限界を乗り越え，基底構造に変形操作を加

えて表層構造を派生するモデル．Chomsky 理論は，世界中の研究者から膨大なフィードバックを受けつつ間断なく前進を続けているが，理論がより洗練されていくことの必然の結果として，「言語は規則の集合である」という主導理念から，「規則は原理に支配される」に変わり，いまや，「原理は最小である」という理念のもとに過去の遺産をことごとく見直し始めたところである．本書の第 6 章は，おもに生成文法の枠組で書かれている．

認知言語学 (cognitive linguistics)： 人間の心 (mind) の働きを解明しようとする認知科学の一分野．認知 (cognition) とは，知覚，判断，記憶，推論，課題の発見と解決，言語理解と言語使用など，人間の心がかかわる心理的過程の総称である．この理論の枠組みでは，Langacker の認知文法論，Lakoff, Talmy らの認知意味論，Fillmore, Goldberg らの構文文法，Fauconnier らのメンタル・スペース理論などの活躍がめざましい．認知意味論的アプローチの具体例については，本書第 7 章を参照．

1.4 言語学・英語学の関連分野

言語の多面的性格を反映して，主として 20 世紀後半から，種々の学問分野との学際的研究が行われるようになった．以下に，それらの主要なものを挙げてみよう．

① **心理言語学** (psycholinguistics) は，子供の言語獲得 (language acquisition) と使用——たとえば，文の知覚 (perception)・産出 (production)・理解 (comprehension)——の心理的過程など，言語とその使用者である人間の心理との関係を探究する．二つのアプローチが可能であり，一つは，言語が記憶・知覚・注意・学習などにどのように影響するかを調べる方向，もう一つは，心理的制約（たとえば記憶の限界）が言語の産出と理解にどのように影響するかを調査する方向であるが，従来，言語学は後者の方向に注意を注いできた．言語と思考の関係，言語の複雑性の問題も，この学問分野の対象である．

② **社会言語学** (sociolinguistics) は，言語を種々の社会的要因と関係づけて研究する．敬語法，階級方言，男言葉と女言葉，標準語と非標準語，言語に対する社会的な態度などが扱われる．また，多言語社会における多言語使用 (multilingualism) の問題，特に新興国においてどの言語を公用語にするか，

正書法をどうするかといった言語計画 (language planning) ないし言語政策 (language policy)——日本語の常用漢字，仮名づかい，送り仮名などの制定も言語政策にほかならない——なども，社会言語学の守備範囲に入る．

③ **人類言語学** (anthropological linguistics) は，文化人類学の方法を用いて，通例，無文字社会の文化 (たとえば，伝統・信念・家族構造・交換体系・世界観など) と言語との関係を研究する．親族用語 (kinship terminology) の研究，社会的・文化的な行事における伝達なども研究される．

人類言語学は，民俗学 (ethnology) の方法を用いて，言語を手段として，ある民族の文化——たとえば，その思考様式や行動様式——を研究する**民族言語学** (ethnolinguistics) と重なる部分が多い．

④ **数理言語学** (mathematical linguistics) は，統計的・数学的方法を用いて行う言語研究で，ある語の頻度数や分布の調査，文学作品の著作者の同定などに用いられる．計算に電算機を用いる**コンピューター言語学** (computational linguistics) も，この学問分野の一翼を担っている．これは，単語リストの作成，コンコーダンスや辞書の編集にも，いまや不可欠である．また，機械翻訳にも貢献している．

⑤ **対照言語学** (contrastive linguistics) は，同系統の言語を比較して共通の祖語の再建を目指す**比較言語学** (comparative linguistics) とは異なり，系統関係にかかわりなく，同時に二つ (以上) の言語 (たとえば，日本語と英語) を比較して，両言語の相違点・共通点を発見することで，それぞれの言語の特質を明らかにすることを目指す．対照言語学は，応用言語学においても，学習者の母語と目標言語 (target language) との発音・語彙・統語論の違いを明らかにするために利用されている．音韻・形態・統語の各レベルにわたって，その構造を比較対照して，当該言語の属する類型を抽出し，これによって言語を分類し，さらに言語の普遍的特徴 (language universals) を探ろうとする**類型論** (typology) も，この分野に含められる．本書第10章では，日本語と英語の対照研究が扱われている．

⑥ **応用言語学** (applied linguistics) は，言語学の理論や方法論や発見を他の領域で生じた言語的な諸問題を解明するために応用する分野．応用言語学は，特に外国語の学習・教授の分野を指して用いられるが，その他の分野，たとえば文体論・辞書編集法・翻訳などの分野をも含んでいる．

このうち**文体論** (stylistics) は，文学と言語学の学際的な研究で，次のよう

な種類がある．

　a) 言語特性論： 英語や日本語などの個別言語の特性とか，または18世紀の英語散文の特徴とかを調査する．

　b) 個人文体論： ShakespeareとかDickensとかの個人作家の文体的特徴を明らかにする．

　c) 文体的変異の研究： 一人の話し手または書き手が，場面に応じて選択する格式体 (formal)，略式体 (informal) などの文体的変異を研究する．

　以上のうち，日本で行われている英語文体論は通例，*b*) であると思われるが，作家の言語が分析者の母語と異なる場合は一般にきわめて困難でお奨めできない，というDavid Crystalの言葉は傾聴に値するのではないか．

　⑦ **神経言語学** (neurolinguistics) は，人間の言語習得や言語運用が，大脳の言語中枢とどのような関係があるかを研究する分野．子供の言語獲得の臨界期は一般に14歳ごろであると言われるが，それは，そのころで成人の脳の重量と等しくなり，それ以上増えないという事実によって裏づけられることが，この分野の研究でわかってきた．また，**失語症** (aphasia) の患者を診察することで脳の局所の働きが少しずつ明らかになりつつある．

【recommended reading】

　本書の理解には，Saussure (1916) が必読書．英語学の歴史については，林・安藤 (1988) を参照．

　英語学の関連分野については，柴谷・大津・津田 (1989) が便利．

【研究課題】

1. 言語学と英語学の違いを述べよ．
2. 書き言葉と話し言葉の機能の違いを述べよ．
3. パロールとラングの違いを説明せよ．
4. 共時態と通時態を区別する意義を述べよ．
5. womanの語源を調べた上，この語を共時的および通時的に説明せよ (OEDや語源辞典を参照)．

第 2 章

言語とは何か

2.1 言語の特徴

　アメリカの言語学者 Bloch and Trager (1942: 5) は，言語を次のように定義している．

> (1) A language is a system of arbitrary vocal symbols by means of which a social group cooperates.
> （言語は恣意的な音声記号の体系で，それによって，ある社会集団が協力するものである）

この定義には，次のような言語の重要な特徴が含まれている．
　① **言語は媒体として音声を用いる**（ただし，書き言葉では文字が媒体となる）．
　最近，**身体言語** (body language) ——**身振り言語** (gesture language) ともいう——の重要性が認められてきているが，これは場面に強く依存し，限定された機能しかもたないので，言語と比べれば二次的意義しかないとしてよい．
　手話 (sign language) や，モールス信号などの各種の**信号** (signal) も，明らかに**記号** (sign) であるが，これらは信号と意味とが 1 対 1 に対応しているので，言語学的な問題がほとんど生じない．これらは，記号一般を扱う**記号学** (semiotics) の対象とされる．
　② **言語は恣意的な記号である．**
　de Saussure (1916) によれば，**言語記号** (linguistic sign) は概念と聴覚イメ

ージ（概略，意味と音声と考えてよい）とが結合したものである．彼は概念を〈**所記**〉(signifié)（＝意味されるもの），聴覚イメージを〈**能記**〉(signifiant)（＝意味するもの）と呼ぶことを提唱する．

de Saussure によれば，記号には二つの本質的な特質がある．

第1に，記号は**恣意的** (arbitrary) である．つまり，「能記」（＝音声）と「所記」（＝意味）の結びつきには必然性はない．たとえば，「イヌ」という所記に対する能記は，〈イヌ〉（日），〈dog〉（英），〈Hund〉（独），〈chien〉（仏），〈cane〉（伊），〈perro〉（西）のいずれであってもさしつかえない．

第2に，能記は線的 (linear) である．つまり，単音は時間を追って線的に生起し，二つの単音を同時に発音することはできない．（ただし，漢字のような表意文字 (ideogram) は，必ずしも線的ではなく，たとえば「鬱」という漢字は，ワープロではワンタッチで表記できる．記号の第2の特質は，話し言葉のみに関する事実であり，第1の特質ほど重要ではない．）

    NB　「ドンドン」(ding-dong)，「カチカチ」(tick-tack) のような擬音語 (onomatopoeia) は，現実世界の音を写したものだから，恣意性が少ないのではないか，という反論が出るかもしれないが，擬音語もやはり個別言語の音韻体系に制約されていることに変わりはない．たとえば，犬の鳴き声は，日本語で「ワンワン」，英語で bowwow，フランス語で ouâ-ouâ，ドイツ語で wauwau，スペイン語で guau-guau と表記されるように，言語ごとに異なっている．

③　**言語は構造をもつ体系** (system) **である．**

人間の言語は，どの部分を取ってみても，要素がでたらめに並んでいるのではなく，一定の決まりに従って配列されている（つまり，構造をもっている）ことがわかる．

そのことは，言語のどのレベルにおいても認められる．たとえば，音韻のレベルで /s, t, r/ という子音の配列を例に取ってみよう．英語では，これらの子音の組み合わせとしては，

    (2)　　strike, strife, strict, strong, strap

などに見られるように，/str/ の可能性しかなく，/*trs/, /*rst/, /*tsr/ のような結合は存在しない．それは，英語の話し手がこのような子音結合を発音できないというよりも，彼らが無意識に従っている決まり――これを文法規則という――が，そのような結合を許さない，ということである．すなわち，英

語では，/str/, /spr/, /skr/ のように，三つの子音が重なるときには，C_1 (C は子音を表す) は必ず s, C_2 は /p, t, k/ のいずれか，C_3 は必ず流音 /l, r/ であるというように，その結合は定められた構造をもっている．そうした構造は，互いに網の目のように絡み合って，一つの体系を形成するのである．

形態論のレベルでは，たとえば，派生接辞と屈折接辞が併置される場合，kind-ness-es/refresh-ment-s のように，必ず「派生語尾＋屈折語尾」の順に配列される (§5.4 を参照)．

あるいは，insupportable という合成語の内部構造を考察してみよう．

(3)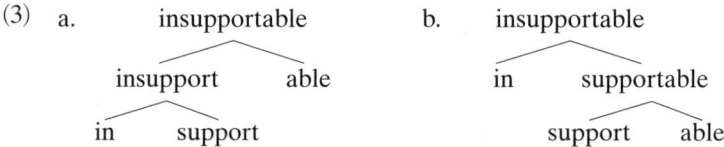

(3a) と (3b) のどちらの分析が正しいのだろうか．(3a) は，*insupport という英語に存在しない動詞を作り出している点，および，「否定」を意味する接頭辞 in- は動詞には付かないという制約に違反している点で妥当でない．これに対して，(3b) は，「否定」の in- を正しく形容詞に添加している点で妥当な分析になっている．このように，語形成においても，形態素がでたらめにではなく，階層をなして配列されているのが知られるのである．

統語論のレベルでも，統語規則は構造に厳密に依存していることに気づく (これを**構造依存性** (structure dependency) という)．たとえば，

(4) A unicorn that is eating a flower is in the garden.

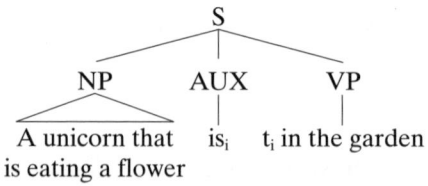

という文を疑問文にするとき，「最初の is を文頭に回せ」というような規則は役に立たない．それでは，

(5) *Is a unicorn that eating a flower is in the garden?

のような非文が生成されてしまうからである．英語の yes-no 疑問文を作るためには，A unicorn that is eating a flower が主語名詞句（NP）であり，is が助動詞（AUX）の働きをしていること，そして，その助動詞を主語名詞句の左側に移動させることを知っていなければならないのである．

　言語におけるすべての語は，パタン全体の中でそれぞれ独自の位置を占めている．次の三つの文を考察してみよう．

(6)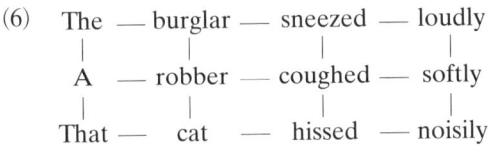

(Aitchison (1994: 16))

横の関係が**統合的関係**（syntagmatic relation）であり，たとえば，*burglar the という配列は許されない．一方，縦の関係は**系列的関係**（paradigmatic relation）といい，たとえば，sneezed という動詞は，同じ縦軸のスロットを占めている coughed, hissed のどちらとも交換することが可能であるが，別なスロットを占める cat や noisily と交換することはできない．

　以上のような少数の例を見ただけでも，人間の言語はどのレベルにおいても構造をもつ体系であることが知られるのである．

　④　**言語は社会制度である．**

　言語は，ある言語共同体の中で一種の社会契約として作られた記号の体系である．いわば，チェスや野球のルールブックのようなもので，個人が勝手に変更することはできない．たとえば，英語の cat のことをいきなり tac と言っても，聞き手に了解してもらうことはできない．

　もちろん，話し手と聞き手の二人が存在するなら，そこに最小の社会が成立するわけで，その二人が「今後二人の間では cat のことを tac と呼ぶことにしよう」という社会契約を取り結ぶならば，少なくともその小社会の中では，tac はネコを指示する記号として使用可能になる．カナダの作家 Lucy Montgomery の小説には二人だけの言葉を作り出した女の子が登場する．

　やくざや警察や株式取引所といった，あるグループ内でのみ通用する**隠語**（jargon）は，すべてそのようにして成立している．

　さて，(1) の定義には明示されていないが，言語にはさらに，次のような

特徴がある．

⑤ **言語は形相 (form) であって，実質 (substance) ではない．**

たとえば，チェスにおいては，木製のコマを使っても，象牙のコマを使っても，ゲームにとっては無関係である．コマの材質は実質にすぎない．しかし，コマの数を増減したなら，チェスの文法（＝形相）を乱してしまう．チェスにおいて重要なのは，コマの材質や形状ではなく，ルールの体系の中において各コマが分担している機能，すなわち価値 (value) である．価値は実質に依存しないのである．

言語の例で言うならば，たとえば「ネコ」という記号を漢字で書こうと仮名で書こうと，また筆で書こうとペンで書こうと，記号の価値はいささかも変わらないのである．

形相と実質との区別は，de Saussure 理論の基本概念の一つであるが，これはアリストテレスの「形相」(eidos) と「質料」(hȳlē) の区別にさかのぼる．たとえば，家という存在の場合，材木や煉瓦が「質料」で，家の構造や機能が「形相」である．この意味の form を「形式」と訳すのは，ミスリーディングである．なぜなら，日本語の「形式」という言葉は，音声形式などに見られるように，五感でとらえうるものであるが，「形相」は目に見えない「しくみ，働き」である．

⑥ **転移言語 (displaced speech)**

談話の場面 (situation) に存在しないもの，たとえば，遠い場所にあるもの，過去の事件，抽象的な概念などを指すのに用いられる言語を「**転移言語**」という (Bloomfield (1933: 141) の用語)．

たとえば，動物の鳴き声は，その時その場に限られていて，時間的・空間的に離れたところにある危険について，情報を伝えることができない（その点は，赤ん坊の泣き声も同じ）．これに対して，人間の言語は，時間的・空間的にいくら離れていても使用できる．現実にないことを表現したり，うそ・皮肉・冗談を言うことも可能である．小説や詩を書いて，1000年後に残すこともできる．このように，言語の転移用法は言語の重要な特質の一つであって，人間の言語にのみ見られる特権である．

⑦ **創造性 (creativity)**

動物のメッセージは，非常に数が限られている（たとえば，ネコの鳴き声はせいぜい5～10種類とされている）．しかも，新しいメッセージの種類を

増やしていくことはできない.

　一方，人間の言語は創造的であって，無限に新しい語や文を生成することができる.「無限の」(infinite) というのは，生成される語や文に上限がないということで，新語はいくらでも造れるし，また，かりに 10 万語の長編小説を書いたとしても，さらに ... and S というふうに，文を続けることができるのである.「新しい文」というのは，たとえば，

　　(7)　Who ever loved that loved not at first sight?
　　　　　　　　　　　　　　　　　　(Marlowe, *Hero and Leander* 1.176)
　　(8)　やぶからしは
　　　　ダーウィンが見失った
　　　　人間と猿とのつながりだ　　　　　(西脇順三郎「夢遊病者の足」)

という二つの文は後にも先にも，それぞれ，エリザベス朝の詩人と日本の学匠詩人しか言っていない，という意味である.

　人間の言語の創造性を保証するのは，i) 必要に応じて新しい語をいくらでも作れること，ii) 語の語の結びつきが無限であることである.

　⑧　**二重分節** (double articulation)

　線的な音声は，第 1 次の分節で単語 (厳密には，形態素 (§5.1 を参照)) に分節され，第 2 次の分節で単音 (厳密には，音素 (§4.9 を参照)) に分節される.たとえば，

　　(9)　Bill has three sisters.

という文は，第 1 次分節によって，Bill, has, three, sister, -s という五つの形態素に分節され，第 2 次分節によって，たとえば Bill は /b/, /i/, /l/ という三つの音素に分節される.フランスの言語学者 Martinet は，言語のこのような二重の構造性を二重分節と呼んでいる (Martinet (1960)).もっと広く使用されている用語は，「**構造の二重性**」(duality of structure) である.

　音素の数は，どの言語においても 30～40 とされている.しかし，その結びつきは，順列組み合わせ的に無限である.有限個の音素を用いて無限の単語を作ることができるのは，人間言語のみである.動物の鳴き声ははっきりと分節されていないので，音素を認めにくいからである.

NB 人間の言語と動物の伝達との違いは，後者には①を除いて，すべての特徴が見られないという点に求められる．

2.2 言語の機能

従来，いろいろな研究者が言語の機能について述べている．そのうちの重要なものを紹介してみよう．

① **Bühler** (1934)：　ドイツの心理学者でプラハ学派で活躍した Bühler (1879–1963) は，Bühler (1934: 28) において，次の3機能説を唱えた．

(1) a. 表出 (Ausdruck, expression)：　話し手の感情を表出する (ah, alas, bravo のような間投詞，Jesus, darn it, shit のようなののしり言葉，Fantastic!, What a sight! のような感嘆文などのほか，詩や散文にも作者の感情が強く吐露されることがある)

b. 呼びかけ (Appell, appeal)：　聞き手に働きかける (命令文・依頼文など)

c. 叙述 (Darstellung, representation)：　It is raining here in London at the moment. のように，現実世界の事態や状況を叙述し描写する (言語の最も重要な機能で，文献では知的 (cognitive)，指示的 (referential)，命題的 (propositional)，観念構成的 (ideational) などの用語も使用されている)

② **Jakobson** (1960)：　若いころ，同じくプラハ学派で活躍した Jakobson (1896–1982) は，Jakobson (1960) において，Bühler 説を修正して，次の6機能を提示した．

(2) a. 感情表出的 (emotive)：　話し手の感情や態度の表現 (Bühler の (1a) に相当する)

b. 働きかけ的 (conative)：　聞き手への働きかけ (Bühler の (1b) に相当)

c. 指示的 (referential)：　事態や状況を叙述する (Bühler の (1c) に相当)

d. 交話的 (phatic)： 言葉を交わすことによって聞き手との社会的関係を良好に保つ（あいさつ・あいづちなど）
　　　e. メタ言語的 (metalingual)： 言語について語るときに言語を用いる
　　　f. 詩的 (poetic)： 言語の芸術的な使用（詩とか小説とかの表現；美的 (aesthetic) と言う人もいる）

(2d) の「交話的機能」は，ポーランド生まれの英国の社会人類学者 Malinowski (1884–1942) の「言語交際」(phatic communion) に基づく用語 (Malinowski (1923))．例を挙げるならば，

　　(3)　a. How do you do?
　　　　b. Goodby!
　　　　c. See you later.（じゃ，また）
　　(4)　a.「こんにちは」「こんにちは」
　　　　b.「お出かけですか？」「ええ」

　日本語の「どちらへ？――ちょっとそこまで」なども，普通，交話的に用いられるが，英語の Where are you going? は交話的には用いられないので，英米人はこのような質問をされると，プライバシーをのぞかれるように感じて怒り出すことがあるので，注意を要する．
　(2e) の「メタ言語的機能」は，上述したように，言語自体に言及したり，言語自体のことを記述するときに用いられる言語のことである．言語は，普通，現実世界の事物や状態について語るもので，これを**対象言語** (object language) という．たとえば，

　　(5)　John is a teacher.

という文は対象言語として用いられており，John は外界の特定の人を指示している．一方，

　　(6)　'John' is a proper name.

という文において，proper name という術語がメタ言語であるのは言うまでもないが，'John' も「メタ言語」として用いられており，現実世界に指示物を

もっていない．言語学の分野では，word, phrase, sentence, morpheme, syntax, grammar など，すべてメタ言語である．言語学に限らず，およそ学問分野でメタ言語なしに成立するものはないと言ってよい．さらに，メタ言語は日常言語でもよく用いられている．たとえば，

(7) A:「リストラ」って何ですか？
B:「リストラ」というのは，「リストラクチャリング」，つまり，「企業再構築」のことです．

において，「　」内の語は，それぞれ，メタ言語である．

③ **Wittgenstein** (1953)：　オーストリア生まれで Cambridge 大学で哲学教授を務めた Wittgenstein (1889–1951) は，後期の著作 (1953) において，言語は一つの**言語ゲーム** (language-game) であるという見方に到達している．彼の言う「言語ゲーム」には，次のような言語活動が含まれている．

(8) a. 命令する，命令に従う
b. ある事物の外見を記述する，あるいはその測定をする
c. ある出来事を報告する
d. 出来事について推測する
e. 仮説を立て，検証する
f. 物語を作る，それを読む
g. 演劇
h. 輪唱歌曲を歌う
i. 謎を解く
j. 冗談を言う
k. 実際的な数学の問題を解く
l. 他の言語に翻訳する
m. 質問する，感謝する，ののしる，あいさつする，祈る，など

このほかにも，言語には，William 一世の命によって作られた英国全土にわたる土地台帳 *Doomesday Book* (1085–86)，Alfred 大王が始めた英国の年代記 *Anglo-Saxon Chronicles* (c.891–1154) のように，事実を記録しておくという機能があるし，ほかにも嘘を言って聞き手をだます，おべんちゃらを言って歓心を買う，殺すぞとおどす，わざと曖昧な言い方をして自分の考えを

第2章 言語とは何か　　19

隠す（フランス啓蒙期の思想家 Voltaire (1694–1778) の有名な言葉 "Men ... use speech only to conceal their thoughts" を想起せよ），などの重要な機能がある．また，"the Devil"（悪魔）という言葉をはばかって "the old Nick" と呼んだり，熊をこわがって「蜜を食うもの」と呼んだりするタブー語や，あるいは祝詞(のりと)・呪い・子供の命名などにうかがえるように，言語の魔術的・呪術的な機能も見逃すことはできない．

【recommended reading】

　言語学の平易な入門書に Aitchison (1994) がある．Sapir (1921)，Jespersen (1922)，Bloomfield (1933) は古典的な名著である．言語学史は Robins (1990) が標準的．新しい参考書に，原口・中島・中村・河上 (2000) がある．

【研究課題】

1. 記号の恣意性とは何か．
2. 転移言語とは何か．また，その意義は何か．
3. 言語の創造性とはどういうことを言うのか．
4. 二重分節を説明せよ．
5. 言語の交話的機能とは何か．具体例を挙げて説明せよ．

第3章

英語のフォニックス
——綴り字と発音——

3.0 はじめに

　日本人の学生は，war を「ウヮー」，mere を「メア」，allow を「アロウ」などとローマ字式に発音しがちである．これは，英語の綴り字がどのように発音されるかを，組織的に教えられた経験がないためと思われる．

　本章では，「綴り字あり，発音を求む」という要望に応えるための基本的なルールを示すことを目的とする．すなわち，英米の小学校で教えられていて，日本人の英語を学ぶ学生が教えられていない，英語の phonics への導入である．

3.1 子音字の発音

　(1) 次の子音字は，規則的に発音される (語頭・語中は「音節頭」と言ってもよい).

b	[b]	**b**oy, ver**b**
d	[d]	**d**ay, stan**d**
f	[f]	**f**ive, gol**f**
h	[h] [語頭・語中]	**h**ot, be**h**ind
j	[dʒ] [語頭・語中]	**j**ob, en**j**oy
k	[k]	**k**ind, boo**k**
l	[l]	**l**ion, poo**l**
m	[m]	**m**at, ar**m**

第3章 英語のフォニックス――綴り字と発音―― 21

n	[n]	**n**et, te**n**
p	[p]	**p**en, shi**p**
r	[r]〔語頭・語中〕	**r**at, ve**r**y
s	[s]	**s**it, ca**s**e
t	[t]	**t**ime, ba**t**
v	[v]	**v**ery, gi**v**e
w	[w]〔語頭・語中〕	**w**et, re**w**ard
y	[j]〔語頭・語中〕	**y**es, be**y**ond
z	[z]	**z**oo, qui**z**（クイズ）

(2) 次の重文字も規則的に発音される．

ck	[k]	ba**ck**, ne**ck**
sh	[ʃ]	**sh**ip, ca**sh**
sch	[sk]*	**sch**ool, **sch**olar, **sch**eme（計画），**sch**edule（ギリシア・ラテン語系）
tch	[tʃ]（語末）	ma**tch**, ca**tch**
dge	[dʒ]（語末）	bri**dge**, ba**dge**
que	[k]（語末）	uni**que**, anti**que**
gue	[g]（語末）**	va**gue**, lea**gue**, pla**gue**（疫病）
rh	[r]（語頭）	**rh**ythm, **rh**apsody（狂詩曲），**rh**etoric（修辞学）（おもにギリシア語系）

* sch**e**dule [ʃédjuːl]（〈英〉），**sch**ism [sízm]（分裂）は例外的な発音．
** ただし，ar**gue**（議論する）は例外的で，[áːrgjuː]と発音される．

(3) 二つ重なった子音字（重子音字）は，一つの子音字と同じに発音される．

e**bb**（引き潮）	a**dd**（加える）
cu**ff**（袖口）	be**ll**
Fi**nn**（フィンランド人）	ble**ss**（祝福する）
mi**tt**（ミット）	ja**zz**（ジャズ）

以上のように，bb, dd, ff, ll, nn, ss, tt, zz などで，いずれも語末に生じている．

(4) 次の重文字は，おもに二通りに発音される．

ph	[f]	**ph**iloso**ph**y, **ph**enomenon（おもにギリシア語系）
	[v]	ne**ph**ew, Ste**ph**en（〈米〉[néfju] は綴り字発音）
sc	[s] (**i, e, y** の前)	**sc**ene, **sc**ent, **sc**ythe（大鎌）
	[sk] (**a, u, o, r** の前)	**sc**are, **sc**old, **sc**ulpture, **sc**rap
qu	[kw]	**qu**een, **qu**ick, **qu**ite, **qu**ality, **qu**estion
	[k] (まれ)	con**qu**er, eti**qu**ette, mos**qu**ito（蚊）（フランス語借入語）
gu	[gw]	lang**u**age, distin**gu**ish, extin**gu**ish（消す）
	[g]	**gu**ard（番兵），**gu**ardian（保護者），**gu**est, **gu**arantee（保証）
th*	[θ]	**th**ank, **th**ink; au**th**or, me**th**od; pa**th**, you**th**
	[ð]	**th**is, **th**at, nor**th**ern, lea**th**er
wh	[hw]	**wh**at, **wh**y, **wh**en, **wh**ere
	[h] (**o** の前)	**wh**o, **wh**om, **wh**ose, **wh**ole
ng	[ŋ] (語末)	ki**ng**, thi**ng**
	[ŋg] (語中)**	a**ng**er, fi**ng**er, a**ng**le, E**ng**land, lo**ng**er, lo**ng**est（比較変化）
x	[ks] (子音の前，強母音の後)	te**x**t, e**x**treme, bo**x**, e**x**it（出口）
	[gz] (弱母音の後)	e**x**act, e**x**ist, e**x**aggerate, e**x**hibit（h は発音されない）

　* ただし，Thomas（人名），Thames（テムズ川），thyme（タチジャコウソウ）は，[t] と発音される．
　** ただし，singer, singing のような動詞の変化形は，語中でも [ŋ]．

(5) c, g は，奥舌母音 a, u, o と子音字の前，および語末では，それぞれ，[k], [g] と"硬く"発音され，前舌母音 e, i, y の前では，それぞれ [s], [ʤ] と"柔らかく"発音される．

第3章 英語のフォニックス──綴り字と発音── 23

c [k]	**a**の前	**c**at, **c**ame
	oの前	**c**oal, **c**ock (おんどり)
	uの前	**c**ut, **c**ulture
	子音字の前	**c**lock, **c**ry, **c**rop
	語　末	magi**c**, musi**c**
c [s]	**e**の前	**c**ent, **c**eiling
	iの前	**c**ity, **c**ircus
	yの前	**c**ycle (周期), **c**ylinder (シリンダー) (ギリシア語系)
g [g]	**a**の前	**g**as, **g**ame
	oの前	**g**o, **G**od
	uの前	**g**ut, **g**utter (みぞ)
	子音字の前	**g**lad, **g**row
	語　末	le**g**, ba**g**
g* [dʒ]	**e**の前	**g**em, **g**entle
	iの前	**g**in, **g**iant
	yの前	**g**ym, **G**ypsy

* ただし，ゲルマン語系の get, give, gift は，[g] と"硬く"発音される．また，i の前でも gibberish（ちんぷんかんぷん）のように [dʒi-], [gi-] と二通りに発音される語もある．

(6) 次の重子音字は，三通りに発音される．

gh*	[g]	**gh**ost, a**gh**ast (仰天して), **gh**astly (青ざめた)
	[f] (語末)	lau**gh**, cou**gh** (せき), enou**gh**, rou**gh**
	黙字	hi**gh**, bou**gh**t, cau**gh**t, tau**gh**t, ei**gh**t, ri**gh**t, dau**gh**ter
ch	[tʃ]**	**ch**ild, **ch**ance, **ch**air, **ch**eese, coa**ch**, ben**ch**
	[k]	**ch**aracter, **ch**orus (コーラス), e**ch**o (こだま) (おもにギリシア語系)
	[ʃ]	ma**ch**ine, **ch**andelier, musta**ch**e (近代フランス語借入語)

* 次の1語のみ [p] と発音される： hi**cc**ou**gh** (しゃっくり) (〈米〉では hiccup の綴りが普通)．

** 〈英〉の地名では，ch を規則的に [ʤ] と発音する (〈米〉では [ʧ] が普通)：
Greenwich [grínidʒ], Norwich [nɔ́ridʒ] など．

3.2 母音字の発音

(1) 「母音字＋子音字」で終わる語では，その母音字は短音で発音される．

    a [æ]　　　　bad, back, match, pan (平なべ)
    e [e]　　　　 bed, desk, net, pet
    i [i]　　　　 bit, bring, pin, sick
    o [英ɔ/米ɑ]　 hot, rock, shop, top
    u [ʌ]　　　　 cut, mud (泥), sun, tub (たらい)

(2) 2重子音字の前の母音字に強勢がある場合は，その母音字は短音に発音される．*

    a [æ]　　　　carry, latter (後の), marry
    e [e]　　　　 better, fellow, letter, merry
    i [i]　　　　 differ, dinner, mirror
    o [英ɔ/米ɑ]　 cotton, clock (ck は kk の代わり), pocket
    u [ʌ]　　　　 butter, summer, sunny

ただし，動詞が -ing, -ed をとり，その前の母音字が 1 文字で，かつ強勢があるときは，語末の子音を重ねなければならない：swi**mm**ing, occu**rr**ed.

   * swim や sun に語尾を付けるとき，swimming, sunny のように子音字を重ねるのは，swiming [swáimiŋ], [sjúːni] のように，母音が長音 (2 重母音，長母音をまとめて「長音」という) に発音されるのを避けるためである．

(3) 「母音字＋子音字＋e」で終わる語では，母音字が長音に発音され，語末の e は黙字となる．

    a [ei]　　　　　take, make, name
    e [iː] (少数)　　theme, these, Swede, complete
    i [ai]　　　　　time, life, mile, die, tie
    o [ou]　　　　 hope, joke, rope
    u [juː]　　　　 tube, tune (曲), June

(4) 母音で終わる音節（=開音節）に強勢がある場合，その母音は長音で発音される．（これはあまり気づかれていないが，非常に重要なルールである．音節の切れ目は・で示す．）

  a [ei]   pá·per, ná·tion*, tá·ble, á·ble
  e [i:]   Pé·ter（男子の名）, mé·ter, o·bé·di·ent（従順な）
  i [ai]   í·dle, tí·tle, bí·cy·cle
  o [ou]   mó·tion, nó·ble, har·mó·ni·ous
  u [ju:]   dú·ty, fú·ture, ú·nit

 * na·tion·al は正書法上の分節であるが，音声学的には [næʃ·nəl] と閉音節に発音されるので，[nei-] とならない．

(5) 次の2重母音字は，ほぼ規則的に発音される．

  ai, ay [ei] rain, saint（聖人）, wait, day, way, gay, say*
  ee** ⎫   deep, green, feet, see, weep
  ie ⎬ [i:] field, piece, believe, chief, niece（姪）***
  ew [ju:] new, Jew（ユダヤ人）
  oe [u:]   shoe, canoe
  oi, oy [ɔi] oil, voice, point, boy, toy, joy

 * said [sed], says [sez] は短化 (shortening) による．
 ** breeches [brítʃiz] は短化による．
 *** sieve [siv]（ふるい）は短化による．

(6) 次の2重母音字は，おもに二通りに発音される．

  au, aw ⎧ [ɔ:]   cause, fault, clause, pause, caught, taught; draw, straw, jaw, saw
       ⎩ [英 ɑ:/米 æ] aunt, laugh
  oa ⎧ [ɔ:]   broad, abroad
    ⎩ [ou]   soap, boat, float, load（積み荷）
  ou ⎧ [u:]   you, youth, uncouth（無骨な）
    ⎩ [ʌ]   double, touch, country

ou, ow*	[au]	**ou**t, h**ou**se, pr**ou**d; d**ow**n, cr**ow**d, all**ow**, h**ow**
	[ou]	s**ou**l; fl**ow**, arr**ow**, sn**ow**, **ow**n
eo	[iː]	p**eo**ple (例外的な綴り)
	[e]	l**eo**pard, j**eo**pardy (危険), G**eo**ffrey (男子の名)

* ow は語末，または d, n の前で使われる．

(7) 次の 2 重母音字は，おもに三通りに発音される．

oo	[uː]	s**oo**n, c**oo**l, bamb**oo**, **oo**ze (しみ出る)
	[u] ([uː] の短化)	l**oo**k, b**oo**k, c**oo**k, f**oo**t, w**oo**l, g**oo**d, w**oo**d
	[ʌ] ([u] の非円唇化)	bl**oo**d, fl**oo**d
ea	[iː]	s**ea**, w**ea**k, m**ea**t, t**ea**ch, sp**ea**k, h**ea**t, p**ea**ce, t**ea**m, dr**ea**m
	[ei]	br**ea**k, gr**ea**t, st**ea**k, R**ea**gan (人名)
	[e] ([eː] の短化)	h**ea**d, dr**ea**d, sw**ea**t, w**ea**pon, pl**ea**sure, spr**ea**d, cl**ea**nse (洗浄する)
ei, ey	[ei]	**ei**ght, w**ei**ght, v**ei**l, pr**ey** (えじき), ob**ey**, gr**ey**
	[iː]	rec**ei**ve, conc**ei**ve, perc**ei**ve, l**ei**sure*, inv**ei**gle (だます)**, s**ei**ze; k**ey**
	[ai]	**ei**ther***, h**ei**ght; **ey**e

* 〈英〉の発音は [léʒə]．同様に，heifer [héfə] (若い雌牛)，Leicester [léstə] (地名)．
** inveigle には [invéigl] という発音もある．
*** 〈米〉の発音は [íːðər]．

(8) ch, j, l, r, s のあとでは，[juː] は [j] が落ちて [uː] となる．

[tʃjuː]	→	[tʃuː]	chew (かむ)
[dʒjuː]	→	[dʒuː]	June
[ljuː]	→	[luː]	blue, blew
[rjuː]	→	[ruː]	rule
[sjuː]	→	[suː]	superman

第3章 英語のフォニックス——綴り字と発音——

(9) 「母音字+r」は，次のように規則的に発音される．

ar [ɑːr]		**car**, f**ar**m
er	⎫	h**er**, t**er**m
ir	⎬ [əːr]	s**ir**, f**ir**st, b**ir**d
ur	⎭	f**ur** (毛皮), t**ur**n, b**ur**n
or [ɔːr]		h**or**n, c**or**n

(10) 「2重母音字+r」も，次のように規則的に発音される．

air [eər]		**air**, h**air**, p**air**, st**air**, ch**air**
ear	⎫ [iər]	h**ear**, n**ear**, y**ear**
eer	⎭	d**eer**, b**eer**, ch**eer**, st**eer** (舵を取る)
oar [ɔːr]		b**oar** (雄ブタ), **oar**, r**oar**, s**oar**
our*	⎫ [auər]	**our**, fl**our**, h**our**, dev**our**, s**our**
ower	⎭	p**ower**, fl**ower**, t**ower**, c**ower** (すくむ)

oor には二つの発音がある．

oor	⎧ [uər]	p**oor**, b**oor**, m**oor**
	⎩ [ɔər]	d**oor**, fl**oor**

* four [fɔːr], tour [tuər] は例外的発音．

(11) 語末が「母音字+re」で終わり，その母音字に強勢がある場合は，次のように規則的に発音される．

are [eər]		c**are**, sp**are** (余分の)
ere* [iər]		h**ere**, m**ere** (単なる), adh**ere** (粘着する), sph**ere** (球)
ire [aiər]		f**ire**, t**ire**, des**ire**
ure [juər]		p**ure**, c**ure**, s**ure**

* there [ðeər], where [hweər] は例外的な発音．

(12) 〈英〉の発音では，[w] 音のあとでは a(r), o(r) は次のように変化する．*

wa- → [wɔ]	**wa**n, **wa**nder, **wa**nt, **wa**sh, **wa**tch, **wa**sp (ハチ)
wha- → [wɔ]	**wha**t, **wha**tever
qua- → [kwɔ]	s**qua**d (分隊), s**qua**sh (押しつぶす), s**qua**t (しゃがむ), **qua**sh (鎮圧する)

wo- → [wʌ]		won, wonder (不思議に思う)
war-	⎱	war, swarm (群れ), thwart (妨げる), ward
	→ [wɔːr]	(病棟), warm, warn, warp (曲げる)
whar-	⎰	wharf (波止場)
wor- [wəːr]		work, world, worm (虫), worst, worth

* このルールには，wag [wæg] (尾を振る)，swam [swæm], worn [wɔːrn] などの例外がある．

3.3 弱音節の母音

(1) 弱音節（=強勢のない音節）では，すべての母音は弱まって [ə]，または [i] になる．

 a. [ə]
  a: ab**o**ut, s**o**fa
  e: mom**e**nt, gentlem**e**n
  i: Apr**i**l, poss**i**ble（ともに [i] もある）
  o: comm**o**n, c**o**ntain
  u: alb**u**m, A**u**gust
  ous（形容詞語尾）: danger**ous**, fam**ous**

 b. [i/ə]
  e: ros**e**s, want**e**d, **e**lect, proph**e**t
  a (-age において): mess**a**ge, vill**a**ge（ともに [i]）
  ai（多く ain の形で）: capt**ai**n, barg**ai**n, mount**ai**n
  ei, ey: for**ei**gn, forf**ei**t (没収); mon**ey** [i], hon**ey** [i]

(2) -ar, -ir, -yr, -or, -ur は，すべて [ər] と発音される．
 -ar: particul**ar**, angul**ar**（角張った）, alt**ar**（祭壇）
 -er: teach**er**, numb**er**, pap**er**
 -ir: c**ir**cumference（円周）, c**ir**cumfluent（周りを流れる）
 -yr: mart**yr**, zeph**yr**（西風）
 -or: act**or**, auth**or**, sail**or**
 -ur: murm**ur**, aug**ur**（ト占官）

(3) ti, si, ci は，口蓋化されて [ʃ] となる．*

ti: pa**ti**ent, loca**ti**on
si: man**si**on, ten**si**on
ci: spe**ci**al, so**ci**al

 ＊ただし，-stion は [-stʃən] と発音される：ques**tion**.

(4) -sure, -ture, -dure は，それぞれ，[ʒər], [tʃər], [dʒər] と発音される．

 -sure [ʒər] plea**sure**, mea**sure**（測る）, clo**sure**（閉鎖）
 -ture [tʃər] na**ture**, pic**ture**, fea**ture**, cul**ture**
 -dure [dʒər] proce**dure**, ver**dure**（新緑）

3.4 発音されない子音字

(1) 語頭の kn の k, gn の g, ps の p, wr の w は発音されない．

 kn- → n   **kn**ow, **kn**ife, **kn**ee, **kn**ot（結び目），**kn**ave（悪党）

 gn- → n   **gn**aw（かじる），**gn**ash（歯ぎしりする），**gn**at（ブヨ），**gn**ome（格言）

 ps-, **pn-**, **pt-** → s, n, t **ps**ychology, **ps**alm（賛美歌），**ps**eudo（にせの）；**pn**eumonia（肺炎）；**pt**erodactyl（翼竜）（ギリシア語系）

 wr- → r   **wr**ite, **wr**ing（しぼる），**wr**ap（包む）

(2) 語末の mb の b, mn の n は発音されない．

 -mb → m   co**mb**, bo**mb**, la**mb**（子羊），li**mb**（手足）
 -mn → m   autu**mn**, sole**mn**（厳粛な），colu**mn**（柱）

(3) 次の子音字は，次の環境で黙字 (mute) となる．

 t → φ   cas**t**le, wres**t**le; Chris**t**mas, lis**t**en, has**t**en; of**t**en＊, sof**t**en

 l → φ   ha**l**f, ca**l**f; a**l**mond, ca**l**m; ba**l**k, ta**l**k, wa**l**k; fo**l**k, yo**l**k（卵黄），Ho**l**mes（人名），Ho**l**born（ロンドンの地名）

 ＊ [ɔ(ː)ftən] と発音する人もいる．

3.5 母音字の例外的な発音

以下に，重要語の母音字で例外的に発音されるものを挙げておく．これらは，英語の長い歴史の中で現在の綴りに定着したもので，一つ一つ覚えていくより仕方がないであろう．

a [e]		any, many, ate 〈英〉[et] (〈米〉[eit]), Thames (テムズ川)
e [i]		England, English, pretty
ear [ɑːr]		heart, hearth (炉辺)
eau	[juː]	beautiful, beauty
	[ou]	bureau (事務局), beau (恋人), plateau (高原) (フランス語借入語)
ew [ou]		sew (縫う), shew (〈英古〉=show)
iew [juː]		view, interview, review (論評)
o	[uː]	do, move, whom, tomb, prove
	[u]	bosom, wolf, woman, Wolsey (人名)
	[i]	women (この1語のみ)
	[wʌ]	one, once (古くは won, wons という綴りもあった)
or	[əːr]	attorney (弁護士) (cf. wor-)
	[u]	worsted (梳毛糸), Worcester (地名)
our	[uər]	tour, your 〈英〉[jɔː] (〈米〉[juər])
	[əːr]	journey, journal
ow [ɔ]		knowledge (この1語のみ)
u	[i]	busy, business
	[e]	bury (この1語のみ；ME には bery という綴りもあった)
uy [ai]		buy, guy (男)
wo [uː]		two (この1語のみ)

[recommended reading]

竹林 (1988) は，日本語で書かれた phonics の唯一の参考書．ほかに綴り

字と発音を論じたものとしては，安井 (1955)，Prins (1972) が有益.

【研究課題】

1. 母音は，どのような環境で短母音として発音されるのか，具体例を挙げて説明せよ．
2. 母音は，どのような環境で長母音として発音されるのか，具体例を挙げて説明せよ．
3. wa- の a は，〈英〉の発音では，なぜ [ɔ] と発音されるのか．
4. cool [kuːl], hood [hud], blood [blʌd] の母音の変化を説明せよ．
5. 黙字をリストし，かつ，黙字になった時期を調べてみよ（安井 (1955) などを参照）．

第4章

音声学・音韻論

4.1 音声学と音韻論

4.1.1 音声学

人間が，舌や歯などの消化器と肺などの呼吸器を用いて発するさまざまな音（これには，咳，くしゃみ，いびきなども含まれる）のうち，言語として用いられる音を**音声** (speech sound) という．そして，

① 人間はどのようにして音声を作り出すのか
② その音声は物理的にどのような性質をもっているか
③ 人間はどのようにして音声を聞きとっているのか

などを科学的に研究する学問を**音声学** (phonetics) という．音声学は，今述べた研究分野に応じて，次の三つに分類される．

① **調音音声学** (articulatory phonetics)：音声産出のしくみを扱う分野
② **音響音声学** (acoustic phonetics)：音声の物理的特性を扱う分野
③ **聴覚音声学** (auditory phonetics)：音声知覚のしくみを扱う分野

なお，音声学の研究方法には，**音声学訓練** (phonetic training) と呼ばれる特殊な訓練を受けた音声学者自身の耳と口，そして目を用いて行う**実践音声学** (practical phonetics) と，スペクトログラフ (spectrograph) をはじめとする何らかの実験装置（最近ではコンピューターが主流）を使って行う**実験音声学** (experimental phonetics) がある．

このような研究を踏まえた上で，音声学者は，それぞれの言語における音声の機能や体系を考慮しながら音声を分類・表記し，音声に含まれるどのような特徴が，言語にとって有意的であるかを明らかにしていく．このような分野は**言語学的音声学** (linguistic phonetics) と呼ばれ，特に人間の言語に用いることが可能な音声の集合を限定するための音声理論を構築することは，今日の音声学の重要な課題となっている．

4.1.2 音韻論

音声学の仕事が音声現象を詳細に観察し，それを正確に記述することであるのに対し，音声学によって得られたデータを分析し，なぜそのような音声現象が生じるのか，より正確に言えば，なぜそのような音声現象しか生じえないのかを，できる限り一般的な原理を用いて説明するのが**音韻論** (phonology) の仕事である．

人間は無秩序に音声を利用しているのではなく，たとえ本人には意識されていなくても，そこには何らかの規則性が存在するはずである．そのような規則性は概して一見複雑な様相を呈しているが，データをさまざまな角度から詳しく検討していくと，複雑な規則性の背後に，意外に単純な一般的原理が隠されていることがわかる．さらに，ある言語に関して得られた一般的原理が，他の多くの言語においても有効であることが明らかになれば，細部においていくらかの違いはあっても，それは人間の言語に共通する普遍的な原理である可能性が高くなる．音韻論を研究する面白さは，表面的な音声データを掘り下げて，どこまで一般化を進めることができるか，すなわち，どこまで人間の言語能力の解明に近づけるかにあると言ってよい．同時に，それが研究の質を評価する際の基準にもなる．

4.2 音素と異音

たとえば，time と city という単語に含まれる二つの"t"の音を比べてみよう．どちらも同じ"t"という綴り字で表され，音声学の知識をもたない一般の英語の母語話者には「同じ音」であるとみなされる．しかし，二つの"t"の音を音声学的に観察してみると，time の"t"は，日本語のタ行の子音に近いのに対し，city の"t"は（特にアメリカ英語では）むしろ日本語のラ行の子音

のように聞こえる．すなわち，音声学的には，両者は「異なった音」ということになる．

音声学的には「異なった音」であるにもかかわらず，母語話者には「同じ音」であるとみなされるというのは，二つの「音」という言葉のレベルの違いであって，矛盾ではない．音声学的な違いはどうであれ，母語話者にとって「同じ音」と感じられる場合の「音」を**音素** (phoneme) または**音韻**という．したがって，英語では，time の "t" と city の "t" は同一の音素であると言うことができる．音素は / / で括って，/t/ のように表記される．

一方，音声学的に「異なった音」であるという場合の「音」は，**異音** (allophone) と呼ばれる．異音とは，抽象的な音素が，実際に用いられる単語の中での位置や，前後にどのような音がくるかという条件 (これを**音声環境** (phonetic environment) と呼ぶ) に応じて，具体的な姿となって現れたものである．卑近なたとえを用いるならば，H_2O という物質が，温度に応じて，氷・水・水蒸気と姿を変えるようなものと言ってもよい．したがって，英語では，time と city における二つの "t" の音は，同一の音素 /t/ に属する異なった異音であると言うことができる．なお，異音は [ ] で括って表記される．たとえば，time の /t/ は，上述のように，日本語のタ行の子音に近いが，発音した際に，日本語よりも強い息を伴う (この現象を**帯気** (aspiration) という)．そのような強い息を伴った /t/ の異音は，帯気を表す**補助記号** (diacritic) の [ʰ] を用いて，[tʰ] のように表記される (/táɪm/ → [tʰáɪm])．一方，city の /t/ は，日本語のラ行の子音のように聞こえる．この異音は，**弾音** (flap) と呼ばれ，[ɾ] という**音声記号** (phonetic symbol) で表記される (/síti/ → [síɾi])．

4.3 音声器官

音声学では，舌や歯，および肺など，音声を作り出すために使われる器官を**音声器官** (vocal organs) という．本来，舌や歯は消化器であり，肺は呼吸器であるが，音声を発するためにも用いられるので，これらは同時に音声器官でもある．主な音声器官は，次の図1の通りである (肺は省略してある)．

第 4 章　音声学・音韻論　　　　　　　　　　　　　35

1. 唇（lips）
2. 歯（teeth）
3. 歯茎（alveolar ridge）
4. 硬口蓋（hard palate）
5. 軟口蓋（soft palate/velum）
6. 口蓋垂（uvula）
7. 咽頭壁（pharynx wall）
8. 舌尖（tip）
9. 舌端（blade）
10. 前舌面（front）
11. 中舌面（center）
12. 後舌面（back）
13. 舌根（root）
14. 喉頭蓋（epiglottis）
15. 声帯（vocal cords）

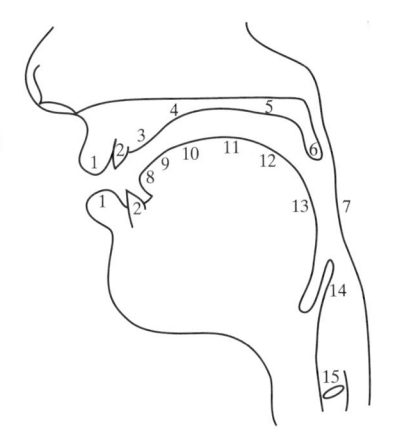

図 1　音声器官

4.4　母音と子音

　実際の音声は，切れ目のない連続体であるが，その言語の母語話者は，それを個々の音が線状に並んだものとしてとらえる．たとえば，英語の pit という単語の発音を聞けば，母語話者は，それを /p/, /ɪ/, /t/ という三つの音がこの順に並んだものととらえる．このように三つに分けられた個々の音を**分節音** (segment) という．

　分節音は，大きく**母音** (vowel) と**子音** (consonant) に分類される．母音とは，①肺から唇まで空気が出ていく間に，途中で舌・歯・唇などによって，著しい妨害を受けず，②音節[1]の中心にしか現れない音のことである．それ以外の音は子音に分類される．なお，①の定義は音声学的なものであり，②の定義は音韻論的なものである．

　①でいう「著しい妨害」とは，空気の流れが完全にせき止められてしまうか，非常に狭い通り道しか得られず，空気が通過する際に摩擦が聞こえるような状態を指す．たとえば，/p, t, k/ を発音すると，肺からの空気の流れが完全にせき止められてしまう（このような音を**閉鎖音** (stop) という）．また，

---

1. **音節** (syllable) とは，一つ以上の分節音から成り，母語話者にとって，一つの音のかたまりと感じられる発話の単位のことである．詳しくは，§4.9 を参照.

/f, θ, s, ʃ/ を発音すると，空気はかろうじて通過するが，空気の通り道が非常に狭いために摩擦が生じる（このような音を**摩擦音** (fricative) という）．したがって，閉鎖音と摩擦音は，いずれも子音に分類される．

母音・子音の分類で，しばしば問題にされるのは，/l, r, j, w, h/ である．これらの音を発音する際に，空気の流れは口の中で「著しい妨害」を受けない．すなわち，①の音声学的な母音の定義に合致する．しかし，これらの音は，lip, red, yes, word, hit など，音節の中心以外に現れうる．すなわち，②の音韻論的な母音の定義に合致しない．したがって，/l, r, j, w, h/ は，音声学的には母音であるが，音韻論的には子音であると言わざるをえない（このような音を**接近音** (approximant) という）．[2] 本書では，その点を踏まえた上で，便宜上，これらの音を子音に分類しておく．

4.5 英米の標準発音

4.5.1 アメリカの標準発音

本書では，アメリカの標準的な発音をとりあげる．アメリカの標準発音は，伝統的に，**一般アメリカ英語** (General American) と呼ばれてきた．一般アメリカ英語は，元々アメリカの中西部から西部にかけての広い地域で話されていた発音であったが，今日では教養のある人々によって全米で話されており，概略，「東部や南部の顕著な地域的特性をもたない発音」と定義できる．なお，テレビの全国放送のアナウンサーなども，この発音を使用していることから，**ネットワーク英語** (Network English) と呼ばれることもある．

ただし，このように定義しても，実際には一般アメリカ英語にもある程度の地域的な差異が見られる．最近では，アメリカ英語の重心は，ますます西海岸寄りになってきている (John C. Wells 談) ことから，本書では，一般アメリカ英語として，カリフォルニア英語の発音をとりあげ，これを記述・分析の対象とする．

4.5.2 イギリスの標準発音

イギリス（厳密には，イングランド）の標準発音は，**容認発音** (Received

---

 2. ただし，/h/ は，音声学的には接近音であるが，音韻論的には摩擦音に分類される．

Pronunciation) と呼ばれ，通例，RP という略称で用いられる．ここで言う「容認」とは「社会的に受け入れられる (socially acceptable)」という意味である．その話し手は，主として上流階級出身の教育のある人々であり，RP 話者がイングランドの人口に占める割合は，一説によれば，わずか 3% であるとも言われている．RP の一つの定義は，発音に地域的特性が見られないことである．今日，RP は，若い話し手を中心に大きく変化しつつあり，それに伴い，RP をどのように定義すべきかをめぐって，さまざまな議論がなされている．

　また，最近，イギリスでは，**河口域英語** (Estuary English) と呼ばれる新しいタイプの標準英語が，音声学者の間ばかりでなく，マスコミをも巻き込んで，話題になっている．ここで言う「河口域」とは，テムズ川の河口域のことであり，河口域英語は，同地域を中心に，目下，急速に広まりつつある．その発音は，基本的には RP に似ているが，イングランド南東部の地域的特性もいくらか併せもっている．音声学者の中には，河口域英語を**ロンドン地域的 RP** (London regional RP) ととらえ，広義には，RP の一種であると考える者もいるが，この見方には異論もある．いずれにせよ，将来，伝統的な RP に代わって，河口域英語がイングランドの標準発音になる可能性も指摘されており，その動向に注目しておくべきであろう．

4.6 一般アメリカ英語の母音音素

4.6.1 母音の分類基準

　母音の基本的な分類基準は，①舌の高低，②舌の前後，③唇の形状の三つである．①の「舌の高低」とは，舌がどれくらいの高さまで持ち上がるか，という基準で，高さに応じて，**高母音** (high vowel)，**中高母音** (mid-high vowel)，**中低母音** (mid-low vowel)，**低母音** (low vowel) のように区別する．

　②の「舌の前後」とは，舌のどの部分が持ち上がるか，という基準で，前舌面が持ち上がる母音を**前舌母音** (front vowel)，中舌面が持ち上がる母音を**中舌母音** (central vowel)，後舌面が持ち上がる母音を**後舌母音** (back vowel) と呼ぶ．

　③の「唇の形状」とは，唇を丸めるか否かという基準であり，唇を丸め，ときには**突き出し** (protrusion) も伴う母音を**円唇母音** (rounded vowel)，唇

を丸めない母音を**非円唇母音** (unrounded vowel) という．

母音は，次の図2のような**母音四辺形** (vowel quadrilateral) の上に，その位置が示される．後で一般アメリカ英語の母音音素との比較を行うために，図2では，まず日本語の母音音素の最も一般的な異音の位置を示しておく．

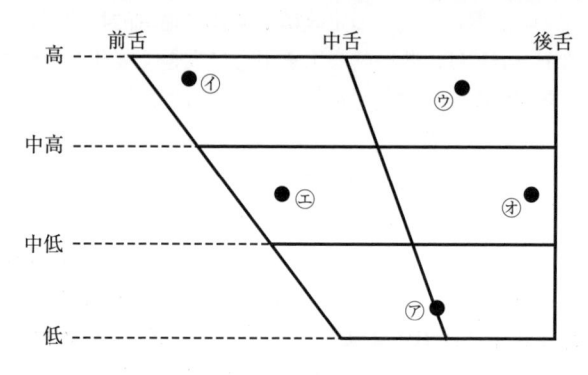

図2　日本語の母音

それぞれの母音の位置は，舌の最も高い位置を示している，などと言われるが，それは誤りである．母音四辺形は抽象的な母音の空間であって，それぞれの母音の位置は，聴覚印象（すなわち音質）に基づいた相対的な位置にすぎない．これまでに，x 線写真によって，母音四辺形上の母音の位置と実際の舌の位置は，かなり食い違うことが明らかにされている．このことは，日本語話者が英語の母音を習得しようとする場合には，舌の位置に注意するよりも，実際に母語話者の発音を繰り返しよく聞いて，聴覚印象を頼りに練習すべきであることを示唆している．

4.6.2　単一母音と二重母音

一般アメリカ英語の母音体系は，/ɪ, ɛ, æ, ʌ, ʊ, ə, iː, ɑː, uː, ɜːr/ という 10 個の**単一母音** (monophthong) と，/eɪ, aɪ, aʊ, ɔɪ, oʊ/ という 5 個の**二重母音** (diphthong) からなる．単一母音とは，発音している間，最初から最後まで音質が変わらない母音であり，二重母音とは，発音している間にある母音から別の母音へと，なめらかに音質が変わる母音である．二重母音は，しかし，あくまで一つの母音音素（1 音節）であるから，たとえば /aɪ/ は，日本語の「アイ」（愛）のように，二つの母音音素（「ア」と「イ」）の連続（2 音節）として

発音してはならない．なお，一般アメリカ英語では，単一母音に分類されている母音音素も，実際の発音では，**二重母音化** (diphthongization) されることがあり，特に，/iː, uː, æ/ で顕著である．

4.6.3 弛緩母音と緊張母音

単一母音は，さらに**弛緩母音** (lax vowel) と**緊張母音** (tense vowel) に分類される．しばしば，両者の違いは，発音する際に舌や唇などが緊張するか否かである，などという音声学的な定義がなされるが，これには明らかな根拠がない．むしろ両者の違いは，主として音韻論的なものである．すなわち，英語では，語末において，その母音に**アクセント** (accent) がある場合，後ろに一つ以上の子音が続くことを必要とする母音が弛緩母音，必要としない母音が緊張母音とされる（アクセントについては，§4.10.1 を参照）．たとえば，/ɪ/ や /ʊ/ は，*/tí/ や */bú/ などのように，語末に現れることはできず，/típ/ (tip) や /búk/ (book) のように，必ず後ろに一つ以上の子音が続くので，弛緩母音に分類される．一方，/iː/ や /uː/ は，/kíː/ (key) や /túː/ (two) のように，語末に現れることができ，後ろに子音が続く必要はないので，緊張母音に分類される．[3]

> **NB** 長さの違いを根拠に，しばしば緊張母音は**長母音** (long vowel) と呼ばれ，弛緩母音は**短母音** (short vowel) と呼ばれるが，常に緊張母音のほうが弛緩母音よりも長いとは限らない．たとえば，beat の /iː/ は，bit の /ɪ/ と比べれば，長く発音されるが，bid の /ɪ/ と比べれば，ほぼ同じ長さか，ときには短くなることさえある（詳しくは，§4.6.4 を参照）．英語の /ɪ/ と /iː/ は，日本語の「イ」と「イー」と異なり，長さが違うというよりも，母音の音質そのものが違う，という点に注意すべきである．すなわち，/iː/ は日本語の「イー」に非常に近いのに対し，/ɪ/ はむしろ「エ」に近く聞こえることがある．したがって，/ɪ/ を長く発音しても /iː/ にはならないし，逆に /iː/ を短くしても /ɪ/ にはならない．/ʊ/ と /uː/ の違いも同様である．また，舌の位置が低い母音は，舌の位置が高い母音よりも，長めに発音される傾向があるため，弛緩母音 /æ/ は，/iː/ や /uː/ などの緊張母音よりも長く発音される．

4.6.4 母音の長さ

前節で述べた緊張母音と弛緩母音の長さの違いに関する傾向に加えて，母音の長さは，次の三つの要因が複雑に絡み合って決定される．

---

3. 二重母音も緊張母音であるが，本書では，便宜上，両者を分けて記述する．

① アクセントがある母音は，アクセントがない母音よりも長く発音される．逆に言えば，英語の母語話者は，母音の長さを重要な手掛かりにして，単語のどこにアクセントがあるかを聞きとっている．したがって，日本語話者が英語のアクセントやリズムを習得する場合には，アクセントのある母音を長く発音し，アクセントのない音節を短く発音する練習をすることが，何よりも大切である（日本語話者には後者が特にむずかしいので，かなりの練習を要する）．

② 母音は，後ろに何も音が続かない場合（すなわち，語末にある場合），後ろに /b/ や /z/ など**有声**（voiced）の子音（＝発音した際に声帯が振動する子音）が続く場合，後ろに /p/ や /s/ などの**無声**（voiceless）の子音（＝発音した際に声帯が振動しない子音）が続く場合という順で，長さが短くなる．したがって，たとえば see, seed, seat に含まれる /iː/ という母音の長さを比較すると，この順で短くなる．

③ 一つの単語の中で，アクセントがある音節の後ろに，アクセントがない音節が続けば続くほど，アクセントがある音節の母音は短くなる．したがって，たとえば kind, kindly, kindliness に含まれる /aɪ/ という母音の長さを比較すると，この順で短くなる．

4.6.5　一般アメリカ英語の弛緩母音

一般アメリカ英語には，/ɪ, ɛ, æ, ʌ, ʊ, ə/ の六つの弛緩母音がある．それぞれの母音音素の最も一般的な異音の位置を図示すると，次のようになる．

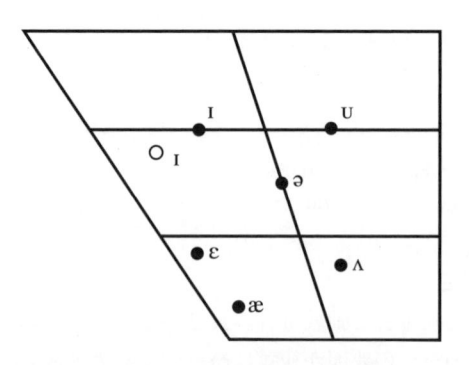

図3　一般アメリカ英語の弛緩母音

図2に示した日本語の母音音素と比較して，特に注意すべき点は次の通りである．

(1) /ɪ/ だいたい日本語の「イ」と「エ」の中間の母音である（例: knit, lit, miss）．若者の発音では，この母音は，図3において○で示した位置まで下がっており，ますます日本語の「エ」に近づく傾向がある．

(2) /ɛ/ 日本語の「エ」よりも，やや「ア」に近い母音である（例: guess, less, yet）．最近，この母音の舌の位置は下がり，中舌化する傾向が見られる．若者の発音では，/w/ の後ろの位置で [ʌ] に近く発音されることがある（例: west, twenty）．

(3) /æ/ 日本語の「ア」よりも，やや「エ」に近い母音であるが，舌の位置は非常に低く，かつ前寄りである（例: bag, dad, sad）．低母音であるため，かなり長めに発音され，しばしば [æə] のように二重母音化される．したがって，音声学的には長母音または二重母音とみなして差し支えない．若者の発音では，後ろに /r/ が続く場合には，舌の位置が上がって /ɛ/ で発音されることが多い（例: arrow, barrier, marry（最後の例は merry および Mary と同音になる））．

(4) /ʌ/ 日本語の「ア」に比較的近いが，もう少し舌の位置が高く，やや後ろ寄りで発音されるため，暗い響きがする（例: buzz, love, mud）．日本人の学習者には /ɑ:/ との区別がむずかしいが，/ʌ/ は口をあまり大きく開けず，短めに発音するとよい．

(5) /ʊ/ だいたい日本語の「ウ」と「オ」の中間の母音である（例: book, put, wolf）．従来は，日本語の「ウ」とは異なり，弱い円唇母音であったが，若者の発音では，舌の位置が前寄りになると同時に，非円唇母音になりつつある（同様の現象が，目下，イギリスの RP でも起こりつつある）．しばしば唇が左右に引っ張られた状態で発音されることさえある．

(6) /ə/ この音声記号はシュワー（schwa）と呼ばれる．他の母音とは異なり，この母音は，アクセントがない音節にしか現れず，常に弱く発音される（例: today, hopeless, rabbit）．母音四辺形上で

は，ほぼ中央に位置づけられ，日本語のどの母音にも聞こえるような曖昧な響きがする．歴史的には，元々何らかの固有の音質をもっていた母音が弱くなったものがこの母音であり，**弱化母音** (reduced vowel) とも呼ばれる．そのため，実際には，今でも元の母音の音質（それは綴り字から推測できる）を多少とも残していることが多い．したがって，たとえば today /tədéɪ/ は「タデイ」よりも「トゥデイ」に近く発音するほうが，日本人の学習者には無難であると思われる．

4.6.6　一般アメリカ英語の緊張母音

一般アメリカ英語には，/iː, ɑː, uː, ɚː/ の四つの緊張母音がある．それぞれの母音音素の最も一般的な異音の位置を図示すると，次のようになる．

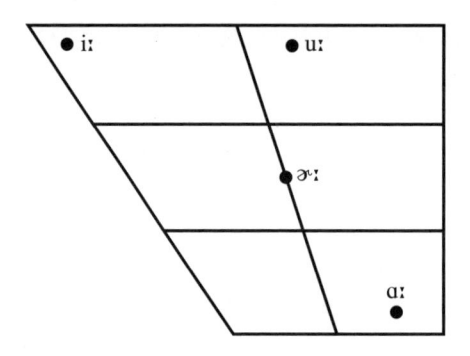

図4　一般アメリカ英語の緊張母音

図2に示した日本語の母音音素と比較して，特に注意すべき点は次の通りである．

(1) /iː/　日本語の「イー」に非常に近いが，唇はより強く左右に引っ張られる（例: keep, lead, meet）．

(2) /ɑː/　日本語の「アー」よりも，舌の位置は低く，かつ後ろ寄りである（例: calm, father, palm）．若者の発音では，従来の /ɑ/（例: god, lot, odd）および /ɔː/（例: caught, law, saw）は用いられなくなり，代わりに /ɑː/ 一つで済ませてしまう傾向がある．したがっ

て，実質的には，これら三つの母音の区別はなくなりつつある．

(3) /uː/　日本語の「ウー」にかなり近い（例：food, moon, soup）．従来は，強い円唇を伴って発音されていたが，若者の発音では，舌の位置が前寄りになると同時に，非円唇母音になりつつある（同様の現象が，目下，イギリスの RP でも起こりつつある）．舌の位置が前寄りになる現象は，/t, d, n, l, j/ の後で特に顕著である（例：two, new, cute）．

(4) /ɚː/　しばしば /əːr/ とも表記されるが，音声学的には，[əː]+[r] ではなく，単に /r/ を長く発音した [rː] にほかならない（例：bird, fur, work）．

4.6.7　一般アメリカ英語の二重母音

本書では，一般アメリカ英語の二重母音として，/eɪ, aɪ, aʊ, ɔɪ, oʊ/ の五つを認める．ただし，音声学的には，強勢のある母音と /r/ の連続も，一種の二重母音（**r 二重母音**（*r*-diphthong）と呼ばれる）とみなすことができる（例：car /-ɑːr/, dear /-ɪr/, bear /-ɛr/）．それぞれの二重母音の最も一般的な異音の位置を図示すると，次のようになる．

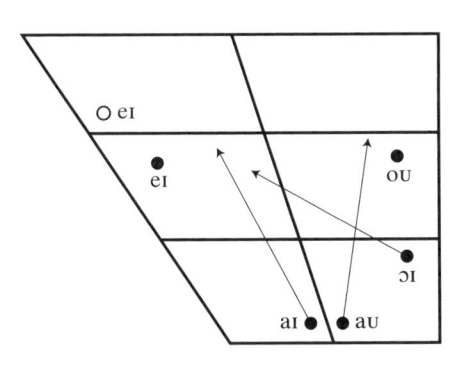

図 5　一般アメリカ英語の二重母音

図 2 に示した日本語の母音音素と比較して，特に注意すべき点は次の通りである．

(1) /eɪ/　日本語の「エー」よりも少し高い位置から始まり，わずかに「イ」の方向へ向かう（例：day, obey, rain）．特に無声子音の前で，

しばしば [eː] のように**単一母音化** (monophthongization) される (例: break, cake, mate). 若者の発音では, 出だしの舌の位置が, 図5において○で示した位置まで上がっており, 若者が発音する /ɪ/ の位置 (図3において○で示した位置) よりも高くなっている. そのため, /eɪ/ は, むしろ「イー」に近い響きとなる.

(2) /aɪ/　日本語の「アー」に近い位置から始まり, なめらかに「エ」の方向へ向かう (例: buy, five, ride).

(3) /aʊ/　日本語の「アー」に近い位置から始まり, なめらかに「オ」の方向へ向かう (例: count, loud, now). 出だしの位置が /æ/ に近い位置まで前寄りになる発音も, 今では一般的である (例: count [kǽʊnt], loud [lǽʊd], now [nǽʊ]).

(4) /ɔɪ/　日本語の「オー」に近い位置から始まり, なめらかに「エ」の方向へ向かう (例: avoid, boy, enjoy).

(5) /oʊ/　日本語の「オー」に近い位置から始まり, わずかに「ウ」の方向へ向かう (例: nose, road, low). 特に無声子音の前で, しばしば [oː] のように単一母音化される (例: coat, post, soap). また, アクセントがない音節では, 短く [o] と発音される (例: **o**bey, n**o**torious, N**o**vember). 若者の発音では, 出だしの舌の位置がやや前寄りになる傾向が見られる.

4.7　一般アメリカ英語の子音音素

4.7.1　子音の分類基準

　子音の基本的な分類基準は, ①**調音位置** (place of articulation), ②**調音様式** (manner of articulation), ③**声** (voice) の三つである.

4.7.1.1　調音位置

　調音位置とは, どの音声器官を使って発音されるか, という基準である. 具体的には, 次のように分類される.

① 　上下の唇の間で音を出す**両唇音** (bilabial): /p, b, m/
② 　下唇と上の前歯の間で音を出す**唇歯音** (labiodental): /f, v/

③ 舌尖と上の前歯の間で音を出す**歯音** (dental)：/θ, ð/
④ 舌尖または舌端と歯茎の間で音を出す**歯茎音** (alveolar)：/t, d, n s, z, l/
⑤ 舌尖または舌端と歯茎の後部の間で音を出す**歯茎後部音** (post-alveolar)：/ʃ, ʒ, ʧ, ʤ, r/
⑥ 前舌面と硬口蓋の間で音を出す**硬口蓋音** (palatal)：/j/
⑦ 後舌面と軟口蓋の間で音を出す**軟口蓋音** (velar)：/k, g, ŋ, w/
⑧ 声門において音を出す**声門音** (glottal)：/h/

4.7.1.2　調音様式

　調音様式とは，空気が肺から唇まで出ていく間に，舌・歯・唇などによって，どの程度の妨害を受けるか，という基準である．§4.4において閉鎖音・摩擦音・接近音があることを述べたが，この三つが大まかな分類である．

　閉鎖音を，さらに分類すると，軟口蓋が上がった状態で発音される音と下がった状態で発音される音がある．軟口蓋は，空気が鼻の方に抜けるか抜けないかを調節する，いわば弁の役割をしており，軟口蓋が下がっていれば，肺から上がってきた空気は，口の中だけでなく，鼻の方にも抜けていく．軟口蓋が下がった状態で，口の中へ流れ込んだ空気が完全にせき止められると，一種の閉鎖音になるが，鼻からは自由に空気が流れ出ている．このようにして発音される音が，/m, n, ŋ/ などの**鼻腔閉鎖音** (nasal stop) であり，しばしば略して**鼻音** (nasal) と呼ばれる．

　鼻音は，あくまで閉鎖音であるから，子音であることは疑う余地がないが，たとえ鼻からであっても，「空気が著しい妨害を受けずに流れ出る」という意味では，母音に似ている．また，鼻音は，音の高さを上下させることができる（すなわち，歌が歌える）という意味でも，母音に似ている．さらに，英語のさまざまな音声現象を見てみると，鼻音は接近音や母音と同じようなふるまいをすることがある．そこで，子音の中でも，より母音的である鼻音と接近音は，一つにまとめられて，**共鳴音** (sonorant) と呼ばれる．一方，より子音的な性格が強い閉鎖音と摩擦音は，合わせて**阻害音** (obstruent) と呼ばれる．なお，後者には，/ʧ, ʤ/ など，閉鎖音と摩擦音が一つの音になった**破擦音** (affricate) も含まれる．

　接近音のうち，/l/ は，舌尖が歯茎に接触しており，口の中央を空気が通り

抜けることができないという意味で，他の接近音とは異なる．代わりに，/l/ では，舌の片方または両方の側面が空いており，そこからから空気が通り抜ける．この違いに基づき，/l/ は**側面接近音** (lateral approximant)，略して**側面音** (lateral) と呼ばれ，他の接近音と区別される．

このほかに，§4.2 で触れた弾音と呼ばれる音がある．日本語のラ行の子音 /r/ や一般アメリカ英語の /t/ は，/haru/（春）や /tera/（寺），あるいは city や water などのように，二つの母音に挟まれた位置にくると，舌先が歯茎後部（日本語の場合）や歯茎（一般アメリカ英語の場合）を瞬間的に一度だけ軽く弾く動作によって発音される．これが弾音である．舌先が歯茎（または歯茎後部）に接触するという意味で，閉鎖音の一種として分類されることもあるが，その接触時間は非常に短く，また接触面積も小さいため，弾音における接触は「著しい妨害」とはみなされない．したがって，通例，弾音は，接近音と同様，共鳴音に分類される．

4.7.1.3 声

声とは，有声か無声か，という基準である（§4.6.4 を参照）．それぞれの音素は，その最も一般的な異音に基づいて，有声か無声かのどちらかに分類される．ただし，実際に，音素として有声か無声かの区別があるのは，阻害音に限られる（他の音素は，母音も子音も，すべて有声音である）．日本語の仮名文字は，この点をよく表しており，有声を表す濁点「゛」は，阻害音を含む仮名文字にしか付かない（すなわち，ガ行，ザ行，ダ行，バ行の仮名文字）．それ以外の仮名文字には，有声か無声かの区別がないからである．

なお，音声環境に応じて，本来，有声音である音素が，実際には無声の異音で発音されたり（これを**無声化** (devoicing) という），逆に，本来，無声である音素が，実際には有声の異音で発音されたりする（これを**有声化** (voicing) という）．無声化された異音は，[̥] という補助記号を用いて，[b̥, d̥, g̥] などのように表す．また，有声化された異音は，[̬] という補助記号を用いて，[p̬, t̬, k̬] などのように表す．

たとえば，一般アメリカ英語の閉鎖音 /b, d, g/ は，本来，有声音であるが，語頭や語末において，または前後に無声子音がある場合には，無声化される（例：[b̥]i[d̥]，[d̥]o[g̥]，[g̥]a[b̥]; lo[b̥]ster, mi[d̥]summer, dis[g̥]ust）．また，摩擦音 /v, ð, z, ʒ/ も，本来は有声音であるが，語末において，やはり無声化さ

れる（例: live [líy̥], breathe [bríːð̥], shoes [ʃúːz̥], rouge [rúːʒ̥]）．いずれの場合も，無声化の程度は，話し手によって，あるいは，発話によってさまざまであり，それぞれの音を発音している間の前半または後半だけ部分的に無声化されることもあれば，最初から最後まで完全に無声化されることもある．なお，破擦音 /ʤ/ は，語頭では前半の閉鎖部分が無声化され，語末では後半の摩擦部分が無声化される（例: gem [ʤ̥ém], page [péɪʤ̥], judge [ʤ̥ʌʤ̥]）．

一方，/t/ は，/l, n, ŋ/ とアクセントのない母音に挟まれた場合，ときには有声化されることがある（例: al[t̬]ogether, penal[t̬]y, shel[t̬]er; carpen[t̬]er, certain[t̬]y, seven[t̬]y; Washing[t̬]on）．この現象は，有声子音で終わる単語の後ろにおいて，前置詞 to の /t/ にも生じることがある（例: dog [t̬]o, seem [t̬]o, happen [t̬]o, wrong [t̬]o, live [t̬]o）．また，特定の語では，二つの母音に挟まれた /p/ や /k/ にも，有声化が生じることがある（例: ca[p̬]ital, princi[p̬]al, pro[p̬]erty; rickety [ríkəti], significant [sɪgnífɪkənt]）．なお，better, water, get up など，二つの母音に挟まれた /t/ にも有声化は生じるが，その場合，有声化に加えて，調音様式も変わってしまうので，これについては §4.11.2 において詳しく述べる．

4.7.2 日本語と一般アメリカ英語の子音体系

以上述べた子音の分類基準に基づき，日本語と一般アメリカ英語の子音音素を分類すると，それぞれ表1と表2のようになる．なお，一つの欄に二つ子音が入っている場合，左が無声音で右が有声音である．

	両唇音	歯音	歯茎音	歯茎後部音	硬口蓋音	軟口蓋音	口蓋垂音	声門音
閉鎖音	p b	t d				k g		
鼻音	m		n				N	
弾音			r					
摩擦音			s z					h
接近音					j	w		

表1 日本語の子音[4]

---

4. 「チ」と「ティ」および「ツ」と「トゥ」を区別する日本語話者の場合には，「チ」と「ツ」の子音として，/t/ のほかに，もう一つ音素を認める必要がある．

	両唇音	唇歯音	歯音	歯茎音	歯茎後部音	硬口蓋音	軟口蓋音	声門音
閉鎖音	p b			t d			k g	
破擦音					tʃ dʒ			
鼻音	m			n			ŋ	
摩擦音		f v	θ ð	s z	ʃ ʒ			h
接近音					r	j	w	
側面接近音				l				

表 2　一般アメリカ英語の子音

　二つの表を比較すると，/t, d, n/ の調音位置が両言語で異なっていることが分かる．このように，従来は，日本語の /t, d, n/ が歯音であるのに対し，一般アメリカ英語の /t, d, n/ (および /l/) は歯茎音であるとされてきた．しかし，実際には，一般アメリカ英語においても，多くの話し手が舌尖を上の前歯に接触させて発音していることが明らかになっており，一般アメリカ英語の /t, d, n, l/ (特に /l/) は「歯茎音または歯音」とするのが正しい．

　なお，/t, d, n/ (および /s, z/) を発音する際に，日本語では，舌尖は下の前歯または下の歯茎に接触しているのに対し，一般アメリカ英語では，舌尖および舌端が持ち上げられて，上の前歯または上の歯茎に接触 (あるいは接近) しているという違いもある．

　以下では，調音様式ごとに分けて，一般アメリカ英語の子音音素に関して，日本語話者が特に注意すべき点を指摘しておきたい．なお，母音の場合と異なり，子音を習得しようとする場合には，必要があれば鏡などを用いて，舌の位置や唇の形状を実際に確かめながら，調音位置と調音様式に注意して練習すべきである．

4.7.3　閉鎖音

　無声閉鎖音の /p, t, k/ は，§4.2 で触れたように，語中のアクセントがある母音の前や，(後ろの母音のアクセントの有無に関係なく) 語頭の位置では，破裂の際に強い帯気が生じる (例: de[pʰ]énd, re[tʰ]úrn, Da[kʰ]óta; [pʰ]aráde, [tʰ]omáto, correct [kʰərékt])．日本語の /p, t, k/ の帯気は，それほど強くないため，日本語話者は特に意識して帯気を練習する必要がある (ただし，英語の母語話者であっても，スコットランドやイングランド北部など

には，/p, t, k/ に帯気を伴わない話し手が存在する）．

/k, g/ は軟口蓋音とされているが，舌の位置が高い前舌母音の前では，調音位置はかなり前寄りになり，硬口蓋に近くなる．これを**硬口蓋化** (palatalization) といい，[ʲ] という補助記号を用いて，[kʲ, gʲ] のように表す．たとえば，普通の軟口蓋音 [k, g] が用いられる coop や goose と硬口蓋化された [kʲ, gʲ] が用いられる keep や geese を比較されたい．

一般に，閉鎖音は，（調音位置が同じか，それよりも前寄りの）別の閉鎖音または鼻音が後ろに続く場合，あるいは語末の位置で，後ろに何も音が続かない場合には，破裂が聞こえない（ただし，イギリス英語では，後者の場合には破裂が聞こえる傾向が強い）．破裂が聞こえないとは，代わりに閉鎖音の長さの分だけ日本語の促音「ッ」のような間があるということである．破裂が聞こえない閉鎖音は，[˺] という補助記号を用いて，[p˺, t˺, k˺] などのように表す（例：dee[p˺] breath, gra[b˺] me, ge[t˺] back, ba[d˺] mouth, ta[k˺]e notes, bi[g˺] deal）．

4.7.4 摩擦音と破擦音

/f, v/ は，しばしば「上の前歯で下唇を噛んで発音する」などと言われるが，そうではなく，上の前歯の先を下唇の内側に軽く触れさせて発音する．このように，下唇の「内側」で発音される音を，厳密には**内唇歯音** (endolabio-dental) と呼ぶ．

/θ/ は，舌尖を上下の前歯の間に軽く挟んで（したがって，舌尖が上下の歯の間から少し突き出ている状態で）発音する．このように，上下の前歯の「間」で発音される音を，厳密には**歯間音** (interdental) と呼ぶ．歯間音の /θ/ は，[₊] という補助記号を用いて，[θ̟] のように表す．なお，イギリス英語では，歯間音ではなく，舌尖を上の前歯の裏側に軽く触れさせて発音する**歯裏音** (postdental) のほうが一般的である．

/ð/ は，/θ/ の有声音であるが，調音位置も調音様式もやや異なる．普通の発話では，舌尖を上下の前歯の裏側に近づけながら，摩擦を伴わずに発音されるため，一種の接近音になる．接近音の /ð/ は，[₋] という補助記号を用いて，[ð̠] のように表す．

英語の /z/ は摩擦音であるが，日本語のザ行の子音は，語頭では，いったん舌が上あごに接触してから，[z] の発音が始まる破擦音 [ʣ] である（あえて

言えば,「ヴァ行」ということになろう). したがって, 日本語話者が, 英語の /z/ を発音する際には, この習慣を持ち込まないように注意する必要がある (例: zest, zone, zoo).

/ʃ, ʒ, tʃ, dʒ/ は, それぞれ日本語のシャ行, ジャ行, チャ行, ヂャ行の子音に近いが, いずれも唇を丸めて突き出しながら発音することが大切である. なお, /ʃ, ʒ/ では, 舌が上あごのどこにも接触しないのに対し, /tʃ, dʒ/ は, 最初に舌端 (および舌尖) が歯茎の後部に触れて, 閉鎖が作られてから発音が始まる. 日本語話者は, 語中における /ʒ/ (例: measure, pleasure) と /dʒ/ (例: major, pledger) の区別が苦手である. 後者は /ʒ/ の前に /d/ があるため, /d/ の長さの分だけ, 日本語の促音「ッ」のような間が入ることに留意するとよい.

4.7.5 鼻音

日本語話者が特に注意しなければならないのは, 語末の /n/ と /ŋ/ の発音である. 日本語の「ン」(音声記号は /N/) は, 舌尖が上あごに接触しないのに対し, 一般アメリカ英語の /n/ は, 必ず舌尖が上の歯茎 (または前歯の裏) に接触し, 閉鎖が作られる. 日本語の「テン」(天),「ペン」と英語の ten, pen を比較されたい.

/ŋ/ の音は, 日本語においても用いられる.「インク」や「リング」など, カ行とガ行の子音の前の「ン」が, この音である. ただし, 一般アメリカ英語の ring や young は, 綴り字には g の文字があっても, 発音上は /ríŋ/ や /jʌ́ŋ/ のように /g/ の音がない (もっとも, 15世紀頃までは, このような /g/ の音は発音されていた). したがって, 余計な /g/ を入れずに /ŋ/ の音を出すためには, 頭の中では「ング」と発音するつもりで, 実際には「グ」を言う直前で止めればよい (なお, 英語の母語話者であっても, イングランドの一部には, 今でも /g/ を発音する話し手が存在する).

4.7.6 接近音

一般アメリカ英語の /l/ は, 舌尖を上の前歯の裏 (または歯茎) に強く押し付け, 離さないようにしながら, 舌の両側または片側だけ開けて, 日本語の「オ」に似た音を出す (「ル」ではなく, あくまで「オ」である). ただし, たとえば let や live など, 後ろに母音が続くと, ラ行の子音のように聞こえる.

第4章 音声学・音韻論　　51

これに対し，/r/ は，舌尖が上あごのどこにも接触しない．一般アメリカ英語の /r/ の発音の方法は，大きく分けて二通りある．一つは，舌尖を歯茎の後部に向けて反り返して発音される**反り舌の r** (retroflex r) であり（音声記号は [ɻ]），もう一つは，舌尖は持ち上げられず，舌の中ほどが軟口蓋の前部に向けて盛り上がった状態で発音される**軟口蓋の r** (velar r) である（音声記号は [ɰ]），調音位置も調音様式も異なるが，両者の聴覚印象は，ほとんど同じで，音声学者でさえ聞き分けることは困難である．従来，一般アメリカ英語では，軟口蓋の r のほうが一般的であると言われてきたが，実際には，反り舌の r を用いる話し手のほうが多いことが明らかになっている．ただし，どちらの発音方法であっても，一般アメリカ英語の /r/ には，舌全体が後ろに引かれ，舌根と咽頭壁の間が狭くなる現象（これを**咽頭化** (pharyngealization) と言う）が常に生じる．したがって，このような咽頭化が，一般アメリカ英語の /r/ の一大特徴であると言ってよい．

なお，特に語頭やアクセントがある母音の前の /r/ は，次に述べる /w/ のように，唇を丸めて突き出しながら発音される（例：rat, red, derive）．ただし，たとえば，アメリカ人の発音する life という単語が，イギリス人には wife に聞こえるなど，一般アメリカ英語の /l/ も /w/ のように聞こえるので，注意が必要である．

日本語のワ行の子音には唇の丸めがないが，英語の /w/ は，強い唇の丸めと突き出しを伴う．従来，英米の発音の違いとして，一般アメリカ英語では，what, when, where など wh という綴り字で表される場合には，/h/ を伴い，/hw/ と発音されると言われてきたが，最近では，イギリスの RP と同様，/h/ を伴わない発音のほうが一般的である．したがって，一般アメリカ英語でも，where と wear, whether と weather, which と witch は同音になる．

4.8　同　化

ある音が，隣接する別の音の影響を受けて，その音に近い発音に変わることを**同化** (assimilation) という（同音になることもある）．一般アメリカ英語の場合，最も典型的な同化は，後ろに続く音の影響を受けて，前の音の発音が後ろの音の発音に近くなる（または同じになる）変化である．これは，先行する音が後ろに続く音を予期して起こる同化であるから，**予期同化** (anticipatory assimilation）と呼ばれる．たとえば，次のような調音位置の同化がそれにあたる．

(1) a. /t/ → [p] :　tha**t** pen, ge**t** back, mea**t** pie
　　b. /d/ → [b] :　ba**d** boy, goo**d** people, re**d** book
　　c. /n/ → [m] :　seve**n** people, o**n**e person, te**n** percent
　　d. /t/ → [k] :　cu**t** glass, tha**t** cat, le**t** go
　　e. /d/ → [g] :　re**d** cross, ba**d** girl, goo**d** car
　　f. /n/ → [ŋ] :　fa**n** club, te**n** cats, i**n** Canada

(1)の例では，いずれも歯茎音が，後ろに続く両唇音や軟口蓋音に同化している（歯茎音は，最も同化しやすい子音である）．ただし，最近の研究によれば，実際には，歯茎音が両唇音や軟口蓋音に変化しているのではなく，歯茎における発音と両唇または軟口蓋における発音が同時に行われているのである．このような現象を**二重調音**（double articulation）といい，[͡] という補助記号を用いて表す．たとえば，that pen の /t/ や bad girl の /d/ などは，厳密には，それぞれ [t͡p]，[d͡g] と表記すべき音になる．

4.9　音　節

4.9.1　音節の内部構造

　すべての音節には，中心となる分節音が必ず一つ存在する．これを**音節主音**（syllable nucleus）という．通例，音節主音は母音であるが，ときには共鳴音（接近音や鼻音）などの子音も音節主音になることがある．また，音節主音は，その前後に子音を伴うこともある．このような子音を，音節主音に対して，**音節副音**（syllable marginal）と呼ぶ．音節副音には，音節主音の前にくる**頭子音**（onset）と後ろにくる**尾子音**（coda）がある．以上をまとめると次の図6のようになる．

第4章 音声学・音韻論　　　　　　　　　　　　　53

```
                           音　節
                    ／             ＼
         音節副音（頭子音）＋音節主音＋音節副音（尾子音）
例：(pit)         p            ɪ            t
    (free)       f r           iː
    (else)                     e           l s
```

図6　音節の内部構造

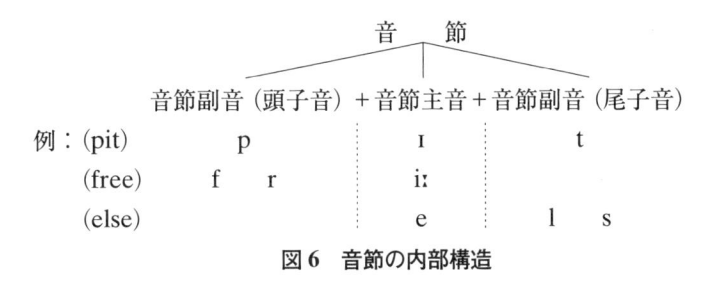

　図6には，pit, free, else という三つの単語の音節構造が，例として挙げられている．pit という単語は，/p/ という頭子音と /t/ という尾子音をもっている．free という単語は，/fr-/ という二つの頭子音をもっているが，このように，頭子音は一つとは限らず，英語の場合，最大三つまで可能である（例：**street** /str-/）．また，free という単語は，尾子音をもっていない．逆に，else という単語は，頭子音はもっていないが，/-ls/ という二つの尾子音をもっている．尾子音は，英語の場合，最大四つまで可能である（例：**texts** /-ksts/）．

4.9.2　頭子音と尾子音の配列

　一つの音節の中に頭子音や尾子音が複数ある場合には，その配列に一定の原則がある．頭子音では，阻害音（閉鎖音または摩擦音）の後に共鳴音（鼻音または接近音）が続く（例：**play** /pl-/, **fry** /fr-/, **small** /sm-/）．尾子音では，頭子音とは対称的に，共鳴音の後に阻害音が続く（例：te**nse** /-ns/, **twelve** /-lv/, **help** /-lp/）．これが基本原則であって，個別に見ていくと，この原則に適っているにもかかわらず，英語として許されない子音の並び方が存在したり，さらに阻害音同士が並んだり，共鳴音同士が並んだりする，より複雑な場合も認められる．たとえば，頭子音が三つ並ぶ場合には，子音の配列にかなり制約があり，最初は必ず /s/ でなければならず，次に無声閉鎖音 /p, t, k/ のどれかが続き，三つ目には接近音の /l, r, j, w/ のいずれかがくる．

　ただし，今述べた基本原則に違反し，頭子音において，共鳴音の後に阻害音が続くような音節（例：*/lp-/, */rf-/, */ms-/）は存在しないし，尾子音において，阻害音の後に共鳴音が続くような音節（例：*/-pl/, */-fr/, */-sm/）は存在しない．これは，すでに述べた阻害音と共鳴音の特性によるものである．すなわち，阻害音は共鳴音に比べて，より子音的であり，逆に共鳴音は阻害

音に比べて，より母音的である．したがって，音節副音は，音節の両端から中心の音節主音（通例，母音）に向かって，より子音的な分節音から，より母音的な分節音へと配列されなければならない，ということである．

4.9.3 開音節と閉音節

単語は，一つの音節からなる場合と二つ以上の音節の連鎖からなる場合がある．後者において，音節の連鎖を一つ一つの音節に分けることを**分節** (syllabification) という（音声学では，音節の切れ目は，通例，終止符 /./ で示される）．発音上の分節は，その言語の音韻論的な原則に従って行われるものであり，綴り字における分綴とは一致しないことに注意されたい．

たとえば，日本語では，促音の「ッ」を含む「キッテ」（切手）や撥音の「ン」を含む「テンキ」（天気）という単語は，それぞれ /kit.te/ および /ten.ki/ のように二つの音節に分節できる．このうち，「キッテ」の /te/ と「テンキ」の /ki/ は，尾子音をもたず，最後が音節主音で終わっている音節であり，「キッテ」の /kit/ と「テンキ」の /ten/ は，最後が尾子音で終わっている音節である．前者のように，尾子音をもたない音節を**開音節** (open syllable) といい，後者のように尾子音をもつ音節を**閉音節** (closed syllable) という．英語の例で考えてみると，/traɪ/ (try) や /siː/ (sea) という音節は，尾子音をもたないので，開音節であり，/kæt/ (cat) や /hɛlp/ (help) という音節は，尾子音をもつので閉音節である．

このように，英語にも日本語にも，開音節と閉音節は両方認められるが，英語は，割合から言うと，むしろ閉音節のほうが多いのに対し，日本語は，促音や撥音を含む場合を除いて，すべて開音節でなければならない．したがって，日本語に英語の単語が借用された場合，閉音節が含まれていれば，日本語の音節構造に合わせるために，子音の後ろに何らかの母音が挿入されて，開音節に置き替えられる．1 音節の post は，/s/ の後ろに /u/ が，/t/ の後ろに /o/ が挿入されて，3 音節の /po.su.to/（ポスト）となる．

音節構造に関して，これまでに多くの言語のデータが調べられてきたが，その結果，人間の言語にとって，普遍的に，閉音節よりも開音節のほうが，より一般的で自然な音節であることが明らかにされた（二つの項を比べて，より一般的なほうを**無標** (unmarked) といい，より特殊なほうを**有標** (marked) という）．確かに英語は，表面的には，閉音節を志向しているよう

に見受けられるが，§4.11で詳しく述べるように，さまざまな音声現象を通じて，閉音節をできるだけ開音節に近づけようとする傾向がある．すなわち，有標の音節構造を無標に近づけようとする力が，音声現象を引き起こす引き金となっているのである．

4.9.4　音節主音的子音

すでに述べたように，音節主音になる分節音は，通例，母音であるが，アクセントがない音節においては，子音が音節主音になることがある．そのような子音は**音節主音的子音** (syllabic consonant) と呼ばれる．一般アメリカ英語における典型的な音節主音的子音は /r/ と /n/ である．音節主音的子音は，[ˌ] という補助記号を用いて，[r̩, n̩] などのように表す．

§4.2で述べた音素と異音という区別を考えると，音節主音の [r̩] と [n̩] は異音であって，音素としては /ə/ + /r/ または /ə/ + /n/ という二つの音の連鎖として分析される．実際の発話では，音節主音の /ə/ が発音されないため，代わりに音節副音の /r/ や /n/ が音節主音の役割を果たすわけである．次に具体例を示す．

(1) a. better /bétər/ → [bétr̩]，favor /féɪvər/ → [féɪvr̩]，operate /ɑ́ːpərèɪt/ → [ɑ́ːpr̩èɪt]，apparatus /æ̀pərǽtəs/ → [æ̀pr̩ǽtəs]，correct /kərékt/ → [kr̩ékt], come around /kʌm əráʊnd/ → [kʌmr̩áʊnd]

b. sudden /sʌ́dən/ → [sʌ́dn̩], element /éləmənt/ → [éləmn̩t], detonate /détənèɪt/ → [détn̩èɪt]，personnel /pɚ̀ːsənél/ → [pɚ̀ːsn̩él]，get an idea /gèt ən aɪdíːə/ → [gètn̩aɪdíːə]

/ə/ + /r, n/ が音節主音の [r̩, n̩] になるためには，その前に必ず子音がこなければならない．たとえば，(1a) に挙げた come around という例を見られたい．around という単語を単独で発音すれば，語頭の /ə/ + /r/ の前に子音がないため，通例，音節主音の [r̩] は生じない．しかし，come のように，最後が子音で終わる単語の後ろでは，二つの単語が切れ目なく発音された場合，/ə/ + /r/ の前に子音がくることになるので，音節主音の [r̩] が生じる．

なお，後ろの音声環境に関しては，何も条件はなく，apparatus や detonate のようにアクセントのある母音が続いてもかまわないし，better や sudden

のように語末であってもかまわない.

　また，くだけた発話や早い発話においては，/m, ŋ/ や阻害音も音節主音になることがあるが，その出現は比較的まれであり，条件も複雑である.

(2) open /óʊpən/ → [óʊpm̩], symbolic [sm̩bɑ́ːlɪk]; bacon /béɪkən/ →[béɪkŋ̍]; suppose [sp̩ʰóʊz], succeed [s̩ksíːd]; vicinity [v̩sínəti], photography [ft̩ʰɑ́ːgrəfi]; Chicago [ʃk̩ʰɑ́ːgoʊ]; I must [ms̩] say; potato [p̩ʰtʰéɪtoʊ]; today [t̩ʰdéɪ]; divinity [d̩vínəti]

　なお，従来，riddle や settle の語末などにおいて，音節主音の [l] が用いられると言われてきたが，最近の研究によれば，一般アメリカ英語では，その使用はまれであり，実際には，[l] の前に非常に短い母音が入っていることが多いとされる.

4.10　アクセントとリズム

4.10.1　アクセント

　われわれは，母語の発話を聞くときには，実際には切れ目のない連続体である音声の中に，言語学的な切れ目を知覚することによって，単語や文を理解している．その際，切れ目を知覚する助けになっているのが，**アクセント** (accent) である.[5] アクセントとは，単語や文の中のある音節を，前後の他の音節よりも，際立たせるための特性のことである．たとえば，英語の単語には，通例，アクセントの置かれた音節が，一つ含まれる．アクセントが一定の位置に置かれることによって，聞き手は単語の切れ目や文の構造を容易に理解することができる．このことは，われわれが英語の発音を母語話者に通じさせるためには，何よりもまず，アクセントを正しい位置に置くことが重要である，ということを意味する.

4.10.2　強勢アクセントと高さアクセント

　従来，アクセントには，**音の強さ** (intensity) によって音節を際立たせる強

5.　しばしば，アクセントの代わりに**強勢** (stress) という用語が用いられるが，アクセントと強勢の関係については，§4.10.5 で触れる.

勢アクセント (stress accent) と**音の高さ** (pitch) によって音節を際立たせる**高さアクセント** (pitch accent) の二つがあると言われてきた．英語は前者を用い，日本語は後者を用いるとされる．しかし，実際には，英語のアクセントは，強勢アクセントとは言いがたく，むしろ音の強さ，音の高さ，**音の長さ** (duration) など，複数の要素の組み合わせによって作られていると見るべきである．なお，これらの要素のうち，英語の母語話者がアクセントを知覚する上で最も重要な役割を果たすのは，音の高さの変化と音の長さであり，音の強さは，その次に重要な要素であることが，これまでの研究によって明らかになっている．

われわれは，英語の発音を学ぶ際に，しばしばアクセントのある音節を強く発音するように指導されるが，今述べたように，これは音声学的には，あまり有効ではない．また，アクセントのある音節を高く発音するのは日本語も英語も同じであるから，これもさほど練習は要しない．したがって，われわれは，特に音節の長さに注意を払い，アクセントのある音節を長く，逆にアクセントのない音節を短く発音するよう心掛けなければならない．

4.10.3　単語のアクセントの位置

ここで，音韻論の立場から，英語の単語におけるアクセントの位置について考えてみよう．単語の中の，どの音節にアクセントが置かれるかを予測できる規則（これを**アクセント規則** (accent rule) という）を作ることは，これまで英語の音韻論研究の中心的な課題であった．アクセントが置かれる位置を的確に予測することが可能であれば，単語ごとに一つ一つアクセントの位置を覚える必要はないからである．そもそもこの発想は，人間の脳が記憶できる容量には限界があり，したがって，覚えるべき情報は最少でなければならないという，心理学的な裏づけがない仮説に基づいていた．しかし，心理学や神経生理学の研究成果によれば，事実はその逆である．すなわち，人間の脳は，あらかじめ大量の複雑な情報を記憶しておき，瞬時にそれにアクセスすることは容易であるが，逆に，記憶すべき情報を最少にしておき，複雑な規則を使って，たとえばアクセントが置かれる位置を予測するような**計算** (computation) を行う能力は，比較的乏しいのである．

また，確かに，アクセントの置かれる位置には，ある程度の規則性が見られるものの，とりわけ**接頭辞** (prefix) や**接尾辞** (suffix) の付かない単語（こ

れを**単純語** (simplex word) または**非派生語** (underived word) という) に関しては，結局，アクセントの位置を完全に予測することはできない．たとえば，orchestra と asbestos という単語は，よく似た音節構造をもっているにもかかわらず，前者は ór.ches.tra と第1音節にアクセントが置かれるのに対し，後者は as.bés.tos と第2音節にアクセントが置かれる．また，honest と robust という単語も，やはりよく似た音節構造をもっているにもかかわらず，前者は hó.nest と第1音節にアクセントが置かれるのに対し，後者は ro.búst と第2音節にアクセントが置かれる．

このような理由で，最近では，英語の母語話者は，すでに知っている単語に関しては，単語ごとに一つ一つアクセントの位置も記憶していると考えられるようになってきた．しかし，同時に，英語の母語話者であれば，本人が知らない新しい単語を提示されても，ほぼ規則的に特定の音節にアクセントを置く傾向があるのも事実である．したがって，アクセントの位置を覚えている単語とは別に，アクセントの位置に関する何らかの規則のようなものも，併せもっている可能性は考えられる．

4.10.4 英語のアクセント規則

そこで，以下では，英語の動詞と名詞のアクセントの位置を予測するための最も基本的なアクセント規則を見ておきたい．(1) に挙げた英語の動詞のアクセントに関するデータを見られたい．

(1) a. collápse   b. maintáin
       tormént   aróuse
    c. relíeve   d. devélop
       deléte   elícit

アクセントの位置を予測するためには，まず単語を音節に分けなければならない．アクセントがどこに置かれるかは，音節構造によって左右されるからである．この際，閉音節志向とされる英語であっても，できるだけ開音節になるように，分節しなければならない．そうしなければアクセントの位置が正しく予測できないという事実は，英語も潜在的には開音節志向であるということを強く示唆している．

そして，アクセントの位置を予測する際には，語末の子音 (ただし，語末

第 4 章　音声学・音韻論

に子音が二つ以上あっても，右端の子音一つだけ）は存在しないものとみなし，考慮から外す．このような語末子音の特性を**韻律外性** (extrametricality) という．たとえば，torment の語末の /t/ や arouse の語末の /z/ が韻律外的であるとみなされる．(1) の単語のそれぞれの韻律外性と音節の切れ目を示すと，次の (2) のようになる（韻律外的な子音は〈 〉で括って示している）．

(2) 　a.　co.lláp〈se〉　　　b.　main.tái〈n〉
　　　　　tor.mén〈t〉　　　　　a.róu〈se〉
　　　c.　re.líe〈ve〉　　　　d.　de.vé.lo〈p〉
　　　　　de.lé〈te〉　　　　　　e.lí.ci〈t〉

その上で，次のような英語の動詞のアクセント規則が適用される．

(3) 　a.　語末の音節が**重音節** (heavy syllable) であれば，そこにアクセントを置け．
　　　b.　さもなければ，語末から 2 番目の音節にアクセントを置け．

(3a) でいう重音節とは，最後が弛緩母音で終わっている音節（これを**軽音節** (light syllable) という）以外の音節をいう．具体的には，/siː/ (see) や /deɪ/ (day) のように，最後が長母音か二重母音で終わっている音節か，/deɪt/ (date) や /sɪt/ (sit) のように，母音の種類に関係なく，最後が子音で終わっている音節のことである．(2) に挙げた単語のうち，(a) から (c) の動詞は，語末の音節が重音節なので，そこにアクセントが置かれる．(2d) は，語末の音節が軽音節なので，アクセントは語末から 2 番目の音節に置かれる．

次に，英語の名詞のアクセント規則を検討してみよう．次のデータを見られたい（韻律外性と音節の切れ目は示してある）．

(4) 　a.　sham.póo　　　　b.　pa.gó.da
　　　　　ba.lóo〈n〉　　　　　mu.sé.u〈m〉
　　　c.　a.gén.da　　　　d.　A.mé.ri.ca
　　　　　mo.mén.tu〈m〉　　　á.ni.ma〈l〉

このデータを予測するためのアクセント規則は，次のようなものになる．

(5) 　a.　最も語末に近い重音節にアクセントを置け．

　　　　　　　b. さもなければ，語末から3番目の音節にアクセントを置け.

(4) に挙げた単語のうち，(a) の名詞は語末の音節が重音節であり，(b) と (c) の音節は，語末から2番目の音節が重音節である．したがって，それぞれの重音節にアクセントが置かれる．(4d) の名詞には重音節が含まれていないので，語末から3番目の軽音節にアクセントが置かれている．

　以上が，英語の動詞と名詞のアクセントの位置を予測するための最も基本的な規則である．すでに述べたように，このようなアクセント規則を想定しても，規則によって予測できない例外が数多く残されている．ほんの一例を挙げれば，cá.len.dar や ín.dus.try という名詞は，(5a) に反し，最も語末に近い重音節にアクセントが置かれていないし，ba.ná.na や e.lé.ven という名詞は，(5b) に反し，語末から3番目の音節にアクセントが置かれていない．したがって，究極的には，英語の単語のアクセントの位置は，単語ごとに一つ一つ覚えていかなければならない，ということになる．アクセント規則は，あくまで一つの傾向として理解されるべきであろう．

4.10.5　強　勢

　以上，英語のアクセントについて，音韻論の立場から述べてきたが，ここで**強勢** (stress) という概念について触れておく必要がある．強勢とは，肺から空気を押し出すために用いられる筋肉のエネルギーの大きさのことであり，アクセントとは別の概念である．強勢とは筋肉運動（内肋間筋の収縮）であるから，強勢そのものに音はなく，耳には聞こえない．強勢は，音の高さや長さを伴うことにより，アクセントとして実現されて，はじめて耳に届くのである．すなわち，強勢はアクセントの受皿であると言ってもよく，強勢はあるが，アクセントはない，というケース（これを**無音強勢** (silent stress) という）はありえても，アクセントはあるが，強勢はない，というケースはないとされる．

　また，強勢には言語的に有意的な強さの段階はなく，あるかないかの2項的な概念である．しばしば「第1強勢」，「第2強勢」などという言い方がなされるが，これは「第1アクセント」，「第2アクセント」と呼ぶべきであろう．たとえば，examination という単語では，第2音節の /æ/ に「第2アクセント」があり，第4音節の /eɪ/ に「第1アクセント」があるという言い方は

できるが，強勢について言えば，/æ/ と /eɪ/ の間に強さの差はないと考えられる．両者の間にあるのは，主として音の高さの違いである．

4.10.6　リズム

　人間の言語にとって，**リズム** (rhythm) とは，何らかの音の単位が一定の時間間隔で規則的に繰り返されるパタンのことである．このようなリズムの特性を**等時間隔性** (isochronism) という．繰り返される単位が何であるかは，言語によってさまざまである．たとえば，日本語では，**モーラ** (mora) がリズムの単位であるのに対し，英語は強勢（すなわち，内肋間筋の収縮）がリズムを作る．前者のようなリズムを，**モーラに基づくリズム** (mora-based rhythm)，後者のようなリズムを，**強勢に基づくリズム** (stress-based rhythm) と呼ぶ．

　モーラ（**拍**ともいう）とは，抽象的な音の長さの単位であり，たとえば，「テ」（手）という単語は 1 モーラ，「ヤマ」（山）は 2 モーラ，「ペット」は 3 モーラ，「ラーメン」は 4 モーラである．日本語は，一つのモーラの長さがほぼ一定なので，2 モーラの単語は 1 モーラの単語の約 2 倍の長さになり，3 モーラの単語は 1 モーラの単語の約 3 倍の長さになる．

　一方，英語では，発話の中で，強勢のある音節が，ほぼ等しい時間間隔で規則的に出現し，それがリズムを作る．次の例を見られたい．

(1)　a.　Hów can I　　　　gét to the　　　státion?
　　 b.　Máry should have　réad them　　　cárefully.
　　 c.　Tóm is the　　　　óldest of the　 fóur.

(1) において，破線は，強勢のある音節から次の強勢のある音節の直前までのまとまりを示している．このようなまとまりを**脚** (foot) と呼ぶ．脚は 1 音節からなる場合（たとえば (1c) の four）も，2 音節以上からなる場合（たとえば (1c) の oldest of the は 4 音節）もある．しかし，英語の自然な発話においては，音節数に関係なく，すべての脚の時間的な長さが同じになるように発音される傾向がある．これが英語のリズムである．そのため，脚に含まれる音節数が多くなればなるほど，個々の音節の時間的な長さは短くなって（つまり，早く発音されて），一つの脚の全体の長さは一定に保たれる．逆に，音節数が少ない脚では，個々の音節は比較的ゆっくり発音される．

ただし，日本語にせよ英語にせよ，実際の発話を器械を用いて精確に測定すると，リズムの等時間隔性が厳密に守られているとは言いがたい．英語の場合，一つの脚に含まれる音節の数が増えれば，それに応じて，脚もわずかに長くなることは否定できない．また，形式ばった話し方よりも，くだけた話し方のほうが，あるいはアメリカ英語よりもイギリス英語のほうが，等時間隔性はより顕著になるなど，発話のスタイルや方言によっても差が見られる．それでも，1音節の脚と4音節の脚を比較した場合，長さの差は2倍にも満たないくらいである．4モーラの単語が1モーラの単語の約4倍の長さになる日本語とは，明らかにリズムが異なる．また，その言語の母語話者であれば，直観として，発話が等時間隔的であると「感じられる」のも事実である．このように，リズムの等時間隔性は，厳密な規則ではないにせよ，きわめて強い傾向であると理解すべきであろう．

また，強勢やモーラといったリズムの単位は，その言語の母語話者が，母語および外国語の音声を聞きとる際の単位としても用いられていることが明らかにされている．すなわち，日本語の母語話者は，英語を発音する際に，日本語のモーラに基づくリズムを持ち込んでしまうばかりでなく，英語の発話を聞きとる際にも，日本語のリズムで聞こうとする．それに対し，英語の母語話者は，英語の発話を強勢のある音節を手掛かりにして聞いている．したがって，英語らしいリズムの習得は，発音の上達のためばかりでなく，聞きとり能力の向上のためにも，非常に重要であると考えられる．

4.10.7 強形と弱形

英語の単語の中には，何らかのアクセントが置かれた場合の発音（これを**強形** (strong form) という）とアクセントが置かれない場合の発音（これを**弱形** (weak form) という）の二通りの発音をもつものがある．たとえば，接続詞の than は，強形の /ðæn/ という発音のほかに，弱形の /ðən/ という発音ももっている．こういった単語には，主として，冠詞 (a, an, the)，人称代名詞 (his, him, her, their, them など)，be 動詞 (am, are, is など)，助動詞 (will, have, can, must など)，前置詞 (for, from, to など)，接続詞 (and, or, as, but など) などが含まれる．

このような単語では，次の (1) に述べるような場合を除いて，強形が用いられることは，むしろまれであり，通例，弱形が用いられる．

(1) a. 単独で発音された場合：
(例) You omitted the conjunction "as" (/ǽz/) here.
b. 強調 (emphasis) や対比 (contrast) がなされた場合：
(例) But you *can* (/kǽn/) do it!
I said "than" (/ðǽn/) not "then".
c. 本来，後ろにあったはずの単語が，省略されたり，文の他の位置に移動された場合：
(例) Is he the president? I thought yóu were (/wɚ́ː/).
What are you looking at (/ǽt/), John?

英語の自然な発話では，アクセントが置かれる普通の単語とアクセントが置かれず弱形で発音される単語が，バランスよく配置されることによって，英語らしいリズムが生み出される．概して，日本人の学習者は，すべての場合に強形を用いる傾向があるが，そのような発音は，英語のリズムを台無しにし，きわめて奇異に聞こえるので，適切に弱形を用いる練習をする必要がある．

4.11 音声現象と音節構造

4.11.1 音節に基づく音声現象の一般化

§4.7.3 において，一般アメリカ英語の無声閉鎖音 /p, t, k/ は，次の音声環境において，破裂の際に，強い帯気が生じることを述べた．

(1) a. 語中のアクセントのある母音の前 (例: re[tʰ]úrn)
b. (後ろの母音のアクセントの有無に関係なく) 語頭の位置 (例: [tʰ]omáto)

これは，音声事実を観察し，そのデータを整理することによって得られた一つの一般化である．このように，「どのような音声環境で，どのような音声現象が生じるのか」を記述することは，(言語学的) 音声学の仕事であって，それは音韻論の出発点にすぎない．音韻論がなすべき仕事とは，音声学によって与えられた記述に基づき，「なぜ特定の音声環境でのみ，特定の音声現象が生じるのか」という問いに対する答えを与えることである．たとえば，(1) に関して言えば，語中で帯気が生じる場合には，後ろの母音にアクセントがなけれ

ばならないのに対し，語頭で帯気が生じる場合には，後ろの母音にアクセントがなくてもよいのはなぜか，という問いに答えなければならないであろう．

　この問いに対しては，音節という概念を用いることによって，適切な説明を与えることができる．帯気が生じる音声環境は，(1a, b) のように，単語の中の位置やアクセントの有無によって記述するよりも，次の (2) のように，音節に基づいて記述するほうが，はるかに簡潔である．

　　(2)　音節の左端にある /p, t, k/ には帯気が生じる．

たとえば，depend や return は，それぞれ de.pend と re.turn に分節され，/p/ と /t/ は，いずれも第2音節の左端にあるので，帯気が生じると説明される．一方，**p**arade や **t**omato の語頭の /p/ および /t/ は，同時に音節の左端でもあるから，やはり帯気が生じる．このように，音節という概念を用いることによって，(1a) と (1b) という二つの音声環境を一つにまとめることができる．

　また，s**p**y, s**t**ay, s**k**y など，/s/ の後ろの /p, t, k/ には帯気が生じないと言われるが，これも (2) の一般化によって説明される．すなわち，/s/ が前にあるということは，/p, t, k/ は音節の左端ではないので，帯気は生じないのである．それに対し，語中では，mis[pʰ]lace や dis[tʰ]aste など，/s/ の後ろの /p, t, k/ にも帯気が生じる例が見られる．[6] それは，これらの単語は，mis.**p**lace や dis.**t**aste のように分節され，/p/ や /t/ が音節の左端にくるからである（なお，display や mistake は，di.**s**play, mi.**s**take と分節されるので，/p/ や /t/ に帯気は生じない）．

　このように，音声現象が生じる環境は，音節に基づいて一般化することにより，きわめて簡潔に記述することができる．以下では，同様に，一般アメリカ英語におけるその他の音声現象を順に見ていこう．

4.11.2　弾音化

　無声閉鎖音 /t/ は，二つの母音（または [ɾ]）に挟まれた場合，有声の弾音 [ɾ] になる．[7] このような現象を**弾音化** (flapping) という．改まった話し方でも，

---

6. 帯気は，後ろに /l, r, j, w/ といった接近音が続く場合にも生じる．
7. イギリスの RP では，同様の音声環境において，通例，無声の弾音か，わずかに帯気

弾音化は生じるが，その場合は無声の弾音 [ɾ̥] になる．弾音化は，一つの単語の中で生じる場合と，二つの単語にまたがって生じる場合があり，cíty, dáta, éditor など，語中で弾音化が生じる場合には，/t/ の後ろの母音にアクセントがあってはならない．一方，/t/ が語末にあって，後ろに母音で始まる単語が続く場合には，後ろの母音にアクセントがあっても，弾音化は生じる（例: gèt úp, pùt óff, lèt ín）．このような語中か語末かという区別も，アクセントの有無という区別も，音節という概念を用いれば，不要になる．

(1) 音節末にある /t/ は，二つの母音（または [ɾ]）に挟まれた場合，弾音化される．

すなわち，city, data, editor は，それぞれ cit.y, dat.a, ed.it.or と分節され，/t/ は音節末にあるため，いずれも弾音化される（editor は，ed.i.tor と分節されることがあり，その場合は弾音化が生じない）．また，get up, put off, let in などの語末の /t/ も，音節末にあるので，やはり弾音化される．例外は，前置詞の to および today, tomorrow, together などの to- の部分で，いずれも /t/ が語頭にあるにもかかわらず，弾音化される（例: go to school, see you tomorrow, stay together）．

なお，同様の音声環境において，/d/ や /n/ も弾音化されることがあり，後者では鼻にかかった弾音（音声記号は [ɾ̃]）になる（例: body, pudding, made up; banner, many, run out）．したがって，/t/ も /d/ も弾音化されると，latter と ladder, metal と medal などが同音になり，区別できなくなることが多い．また，/d/ は，/t/ の場合と異なり，頻度の高い特定の語句では，語中のアクセントのある母音の前や語頭においても弾音化される（例: adápt, todáy, Philadélphia, speedómeter; the dóctor, two dóllars）．

4.11.3 咽頭化

側面接近音 /l/ は，①語末にある場合（例: feel, pool, girl），②子音の前にある場合（例: help, milk, shelf），③アクセントのない母音の前にある場合（例: valley, jelly, pillow）には，舌全体が後ろに引かれ，舌根と咽頭壁の間

を伴った [t] が用いられるが，くだけた話し方では，特に二つの単語にまたがる場合に，有声の弾音が生じる（例: let him [lɛ́ɾɪm], sort of, what I）．

が狭くなる咽頭化が生じる(咽頭化された /l/ は,補助記号の [~] を用いて,[ɫ] と表される).⁸ このような /l/ は,日本語の「オ」のような暗い響きになるため,**暗い l** (dark *l*) とも呼ばれる.従来,この現象は,後舌面が軟口蓋に向かって持ち上げられる**軟口蓋化** (velarization) であるとされてきたが,一般アメリカ英語に関する限り,軟口蓋化は一般的ではない.

今述べた三つの音声環境は,音節という概念を用いれば,次の (1) のように,一つにまとめることができる.

 (1) 音節末の /l/ は咽頭化される.

この場合,/l/ は尾子音であればよく,必ずしも音節の右端でなくてもかまわない.上記の三つの音声環境のうち,feel や pool など,/l/ が語末にある場合や,help や milk など,子音の前にある場合には,同時に音節末でもあることは明らかである.また,valley, jelly, pillow は,それぞれ vall.ey, jell.y, pill.ow と分節されるため,やはり /l/ は音節末となる.したがって,いずれの /l/ も咽頭化されることが正しく予測される.

なお,一般アメリカ英語では,咽頭化された /l/ は,前にある母音の発音に影響を及ぼす.たとえば,[ɫ] の前の /ʌ/ という母音は,舌の位置が後ろ寄りになり,「ア」よりも「オ」に近い響きとなる(例:ad**u**lt, c**u**lture, m**u**ltiple, res**u**lt, **u**ltimately, v**u**lgar).また,feel, pool, girl などは,それぞれ [fíːjəɫ], [púːwəɫ], [gɚːrəɫ] のように発音され,いずれも 2 音節に変わる(この現象は,少なくとも 17 世紀までさかのぼる).

4.11.4 子音の脱落

すでに述べたように,英語の音節は,複数の尾子音をもつことができる.しかし,実際の発話では,複数の尾子音が並んだ場合,そのうちの一つが発音されないことがある.このような現象を子音の**脱落** (elision) と呼ぶ.具体的には,次のような音声環境で子音が脱落する(脱落する子音は ( ) で括って示す).⁹

---

 8. 特に,②のように子音の前にある場合には,/l/ は,しばしば舌尖と歯茎の接触が失われ,日本語の「オ」のような母音になる(例:help [héop], milk [míok], shelf [ʃéof]).

 9. ただし,少なくともゆっくりした話し方では,脱落した子音の長さの分だけ前の子音

(1) a. 語末の三つの尾子音において，まん中の子音が脱落する．
   (例) attem(p)t, glim(p)se; fac(t)s, gif(t)s; len(d)s;
       as(k)ed; mon(th)s, dep(th)s; twel(f)th
   b. 語中において，二つの尾子音で終わる音節の後ろに，子音で始まる音節が続いた場合，右端の尾子音が脱落する．
   (例) exac(t).ly, res(t).less; kin(d).ness, frien(d).ship;
       em(p).ty, anxious /ǽŋ(k).ʃəs/
   c. 二つの尾子音で終わる単語の後ろに，子音で始まる単語が続いた場合，右端の尾子音 (特に /t, d/) が脱落する．
   (例) mos(t) people, sof(t)-boiled, stan(d) by

三つの音声環境のうち，(1b) と (1c) では，二つの尾子音のうち，右端の子音が脱落するが，(1a) では，三つの尾子音のうち，まん中の子音が脱落している．この違いを適切に説明するためには，§4.10.4 において，アクセントの位置を予測するために用いた韻律外性という概念を用いればよい．すなわち，子音の脱落を予測する場合にも，語末の子音 (語末に子音が二つ以上あっても，右端の子音一つだけ) は存在しないものとみなし，考慮から外すのである．そうすれば，表面的には，三つの尾子音のまん中の子音が脱落しているように見えても，実際には，他の音声環境と同様に，

(2) 二つの尾子音のうち，右端の子音が脱落する

と一般化することができる．

4.11.5 音声現象と分節

ところで，音節の切れ目がどこにあるかは，どのようにして決定されるのであろうか．この問題に関しては，母語話者の間でも，さまざまな意見があり，いまだに定説はないが，音節の切れ目の位置を決定するための最も有力な手掛かりは，上で見てきたような，音節によって一般化できる音声現象であると考えられる．すなわち，音節の切れ目は，音声現象がどこで生じるの

が長めに発音される (例: accepts [əksép:s], acts [ǽk:s] (≠axe), sects [sék:s] (≠sex), lifts [líf:s])．

か，あるいは，どこで生じないのかを，正しく予測できるように決定されなければならない，ということである．以下では，これまでに見てきた帯気，弾音化，咽頭化などの音声現象に基づいて，二つの母音に挟まれた英語の子音が，どちらの音節に分節されるかを考えてみよう．

　英語の音節構造の重要な特徴は，原則として，アクセントがない母音は，前後に子音を引き寄せないという点にある．§4.10.6 で述べたように，英語は強勢に基づくリズムを用いる言語であるが，このような言語では，アクセントがない母音は弱く短く発音され，その音質は曖昧になり，一定の条件の下では，しばしば脱落さえする．したがって，アクセントがない弱い母音が，いわば，前後に子音を引き寄せるだけの力をもたないことは容易に理解されるであろう．このことから，英語の分節においては，次のような**制約** (constraint) が働いていると考えられる（なお，アクセントがない音節のことを無アクセント音節 (unaccented syllable) と呼ぶ）．

　(1)　無アクセント音節が関与する場合には，二つの母音に挟まれた子音は，（左側であれ，右側であれ）無アクセント音節に分節されてはならない．

　たとえば，atom, college, photo のような単語において，左側のアクセントがある母音と右側のアクセントがない母音に挟まれた子音は，(1) の制約により，いずれも右側のアクセントがない音節には分節されない．したがって，結果的に，子音は，át.om, cóll.ege, phót.o のように，左側のアクセントのある音節の尾子音になるように分節される．この分節は，atom, photo の /t/ に生じる弾音化や college の /l/ に生じる咽頭化を正しく予測できることから支持される．

　一方，atomic, collegiate, photography などの単語において，左側のアクセントがない母音と右側のアクセントがある母音に挟まれた子音は，(1) の制約により，いずれも左側のアクセントがない音節には分節されない．したがって，結果的に，子音は，a.tómic, co.llégiate, pho.tógraphy のように，いずれも右側のアクセントのある音節の頭子音になるように分節される．この分節は，atomic, photography の /t/ に帯気が生じることや collegiate の /l/ に咽頭化が生じないことを正しく予測できることから支持される．

4.11.6 アクセントと分節

　このような分節は，一見すると，あたかも子音が（より）強いアクセントのある母音の方へ引き寄せられているようにも見えるが，それは，いわば錯覚にすぎない．このことは，たとえば，apex, atoll, coupon, decade, icon, satire のように，子音の両側の母音に何らかのアクセントがある単語の例を調べれば，明らかである．もし母音間の子音が，より強いアクセントがある音節に分節されるのであれば，母音間の子音は，第2アクセントがある音節よりも，第1アクセントがある音節に分節されるため，áp.èx, át.òll, cóup.òn, déc.àde, íc.òn, sát.ire のようになるはずである．しかし，これらの単語に含まれる母音間の /p, t, k/ には，いずれも帯気が生じる（例：a[tʰ]oll, cou[pʰ]on, decade [dékʰèɪd]）．したがって，正しい分節は a.pex, a.toll, cou.pon, de.cade, i.con, sa.tire でなければならないということになる．[10]

　このように，子音の両側の母音に何らかのアクセントがある場合，換言すれば，無アクセント音節が含まれない場合には，次のような制約が働いていると考えられる．

> (1) 無アクセント音節が関与しない場合には，普遍的に無標である開音節になるように，分節されなければならない．

この制約が働く場合には，二つの母音に挟まれた子音は，結果的に，右側の音節の頭子音になるように分節され，左側の音節は，開音節になる．§4.10.4 で見たように，英語のアクセント規則を適用する際にも，この制約に基づいて分節が行われる．アクセント規則が適用される前の段階では，そもそも無アクセント音節というものが，まだ存在しないからである．

　一般に，英語は，普遍的な傾向に反して，最後が子音で終わる閉音節を志向する言語であるとされているが，(1) のような制約が英語に存在するということは，英語も，本質的には，最後が母音で終わる開音節を志向する言語であるということを強く示唆している．ただし，英語は，強勢に基づくリズ

---

10. しばしばアクセントがある弛緩母音は開音節に現れることができないと言われるが，必ずしもそうではない．§4.6.3 でも触れたように，そのような制約は，語末においてのみ働くものであり，語中では，アクセントがある弛緩母音が開音節に現れることも可能である．なお，語末における，そのような制約は，英語のみならず，すべてのゲルマン諸語（Germanic languages）に共通した一般性の高い制約である．

ムを用いる言語であることから，アクセントがない音節には，§4.11.5の(1)のような，アクセントがある音節とは別の制約が課せられるという点で，日本語などとは異なるのである．

4.11.7 なぜ音声現象は生じるのか
　最後に，「なぜ特定の音声環境でのみ特定の音声現象が生じるのか」という根本的な問いに答えておかなければならない．これまで見てきた一般アメリカ英語の弾音化，咽頭化，子音の脱落という三つの現象は，いずれも音節末の子音において生じるものである．起こっている現象そのものはさまざまであるが，音節末という音声環境は共通している．

　弾音化は，阻害音の/t/を，より母音的な共鳴音に変える現象であり，これは一種の**母音化**(vocalization)と考えられる．非常に早い話し方では，better [bɛ́r]のように，弾音化された/t/が脱落することもある．また，/l/の咽頭化では，舌全体を後ろに引く動作が加えられるが，これは本質的に母音的な動作であり，/l/は日本語の「オ」のような母音に近づく．実際，feel [fíːjo]のように，/l/が完全に母音になることもある．したがって，/l/の咽頭化も，共鳴音の/l/をさらに母音に近づける一種の母音化と考えられる．子音の脱落は，母音化ではないが，閉音節における音節末の子音連鎖を単純化する現象である．

　このように，三つの現象は，いずれも，音節末の子音を母音化したり，脱落させることによって，最後が母音で終わる開音節に近づけようとしている現象であり，機能的には共通していることがわかる．§4.11.6で述べたように，本質的に開音節を志向する英語は，さまざまな音声現象を引き起こしながら，閉音節を開音節に近づけようとしていると考えられる．すなわち，強勢に基づくリズムの特性が，英語の音節構造を決定し，ひいては，さまざまな音声現象の引き金になっているのである．

[recommended reading]
音声学: 小泉 (2003)，今井 (1989)，松坂 (1986)，竹林・斎藤 (1998)
音韻論: 原口 (1994)，窪薗 (1995, 1998)，窪薗・太田 (1998)，桑原ほか (1985)

【研究課題】

1. 音素と異音の関係について，日本語の例を挙げよ．
2. 本書では一般アメリカ英語をとりあげたが，それにならって，イギリスの RP の母音や子音について調べてみよう．
3. 英語のアクセント規則については，本書でとりあげたもの以外にも，さまざまな代案が出されているので，各自で調べてみよう．
4. 例にならって，いくつかの英文を音声記号によって表記してみよ．その際，弱形を用いるべき単語には弱形を用い，また，無声閉鎖音の帯気，/t/ の弾音化，/l/ の咽頭化が生じる音声環境では，それぞれ [ʰ] という補助記号や [ɾ], [ɫ] の音声記号を用いて明示せよ．

  （例）Tell me what he said.　[tʰɛɫ mi wʌɾ i sɛd]

5. 弾音化が可能な /t/ のうち，átom, cíty, wáter など，/t/ の前の母音にアクセントがある場合には，必ず弾音化が生じるのに対し，compétitive（右側の /t/），sánity, sénator など，/t/ の前の母音にアクセントがない場合には，弾音化が生じることも生じないこともある．音節の切れ目に基づいて，その理由を説明せよ（§4.11.2 を参照）．また，なぜそのように分節されるのかも説明せよ（§4.11.5 を参照）．

第5章

形 態 論

5.0 形態論とは

語の内部構造を解明する文法の一分野を形態論 (morphology) という．形態論の最小の単位は，形態素である．

5.1 形態素

意味をもつ最小の言語単位を**形態素** (morpheme) という．〈形態素〉という用語を使って形態論を定義するならば，形態論とは，形態素とその組み合わせを研究する文法の分野である，とすることができる．

形態素は，次のように分類できる．

(1) 形態素 ┌ 自由形態素 (free morpheme)： 単独で使用できるもの
　　　　　│　　　　　　　　　　　　　　　　(例：dog, book, desk)
　　　　　└ 拘束形態素 (bound morpheme)： 単独で使用できないもの (例：un-, dis-; -ness, -ly)

だとすると，次の文にはいくつの形態素が認められるだろうか．

(2) The pretty girl played Chopin's nocturne very gracefully.
　　(きれいな少女は，ショパンの夜想曲をとても優雅に弾いた)

この文で，the, pretty, girl, play, Chopin, nocturne, very, grace は，それぞれ単独で使用できるので，〈自由形態素〉である．一方，過去時制を示す -ed，所有格を示す -'s, 形容詞語尾の -ful, 副詞語尾の -ly は，単独に使用することができないので，〈拘束形態素〉である．そこで，この文には自由形態素 8 個，拘束形態素 4 個，都合 12 個の形態素を含んでいることになる．

(2) を形態素に分けて図示すれば，次のようになる．

(3)

The	pretty	girl	play	ed	Chopin	's	nocturne	very	grace	ful	ly
1	2	3	4	5	6	7	8	9	10	11	12

5.2 形態素に基づく語の分類

語は，次のように下位区分される．

(1) 語
- 単一語 (simple word)： boy, green, walk
- 合成語 (complex word)： boyish, greenly（新鮮に），walked
- 複合語 (compound word)： boyfriend, greenbelt（緑地帯），walk-away（楽々と勝てる勝負）

〈単一語〉とは，これ以上より小さい自由形態素に分析できない語，言い替えれば，**最小の自由形態素** (minimum free form) である．たとえば，かりに kind を ki- と -nd に分析したとしても，ki- も -nd も何らの意味をもたなくなってしまう．つまり，kind はこれ以上より小さい自由形態素に分析することはできないのである．

〈**合成語**〉は，一つ以上の拘束形態素を含む語である．上掲の boyish には boy という自由形態素に -ish（…じみた）という形容詞語尾が添加され，unkind には kind という自由形態素の前に un-（否定）の意味を表す接頭辞が添加され，walked には -ed という過去を表す屈折接辞が添加されている．

ところで，de-ceive, con-ceive, re-ceive, de-tain, re-tain, con-tain など

は，単一語なのか，それとも，合成語なのだろうか．これらは，英語の共時意識に照らして，一つの単一語として見ることもできるし，語源を考慮して二つの拘束形態素からなる合成語と見ることもできる．最近の形態論では complex word という用語はほとんど使用しないけれども，たとえば，conceive を con（共に），-ceive（受け取る）という二つの形態素からなると分析するのが主流である．

〈複合語〉は，複数の単一語からなる語である．たとえば，boyfriend は boy+friend という二つの単一語からなり，greenbelt は green+belt という二つの単一語からなり，walk-away は walk+away という二つの単一語からなっている．大事な点は，複合語は will-o'-the-wisp（きつね火），jack-in-the-box（びっくり箱）のような，四つの単一語からなるものも，一つの語として数えられることである．

また，「納税者」を意味する英語は，tax payer と分かち書きにしても，tax-payer とハイフンでつないでも，taxpayer と solid に書いても，いずれも複合語であることに変わりはない．とすれば，

 (2) a. a black bird（黒い鳥） ［形容詞＋名詞］
    b. a blackbird（クロウタドリ）［複合語］

の違いは，どこに求めるべきであろうか．Bloomfield (1933: 180) は，複合語を認める基準として，次の二つを挙げている．

 (3) a. 1語の機能をもつこと
    b. 分割できないこと (indivisibility)

そうすると，a blackbird はこの二つの基準にパスするので複合語であるが，a black bird は a black Japanese bird のように他の語を挿入して分割することもできるし，形容詞を入れ替えて blue bird とも言えるので，複合語として1語になっているのではないことがわかる．つまり，a black bird は，a big city / a young boy などと同様に，「形容詞＋名詞」の自由な結びつきにすぎないのである．

複合語を認める第3の基準として，次の強勢型をあげてもよい．

 (4) a. 形容詞＋名詞→〈第2強勢＋第1強勢〉： 例 rêd cóat（赤い

上着)／grêen hóuse (緑色の家)
　　b. 複合語→〈第1強勢+第3強勢〉：　例 Rédcòat ((米国独立戦争当時の) 英国兵)／gréenhòuse (温室)

しかし，この基準は絶対的なものではない．たとえば，

(5)　rêd córal (アカサンゴ)／stûdent téacher (教生)／Grêen Berét (グリーン・ベレー)

のように，〈第2強勢+第1強勢〉の強勢型をもつ複合語も決してまれではないし，さらに，

(6)　spíck and spán (真新しい)／háppy-go-lúcky (のんきな)

のように，第1強勢を二つもつ複合語さえあるからである．したがって，複合語を認定するに際しては，(3)の基準に依るべきで，(4)の強勢型は補助的な基準にしかならない．

> **NB 1**　blackberry (ブラックベリー)，blueberry (ブルーベリー)，cranberry (ツルコケモモ)，gooseberry (スグリ) などの複合語の場合，cran- の意味のみが不明である．しかし，cranberry はベリーの一種であり，何か他と弁別される意味をもっていると考えなければならない．そこで，blackberry, blueberry などと同様に，cran+berry と切ったとすると，この意味をもった cran は他の語に現れないので，**唯一構成素** (unique constituent) と呼び，一つの形態素として認める．これをアメリカでは「クランベリーの原理」(cranberry principle) と言うことがある．太田 (1960: 38) は，日本語の「ずだ袋」の分析にあたって「ずだ袋の原理」を認めた．
> **NB 2**　try, tries, tried, trying という語は，それぞれ，何と呼べばいいだろうか．上の基準からすれば，try は単一語，tries, tried, trying は接辞が添加されているので合成語ということになる．しかし，このように語を純粋に形式によって分類してみても，あまり言語学的に有意義とは思われない．むしろ，辞書の見出しに用いられている形式である try を**語彙素** (lexeme) と呼び，tries, tried, trying などをその活用形 (文法的語と呼ぶ人もいるが，採らない) と見るほうが話し手の直感に合うし，また，そのほうが自然であろう．

5.3　拘束形態素 (接辞)

拘束形態素は，普通，**接辞** (affix) と呼ばれるもので，次のように，下位区分される．

(1) 拘束形態素 ｛ 派生接辞 (derivational affix) ｛ 接頭辞 (prefix)： un-, dis-, re-
接尾辞 (suffix)： -ly, -ness, -ish
屈折接辞 (inflectional affix)： book*s*, small*er*, play*ed*

　ひと口に言えば，派生接辞とは派生語を作るための接辞であり，屈折接辞とは文法上の関係を表現するための接辞である．派生接辞については後述する (§5.4, 5.8.2) が，屈折接辞には次のような種類がある．

(2) a. 名詞の複数を表す： boy*s*, desk*s*, bench*es*; ox*en*
b. 名詞の属格 (=所有格) を表す： boy's, dog's; oxen's
c. 比較変化を表す： young*er*, young*est*
d. 人称・数を表す： goe*s* (時制も同時に表している)
d. 過去時制を表す： kick*ed*, walk*ed*
e. 現在分詞を表す： sing*ing*, tak*ing*
g. 過去分詞を表す： kill*ed*, writt*en*

5.4 派生接辞と屈折接辞の区別

　派生接辞と屈折接辞は，次の点で区別される．
　①　派生接辞は，通例，添加される語の品詞を変えるなどして，新しく別な語を作るが，屈折接辞は文法関係を表すために語形を変えるだけで，品詞を変えないし，別な語も作りもしない．

(1) a. 派生接辞： happy (形容詞) → happi*ly* (副詞) → happ*iness* (名詞)
move (動詞) → move*ment* (名詞) → move*less* (動きのない) (形容詞) → mov*er* (動かす人) (名詞)〔ただし，派生接辞 un- は形容詞に否定の意味を加えるだけで品詞を変えない： happy (形容詞) → *un*happy (形容詞)〕

b. 屈折接辞： dog → dog*s* (複数)／talk → talk*ed* (過去・過去分詞)
small → small*er* (比較級) → small*est* (最上級)

② 派生接辞は語基 (base) の前後にいくつか重ねて添加することができるが，屈折接辞は1語の語末に一つしか添加できない．

(2) a. 派生接辞： use-*ful*-*ness*／*un*-gentle-man-*li*-*ness*
b. 屈折接辞： desk*s*／high*er*／talk*ed*

唯一の例外は，名詞の複数語尾と属格語尾 (どちらも屈折接辞) が重なっている場合である．

(3) the student-*s*' worries (学生たちの悩み)

(3)は音声的には，単数形の the student*'s* worries と区別がつかない．しかし，いわゆる **of 属格** (*of*-genitive) を使って，the worries of the students とすれば，曖昧性は解消される．

③ 派生接辞と屈折接辞とが併置される場合は，必ず「派生接辞＋屈折接辞」という順序になる．すなわち，ある語に屈折接辞が添加された場合は，それ以上の語形成ができなくなり，構造が閉じられる (closed) のである．

(4) kind-ness-*es* (親切な仕打ち)／re-fresh-ment-*s* (軽い飲食物)

5.5 形態素と異形態

§5.3 で boy-s の -s /z/ は複数を示す形態素であると言ったが，それでは，cat-s の -s /s/, church-es の -es /iz/ は同じものなのか，それとも，別の形態素なのか．これらの /s/, /z/, /iz/ は，形は異なるが，同じ「複数」という意味をもっている．このように，同じ形態素に属する異なった形態を**異形態** (allomorph) と呼び，複数形態素自体は，/z/ を類を代表する異形態と考えて {z} と表記する．異形態は普通次のように定義される．

(1) 意味的に類似していて，対立をなさない形態の類を異形態という．

異形態は普通，次の二つの視点から設定される．

(2) a. 音韻的に条件づけられた異形態 (phonologically conditioned allomorph)
　　b. 形態的に条件づけられた異形態 (morphologically conditioned allomorph)

そうすると，/z/, /s/, /iz/ は，英語の複数形態素 {z} の「音韻的に条件づけられた異形態」ということになる．なぜなら，/z/ は有声音の後，/s/ は無声音の後，/iz/ は歯擦音 (s, z, ʃ, ʒ, ʧ, ʤ) の後にのみ生じるからである．すなわち，これらの異形態は，意味が類似していて，対立をなさない (＝相補分布をなす) ので，同一の形態素に属すると解釈される．

さて，/z/ を代表的な異形態とするならば，これら三つの異形態の分布を次のように定式化することができる．

(3) a. z → s／[−voice] ＿ (例: cat-s, desk-s)
　　b. z → iz／[+sibilant] ＿ (例: ros-es, dish-es)
　　　［ここで，／は「次の環境で」の意味を表し，たとえば，[−voice] ＿ は「無声音の後で」の意味を表す］

これに対して，oxen, children などは問題を提起する．これらは，cats, dogs と同様に複数として機能するけれども，複数形態素の表示の仕方が異なる．たとえば，-en は ox にしか添加されないし，-ren は child にしか添加されない．このような場合，/en/, /ren/ は複数形態素 {z} の「形態的に条件づけられた異形態」であるという．

そうすると，{z} には /s, z, iz, en, ren/ という異形態があることになり，/en/, /ren/ については，それが添加される形態素 (=ox と child) を挙げる必要がある．

同様に，過去時制の形態素 {d} には /d, t, id/ という異形態があると言える．

ところで，不変化複数の sheep，母音変異複数の feet の複数形態素は何であろうか．この類については，従来，sheep にゼロ複数形態素が付いているとか，foot の oo を ee という複数形態素で取り替えたとか解釈することも行われたが，いずれも不自然な説明であった．このような場合，最近では，次のように，特定の形態素に，ある過程が適用されて派生形が生じると考えるのが主流であり，かつ，それが最も簡潔な説明法であると思われる．

(4) a. sheep × Plural → sheep
    b. foot × Plural → feet

同様に，不規則動詞の過去時制は次のように形成される．

(5) a. go × Past → went
    b. take × Past → took

5.6 語基と語幹

　ある語からすべての派生接辞を引き去ったものを**語基**（または**基体**）(base) という．たとえば，en-light-en-ment（啓発）の light や，man-ly, man-nish, un-man-li-ness における man が〈語基〉である．これを引き算で示せば，「語－派生接辞＝語基」となる．

　これに対して，ある語から屈折接辞を引き去った部分を**語幹** (stem) という．たとえば，re-fresh-ment-s において，屈折接辞の -s を引き去った refresh-ment が〈語幹〉である (fresh は語基)．また，talk-s, talk-ed, talk-ing において，屈折接辞 -s, -ed, -ing を引き去った部分が語幹である．日本語の「咲ク」の場合，sak-u, sak-eba, sak-anai, sak-e など一連の活用形のうち，sak- の部分が語幹である．これを引き算で示せば，「語－屈折接辞＝語幹」となる．

5.7 IC 分析

　二つ以上の形態素がある意味を伝える結合をなすとき，これを構造 (construction) という．構造を直接構成する要素（つまり，構造を二つに分割したときの要素）を**直接構成素** (immediate constituent, IC) といい，それ以上分割できない要素を究極構成素 (ultimate cnstituent) という．一つの構造を究極構成素まで二つの構成素に分析していくことを**直接構成素分析** (IC 分析) という．たとえば，overestimate, headstrong, computer soft ware という複合語は，次のように二つの IC へと分析されていく．

(1) a.
```
    V
   / \
  P   V
  |   |
 over estimate
```
b.
```
    A
   / \
  N   A
  |   |
 head strong
```
c.
```
      N
     / \
    N   N
    |  / \
    | A   N
    | |   |
computer soft ware
```

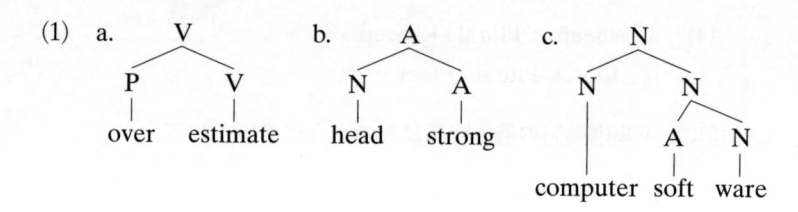

次に，合成語を分析してみよう．

(2) a.
```
       A
      / \
     A   A
     |  / \
     | N   A
     | |   |
    un- friend -ly
```
b.
```
      A
     / \
    A   A
   / \  |
  V   A
  |   |
 im- mov(e) -able
```
c.
```
    V
   / \
  A   V
  |   |
 real -ize
```

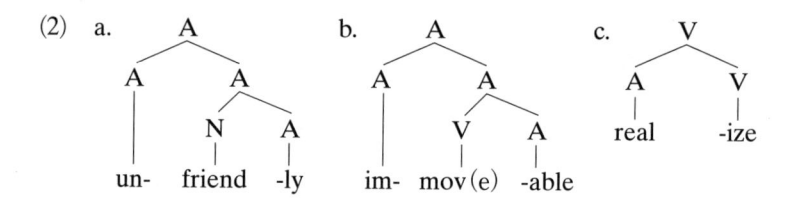

ところで，語全体の品詞を決定するのは**主要部** (head) であり，(1) のような複合語の場合，主要語は一番右側の要素である．すなわち，overestimate では estimate が，headstrong では strong が，computer soft ware では ware が，それぞれ，語全体の品詞を決定している．これを Williams (1981) は，「**右側主要部規則**」(right-hand head rule) と呼んでいる．

(2) の合成語についても同じことが観察される．つまり，一番右側の主要部である -ly, -able, -ize が，それぞれ，語全体の品詞を決定している．

もう少し，IC 分析を続けてみよう．ungentlemanliness という名詞は，次のように分析される．

(3)
```
              N
             / \
            A   N
           / \  |
          A   A
          |  / \
          | N   A
          |/ \  |
          A   N
          |   |
         un- gentle man li ness
```

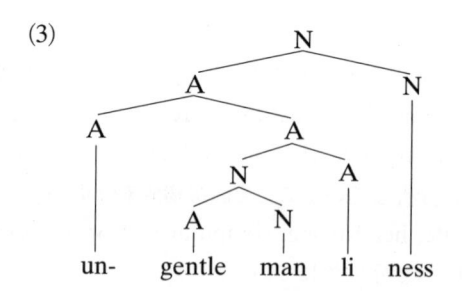

ここでは，もちろん，一番右側の主要部 -ness が，この語全体の品詞（すなわち，名詞）を決定している．

IC分析では常に二つの部分に分析していくとは言っても，でたらめに切るわけではない．次のような分析は誤りである．

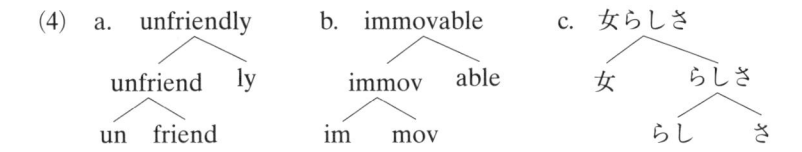

(4) a. unfriendly   b. immovable   c. 女らしさ
    unfriend ly   immov able   女   らしさ
    un friend   im mov   らし さ

なぜなら，英語には *unfriend という名詞や，*immove という動詞は存在しないからである．また，日本語の語尾「サ」は，onnarasi-i という形容詞に添加されて名詞を作るもので，rasi という助動詞に添加されるものではないからである．以上でわかるように，意味と文法を知らないで IC 分析することはできない．

NB IC 分析は，アメリカ構造言語学で開発された重要な手法であるが，たとえば，you and I のような等位構造や，give it up のような不連続構成素なども，2 分法ではうまく分析できないという限界があった．しかし，IC 分析の手法は，生成文法の形態論・統語論においても，**2項枝分かれ** (binary branching) の原則として，より精密化された形で受け継がれている．

5.8 語形成

いろいろな方法で新しい語を作り出すことを**語形成** (word formation) という．語形成には，次のような方法がある．

5.8.1 複 合

既存の二つ（以上）の単一語を組み合わせて新しい語を作る方法を**複合** (compounding) といい，こうして作られた語を**複合語** (compound word) という（§5.2 を参照）．複合語は，8 品詞のすべてにわたって見られるが，重要なものは複合名詞，複合形容詞，複合動詞である．ここでは，上述の「右側主要部規則」が働いている点に注目せよ．

(1) 複合名詞
rainbow, newspaper, jack-in-the-box（びっくり箱），shorthand（速記），statesman（政治家）

(2) 複合代名詞
each other, one another
(3) 複合形容詞
Japan-made (日本製の), snow-white, world-wide, all-American (最もアメリカ的な), breath-taking (かたずをのむような)
(4) 複合副詞
always, however, sometimes, meanwhile, nowadays
(5) 複合動詞
dryclean, whitewash (しっくいを塗る), double-park (並べて駐車する), sidetrack ((列車など) を側線に入れる), overtake
(6) 複合接続詞
as if, in case, as soon as, for fear (that), in order that
(7) 複合前置詞
into, on to, in spite of, notwithstanding (…にもかかわらず)
(8) 複合間投詞
good grief (やれやれ), by jingo (確かに), Good Gracious (あらまあ) [女性語]

複合には, さらに複雑なものがある. たとえば,

(9) a. [lion-heart]ed, [New England]er
b. best [sell-er], un [cared-for] (世話の行き届かない)

においては, 複合語にさらに接辞を付けて複合語が作られている. つまり, 複合と派生が同時に行われているもので, **併置総合複合語** (parasynthetic compound) と呼ばれる.

(10) a. [public school] boy (パブリック・スクールの生徒) [(A+B)+C]
b. computer [soft ware] (コンピューターのソフトウェア) [A+(B+C)]

において, (10a) では複合語の第1要素がそれ自体複合語になっており, (10b) では第2要素がそれ自体複合語になっている. Jespersen (1942: 154) は, こ

のような複合語のことを「**紐状複合語**」(string-compound) と呼んでいる．
　ギリシア・ラテン語系の複合語の中には，拘束形態素のみからなるものがある．

(11)　biblio-phile 'book lover' (愛書家)
　　　philo-sophy 'loving wisdom' (哲学)

この場合，複合語の第1要素と第2要素を「**連結形**」(combining form) という．連結形と接辞の違いは，前者は古典語において独立語であった点である．

> **NB 1**　court-martial (軍法会議)，heir-apparent (法定推定相続人) などでは，主要部が左側にあるが，これらはフランス語借入語なので，右側主要部規則の適用を受けない．
> **NB 2**　good-for-nothing (役立たずの) は複合形容詞なのに，右側の語は代名詞である．この語の品詞を決定している主要部 good は句の左端にあるので，「右側主要部規則」の反例になる．

5.8.2　派　生

　一つの語基に一つ（以上）の派生接辞を添加して新しい語を作る方法を**派生** (derivation) といい，新しく作られた語を**派生語** (derivative) という．
　派生には，(1) のように接頭辞を添加するものと，(2) のように接尾辞を添加するものとがある．

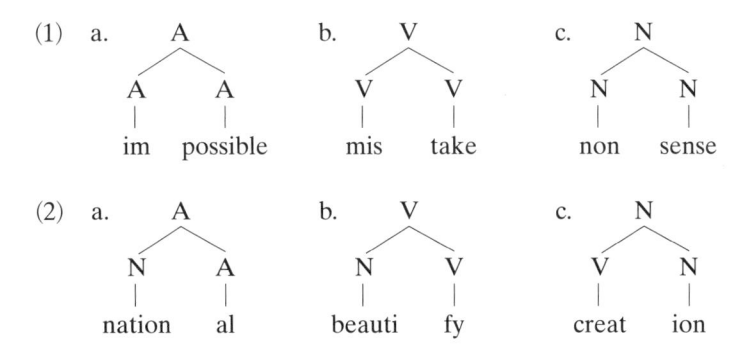

(1) a. A   b. V   c. N
　　　A A   V V   N N
　　　im possible   mis take   non sense

(2) a. A   b. V   c. N
　　　N A   N V   V N
　　　nation al   beauti fy   creat ion

　以上見たように，派生語においても「右側主要部規則」が働いていることがわかる．すなわち，派生語の一番右側の主要語が語全体の品詞を決定しているのである．この現象を「主要語の統語特徴が語全体に"浸透"(percolate)

していく」と言うこともある．

ただし，複合語とは違って，派生語の場合は，「右側主要部規則」に 2, 3 の例外がある．たとえば，de-, en-/-em などは接頭辞として語基の左側に生じるにもかかわらず，それらが語全体の品詞を決定するのである．

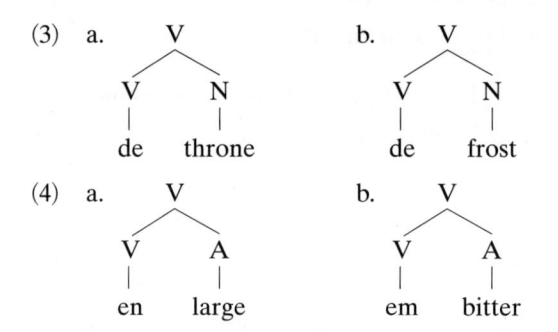

(3) a.　　　　V
　　　　　　╱　╲
　　　　　　V　　N
　　　　　　│　　│
　　　　　　de　throne

b.　　　　V
　　　　╱　╲
　　　　V　　N
　　　　│　　│
　　　　de　frost

(4) a.　　　　V
　　　　　　╱　╲
　　　　　　V　　A
　　　　　　│　　│
　　　　　　en　large

b.　　　　V
　　　　╱　╲
　　　　V　　A
　　　　│　　│
　　　　em　bitter

5.8.3 転　換

語基の形を変えることなく，別な品詞に属する語を作る方法を**転換** (conversion) という．ゼロ接辞が添加されたと考えれば，派生の一種と見ることもできる．この意味で，転換のことを「ゼロ派生」(zero derivation) と言う人もいる．

英語の名詞の大半は，転換によって（つまり，形を変えずに）動詞化される可能性がある．これが，ドイツ語やフランス語に見られない，大きな活力と柔軟性を現代英語に与えていると考えられる．[1]

以下に，転換の例をいくつか挙げてみよう．

(1) 名詞→動詞
 a. bottle（びん）→ *bottle* wine（ワインをびんに詰める）
 b. brake（ブレーキ）→ *brake* a car（車にブレーキを掛ける）
 c. garage（ガレージ）→ *garage* an automobile（自動車をガレージに入れる）
 d. hammer（ハンマー）→ *hammer* a nail（くぎをハンマーで打

---

1. たとえば，名詞を動詞化したければ，ドイツ語では -en という動詞語尾を，フランス語では -er, -ir などの動詞語尾を付けなければならない．

ちつける)
  e. eye (目) → *eye* a person (人をじろじろ見る)

以上のような，何らかの機能をもつ名詞は，動詞化されると，通例，「機能を発揮する」という意味を表す．

(2) 動詞→名詞 (通例 a を付けて)
  a. have *a chat/wash/shave/swim/smoke* (おしゃべり／洗濯／ひげそり／ひと泳ぎ／一服する)
  b. take *a drive/walk/rest* (ドライブ／散歩／休息する)
  c. give *a kick/push/look/shock* (ける／押す／ちらりと見る／ショックを与える)
(3) a. 形容詞→動詞
      idle about at home (家でのらくらする)／*cool* a room (部屋を冷やす)
    b. 副詞→動詞
      down tools (ストに入る)／*out* a lamp (灯火を消す)
    c. 形容詞→名詞
      Christian／human (人間)／criminal (犯罪者)／sweets (菓子)／elder (目上の人)
    d. 副詞→名詞
      the *ups* and *downs* of life (人生の浮沈)／the *ins* and *outs* of a plot (計画の一部始終)

次の語の場合，強勢型の変化を伴っている．この類は非常に多い．

(4) a. récord (記録) → recórd (記録する)
    b. ímport (輸入) → impórt (輸入する)
    c. prótest (抗議) → protést (抗議する)

固有名詞の普通名詞への転換も，ここに属する．

(5) a. sandwich < Sandwich (ゲームに夢中になり，パンの間に肉をはさんで食べたという英国の伯爵 (1718-92))

b. hamburger ＜ Hamburg (市)[2]
c. boycott ＜ Charles Boycott (1880年，アイルランドの小作人から排斥された英国人の土地管理人)

5.8.4 短　縮
既存の語を短縮して新しい語を作る方法で，次の3種類がある．

① **逆成** (back-formation)：　語尾を接辞と混同して，これを取り去って新語を作る方法 (OED の burgle の項に「burglar の逆成」とあるのが back-formation の初例 (1872))．派生とは逆方向の造語法なので，この名称が付いた．

(1) a. burgle (盗みに入る) ＜ burglar
b. edit (編集する) ＜ editor
c. typewrite ＜ typewriter
d. televise (テレビ放送をする) ＜ television
e. housekeep (家事を切り盛りする) ＜ housekeeping
f. greed (貪欲) ＜ greedy

たとえば，「タイプライター」が発明されなければ，「タイプライターで書く」ことはできないことからわかるように，前者から後者が逆成されていることは明らかである．

② **切り株語** (stump word)：　語の一部を切り捨ててできた短縮語．次の3種がある．

(2) a. 頭部省略 (最も多い)：　(omni)bus／(tele)phone／(aero)plane／(di)sport
b. 後部省略：　auto(mobile)／exam(ination)／ad(vertisement)／doc(tor)／Mac(donald)／リストラ (クチャリング)
c. 中部を残すもの (まれ)：　(in)flu(enza)／(de)tec(tive) (探

---

2. cheeseburger, beefburger, baconburger, fishburger などは，Hamburg の ham が「ハム」を表しているという誤った分析に基づいて形成されたものである．

偵小説)

日本語では，二つの要素からなる複合語の頭部をそれぞれ2音節ずつ残して，後部を省略したカタカナ語が多用されている．

 (3) カラ (ー) コン (タクトレンズ)／テレ (ビ) パソ (コン)／ラジ (オ) カセ (ット)

 ③ **頭文字語** (initial word, acronym)：2語以上から構成されている語群の各頭文字を並べて1語としたもの．二通りの読み方がある．

 (3) a. アルファベット読み
    FBI (=Federal Bureau of Investigation)／VIP (=very important person)／YMCA
   b. 音節読み
    NATO [néitou] (=North Atlantic Treaty Organization (北大西洋条約機構)／TOEFL [tóufl] (=Testing of English as a Foreign Language)

5.8.5　混　成

二つの語の一部を切り取り，それを合体して新語を作ることを**混成** (blending, contamination) という．元の2語の形態と意味を併せもっているのが特徴である．**かばん語** (portmanteau word) ともいう．

 (1) breakfast+lunch → brunch／smoke+fog → smog／chuckle+snort → chortle（うれしげに笑う）[Lewis Carroll, *Through the Looking-Glass* (1871) の造語]／motor+hotel → motel

混成は，最近の日本語でも盛んに利用されている．

 (2) ゴリラ+クジラ→ゴジラ／ウォッシュ+トイレット→ウォッシュレット／ピクチャー+ディクショナリー→ピクショナリー／コスチューム+プレイ→コスプレ／ダスト+ナプキン→ダスキン／ヒューマン+コミュニケーション→ヒューマニケーション (日立の catchword)／ジンクロ (人物+クローズアップ)

5.8.6 語根創造

既存の造語要素を使わずに，まったく新しい語を作り出すことを**語根創造** (root creation) という．主として擬声語や新しい製品名などに見られる．

(1) a. 擬声語 (onomatopoeic word)
mew／tick-tack／quack-quack／ding-dong／puff-puff (〈幼児語〉汽車ぽっぽ)／zigzag／cuckoo
b. 象徴語 (symbolic word) (自然音の感じを象徴的に表すもの)
flash (ピカッ)／squash (グシャリ)／flicker ((光の) ゆらめき)／sizzle (シューシューいう音)／flip-flop ((サンダルなどの) パタパタ鳴る音)／hurly-burly (ガヤガヤ)
c 製品名など
Kodack／jeep／bazooka／nylon／Dacron／Vaseline／slum (スラム街)／blizzard (猛吹雪)／bogus (いんちきの)／loaf (のらくら暮らす)

【recommended reading】

Quirk et al. (1985) の Appendix I は，英語の語形成を簡潔にまとめてあって便利．ほかに，Adams (1973), Marchand (1969) がある．

生成形態論の研究書としては，Aronoff (1976), Selkirk (1982) を参照．

【研究課題】

1. 自由形態素の種類を具体的に挙げて説明せよ．
2. 語基と語幹の区別を明らかにせよ．
3. 派生接辞と屈折接辞の区別を明確にせよ．
4. IC 分析とは何か，具体例を挙げて説明せよ．
5. you and I を 3 項枝分かれではなく，「2 項枝分かれの原則」を遵守して分析する方法を考えてみよ．

第 6 章

統 語 論

6.0 統語論とは

統語論 (syntax) は，一般に語と語の結合の仕方を扱うため，広義には文法 (grammar) と同義と考えられているが，厳密に言うと，第 4 章で扱う音韻論 (phonology)，第 7 章で扱う意味論 (semantics) とともに文法を構成する三大領域の一つである．

統語論による構造分析が必要とされる理由は，観察可能な音の連続と目に見えない意味の間には直接のつながりが存在せず，統語構造が両者を結びつける仲介的な役割を担っていることに求められる．

(1)　　　　　　統語構造：[[Jack] [[kissed] [Rose]]]

　　音：[ʤǽkkistróuz]　　意味：「ジャックがローズにキスをした」

(1) が示すように，[ʤǽkkistróuz] という音の連続から正しい意味を解釈するためには，少なくとも [Jack kissed Rose] が [Jack] と [kissed Rose] のように主部と述部に，[kissed Rose] が [kissed] と [Rose] のように動詞と目的語の二つに直観的に分解できなければならない．そのような**直観** (intuition) を具体的な証拠によって裏づけながら，単語という最小単位から，最終的に文が作られるまでのプロセスを明らかにすることが統語論に課せられた最大の任務となる．

さて，どのような理論的枠組みにせよ，妥当な文法を構築するためには，文法的な構造と非文法的な構造を比較することが第 1 のステップとなる．た

とえば，以下に示すように，なぜ英語の正しい語順 (word order) は SVO 型であって SOV 型ではないのか，なぜ動詞と目的語の間に他の要素が介在してはならないのか，また，ある環境では wh 疑問文が許されないのはなぜか，などである．以下の例文で，文頭の * (asterisk) は当該文が非文法的であることを示し，(4) に見られる t は**痕跡** (trace) と呼ばれ，ある要素（この場合は，wh 語）が移動前に占めていた場所を示している．

(2) a. We need a hero. (*われわれには必要であるヒーローが)
　　b. *We a hero need. (われわれにはヒーローが必要である)

(3) a. John saw Mary [in the morning].
　　（ジョンはメアリーに朝会った）
　　b. *John saw [in the morning] Mary.
　　（ジョンは朝メアリーに会った）

(4) a. *Who do you think that t saw Mary?
　　b. Who do you think that John saw t?

(2) の日本語訳から明らかなように，日本語の基本語順は SOV 型であり，英語と比べると，目的語と動詞の順序が逆となっている．(2b) や (3b) は日本語では容認されるため，英語の語順に関する知識がないと，われわれはそのような誤った英語の文を作る恐れがある．(4a) と (4b) の差 (§6.8 (10) を参照) も，明らかに日本語では見えてこない対比である．

6.1 文

文 (sentence) は，機能 (function) と構造 (structure) という二つの観点から特徴づけることができる．機能的観点から見れば，(1) のような語や句も文となるが，構造的観点からは，(2) のような「主語+述語」という節 (clause) 形式を備えたものだけが文ということになる．以下，本章で「文」と言うときは，後者を指すものとする．

(1) a. Fire!

  b. Happy birthday! / In the garden.
  c. Yes. / No.
(2) a. John kicked Bill.
  b. I've come here to work.

6.2 文の種類

6.2.1 構造から見た分類

 文を構造から見た場合，ただ一つの主語とただ一つの述語で構成される**単文** (simple sentence)，文の中に従属節が含まれている**複文** (complex sentence)，単文と単文が等位接続詞 (coordinate conjunction) で連結された**重文** (compound sentence) の3種類が認められる．

(1) 単文： Mary helped John.
(2) 複文： a. I know [that John lost his money].
             ［名詞節を含む］
     b. Mary helped the man [who lost his money].
             ［形容詞節を含む］
     c. Mary helped John [because he lost his money].
             ［副詞節を含む］
(3) 重文： Mary helped the man and he thanked her.
             ［単文＋単文からなる］

 複文の場合，関係詞や従位接続詞に導かれる文は**従属節** (subordinate clause) と呼ばれ，**主節** (main clause) と区別される．さらに，従属節は，動詞の目的語や主語位置に生起する名詞節のように省略できないものと，副詞節のように省略可能なものに分けることができる．

6.2.2 機能から見た分類

 次に，文を機能面から分類するならば，**平叙文** (declarative sentence)，**疑問文** (interrogative sentence)，**命令文** (imperative sentence)，**感嘆文** (exclamatory sentence) の4種類を認めることができる．

(1) You can keep a secret.　　　　　　　　　　［平叙文］
(2) Can you keep a secret?　　　　　　　　　　［疑問文］
(3) Close your eyes.　　　　　　　　　　　　　［命令文］
(4) What a wonderful world this would be!　　　［感嘆文］

上に挙げた各種の文のうち，肯定の平叙文が**無標** (unmarked) の構造であるのに対し，否定文やその他の構文は平叙文から派生された**有標** (marked) の構造と考えられる．

6.3　基本文型

文は，主語 (Subject, S)，動詞 (Verb, V)，目的語 (Object, O)，補語 (Complement, C)，そして義務的な副詞語句 (Adverbial, A) という主要構成素の組み合わせによって，以下の八つのタイプに分類される．義務的な A を追加することにより，従来の5文型よりもさらにきめ細かな分析が可能になる点が重要である．

6.3.1　SV 型

主語と述語動詞からなる最も単純な構造である．実際の英文には随意的な副詞要素が生じることが多いが，そのような修飾語 (modifier, M) は省略可能な要素であるから，文型を構成する要素としてはカウントしない．SV 型に生じる動詞は，主語という一つの**項** (argument) のみを要求するので，**1項動詞** (one-place verb) と呼ばれる．この SV 型は，「x が V する」という構造的意味をもっている．以下，S は太字体で，V は斜字体で表す．（　）内は省略可能な修飾語 (M) である．

(1) **Spring** *has come*.
(2) **The day** *broke* (at last).
(3) **He** *may have been sleeping* (at that time).

6.3.2　SVA 型

前節 (2) の at last や，(3) の at that time が省略可能な M であるのに対し，A は義務的であり，省略すると文が成立しない．主語と A の二つの項を

要求する動詞は，**2項動詞** (two-place verb) と呼ばれる．以下の例では，A (斜字体で示す) は「場所」を表している．

 (1) a. The castle stands *on a hill.*
   b. John lives *in Chicago.*

一方，次の A は「時間」を規定している．

 (2) a. Troy is *no more.*
   b. Dickens lived *in the nineteenth century.*

以下に示すように，A を省略すると非文になるので，A の存在を無視するような分析は乱暴な分析と言わざるをえない．

 (3) a. *The castle stands.
   b. *Troy is.

6.3.3 SVC 型

補語 C を要求する動詞は，**連結動詞** (copulative verb) と呼ばれ，be 動詞が代表格である．この型は「x は C である／C になる」といった構造的意味をもっている．以下，C の部分を斜字体で示す．

 (1) John is *a student.*
 (2) Her dream came *true.*
 (3) Now we are *out of danger.*

連結動詞は主語と補語という二つの要素を必要とするが，2項動詞ではなく，[be a student], [come true] のように，連結動詞と補語とが一体化して一つの述語として働く1項動詞である．その証拠に，たとえば，The sky *became dark.* の became dark という述語は，darken という1項動詞によって言い替えが可能である．

6.3.4 SVCA 型

この型に生じる動詞も連結動詞であるが，補語となる形容詞が，対象として A を要求することが特徴である．このように A を要求する形容詞は **2項**

形容詞（または他動詞的形容詞）と呼ばれる。[1] A（斜字体で示す）は，that 節または前置詞句として具現化される．

(1) a. Mary is sure *that John is innocent.*
    b. Mary is sure *of John's innocence.*

ここで注意しなければならないことは，形容詞に後続する要素が that 節の場合は前置詞が不要であり，一方，名詞句の場合は前置詞が義務的になる点である．(2a) と (2b) を対比してみよう．

(2) a. *Mary is sure of that John is innocent. [→ Mary is sure that …]
    b   *Mary is sure John's innocence. [→ Mary is sure of …]

ただし，(3) のような wh 語で始まる**擬似分裂文**（pseudo-cleft sentence）に書き替えると，that 節の場合も前置詞が復活する．ゆえに，that 節が後続した場合に限って前置詞が表層から削除されると考えるのが合理的である．

(3) a. What Mary is sure *of* is *that John is innocent.*
    b. What Mary is sure *of* is *John's innocence.*

A となる前置詞句は of 句が多いが，以下の斜字体の前置詞が示すように，それ以外の前置詞もある．

(4) a. I was disappointed *at* his absence.
    b. He was hopeful *about* the outcome.
    c. Dogs are sensitive *to* smell.
    d. I am anxious *for* a bicycle.
    e. He is insistent *on* his right.

2 項形容詞には，次のようなものが挙げられる．それぞれ，どのような前置詞を選択するか，辞書で調べてみよう．

(5) afraid, amazed, angry, annoyed, aware, certain, confident, convinced, fearful, glad, hopeful, pleased, sad, shocked,

---

1. 一方，He is tall. / She looks young. などは A を必要としない 1 項形容詞である．

sorry, surprised, thankful, etc.

6.3.5 SVO 型

この文型は英語の愛用文型と呼ばれるもので，動詞は主語と目的語の二つを義務的に要求する 2 項動詞である．「x が y を V する」という構造的意味を表す．以下，O を斜字体で表す．

(1) a. A keen east wind hit *us*.
    b. You've got *a friend*.

日本語では，直接目的語を表す格は「ヲ」でマークされるが，英語の目的語には「ヲ」以外の助詞と対応するものがあることに注意．

(2) a. John climbed *the mountain*. ［山ニ登った］
    b. Mary heard *an owl*. ［フクロウ（の声）ガ聞こえた］
    c. John married *Mary*. ［Mary ト結婚した］
    d. We reached *the destination*. ［目的地ニ着いた］

SVO 型が好まれる傾向を示す現象として，たとえば，(3) のような 1 語動詞が，(4) のような ［動詞 + 名詞句］ という SVO 型の文にそれぞれ言い替えられ，しかも，そのほうがむしろ普通であるという事実を挙げることができよう．

(3) a. *Look* at this map.
    b. John *slept* well last night.
    c. We *swam* in the afternoon.
(4) a. *Have a look* at this map.
    b. John *had a* good *sleep* last night.
    c. We *had a swim* in the afternoon.

6.3.6 SVOA 型

この型に使われる動詞は，主語と目的語に加えて，A を義務的に要求する **3 項動詞** (three-place verb) である．たとえば，動詞 put（日本語の「置く」も同様である）は，「x（行為者）が y（対象物）を z（場所）に置く」という構造

的意味をもっている．以下，O を太字体で，A を斜字体で示す．

 (1) a. John put **a book** *on the desk*.
   b. *John put *on the desk*.
   c. *John put **a book**.

(1b) が非文法的なのは，目的語項が表現されていないためであり，(1c) が非文法的なのは場所項が表現されていないからである．(1a) のように三つの項が揃った場合に限り，文法的な構造として認可される．

3 項動詞には，put のほかに，give 型動詞と buy 型動詞がある．(2) のような構文は**与格構文** (dative construction) と称される．

 (2) a. Father gave **this picture** *to me*.
   b. John bought **a book** *for Mary*.

それにしても，give 型動詞はなぜ A として to 句をとり，buy 型動詞はなぜ A として for 句をとるのだろうか．その理由は，前者の A が〈受領者〉(Recipient) を表すのに対し，後者の A は〈受益者〉(Benefactive) を表しているからである．以下に give 型動詞と buy 型動詞のリストを挙げておく．

 (3) give 型動詞
   award, grant, hand, lend, leave, pass, pay, sell, show, throw, etc.
 (4) buy 型動詞
   bring, cook, fetch, find, fix, get, knit, make order, pour, secure, sing, etc.

6.3.7 SVOO 型

前節で示した give 型動詞と buy 型動詞は，(1) が示すように，間接目的語 (indirect object, IO) と直接目的語 (direct object, DO) をこの順序で後続させることができる．このような構造は**二重目的語構文** (double object construction) と呼ばれる．以下，IO を太字体で，DO を斜字体で示す．

 (1) a. Father gave **me** *this picture*.
   b. John bought **Mary** *a book*.

前節の (2) と本節の (1) との意味の違いは，第 9 章において情報構造上の観点から説明されるが，統語論で重要なことは，どちらがより基本的な構造かということである．この点に関しては，SVOA 型から SVOO 型が派生されたと考えられるような証拠が今までに挙げられている．[2]

なお，以下に示すように，sent は SVOA 型と SVOO 型の両方が可能であるが，同じような意味をもつ transmit は SVOA 型しか容認しない．したがって，両構文間の書き替え可能性は，各動詞ごとに指定されていることに注意しなければならない（おおむね，英語本来の動詞は二つの構文を許し，ラテン語系の動詞は SVOA 型しか許さないと言ってよい）．

(2)　a.　Mary sent the letter *to John*.
　　 b.　Mary sent *John* the letter.
(3)　a.　Mary transmitted the message *to John*.
　　 b.　*Mary transmitted *John* the message.

(Ouhalla (1995: 145))

NB　次の諸例は，give を含んでいるにもかかわらず，to 句によって SVOA 型に書き替えることができない．
　(i)　Mary gave John a kiss.
　　　cf. *Mary gave a kiss to John.
　(ii)　John gave the door a kick.
　(iii)　I gave Bill a call.　（電話をした）

2.　二重目的語構文が派生構文であることは，間接目的語にそれ以上操作が加えられないことからうかがわれる．たとえば，wh 疑問文に関する，次のような与格構文との対比を見てみよう．
　(i)　a.　*Who did John give t the books?
　　　 b.　Which books did John give Mary t?
　(ii)　a.　Who did John give the books to t?
　　　 b.　Which books did John give t to Mary?

(Wexler and Culicover (1980: 275))

また，与格構文からは派生名詞化が可能であるのに対し，二重目的語構文からはそれが許されないことも指摘されている．
　(iii)　a.　John gave the book to Mary.
　　　　 b.　John's gift of the book to Mary
　(iv)　a.　John gave Mary a book.
　　　　 b.　*John's gift of Mary of the book　　((iii), (iv)：荒木（編）(1996: 77))

(iv) Could you give the carpet a clean?

その理由として二つ考えられる．一つは，give someone a kiss=kiss someone のように，[give ... a kiss] が一つの他動詞の機能を果たしていることが挙げられる．すると，(i) の John は〈受領者〉でなく，〈受動者〉(Patient) と解釈される．もう一つの理由は，a kiss, a kick, a call, a clean は具体的な「物」ではなく，動作名詞 (action noun) であって，授与の対象にはなりえないことである．

6.3.8 SVOC 型

この文型は，目的語 O のほかに目的語補語 C を必要とする．文型中この文型が最もむずかしいのは，文の内部にもう一つ別の文が埋め込まれていることが大きな原因となっている．

学校文法でこの文型をとるとされている動詞は，次のようなものである．

(1) a. want 型： desire, prefer, like, hate, love, wish
b. believe 型： believe, consider, find, guess, know, think, understand, etc.
c. make 型： make, have, let; get, cause; elect, name, christen, appoint, etc.
d. see 型： see, hear, feel, look at, watch, notice, etc.
e. force 型： challenge, compel, dare, force, oblige, urge, allow, permit, etc.
f. promise 型： advise, persuade, promise, teach, tell, warn, etc.

しかし，厳密な意味で SVOC 型と言えるのは，(1e) の force 型のみであり，(1a-d) は SVO 型，(1f) は SVOO 型である．以下に，その統語的根拠について考察する．

まず，(1a-d) から始めよう．これらの動詞は，一見 SVOC 型をとるように見えるけれども，次の分析が示すように，実は SVO 型である．

(2) a. I want [**it** (to be) done at once].
b. I believe [**John** (to be) innocent].
c. I made [**her** go].
d. I found [**my purse** gone].

これらの文では，[ ]内が埋め込み文で，埋め込み文全体が O の働きをしている．意味論的に言えば，(2a) で私が求めているのは it ではなく，「それが直ちになされること」であり，(2b) で私が信じているのはジョンではなく，「ジョンが無実であること」である．(2c) では，私は彼女を作ったのではなく，「彼女を行くように仕向けた」のであり，(2d) で私が見つけたのは，「財布」ではなく，「財布がなくなっていること」である．

[ ]内の埋め込み文が O であることは，統語論的にも証明できる．第1に，[ ]内の太字体の名詞句が目的語ではなくて主語であることは，次のように，それを虚字の it や there で置き替えられることで明らかである．虚字は，現実世界に指示物をもたないもので，目的語になりえないのである．[3]

(3) a. I don't want [**there** to be another war].
　　b. I consider [**it** time to leave].
　　c. Let [**there** be light]. （光あれ）　　(*Genesis* 1: 3)
　　d. Look at [**it** snow now].

　　　　　　　　　　　　　　　(Hemingway, *A Farewell to Arms*)

第2に，知的意味を変えないで，believe 型は that 節，want 型は for 節に書き替えることができる．that, for は補文標識だから，that 節，for 節が O という一つの項をなしていることは明白であろう．

(4) a. I prefer [for him to leave].
　　b. I know [that this is a fact].

NB　want 型と believe 型の違い：　両者は，ともに SVO 型をとる点では同じであるが，次の点で異なる．
　第1に，want は to 不定詞の前に補文標識の for をとることができるが，believe 型はできない．
　　(i) a. I want very much [*for* you to be happy].
　　　 b. *I believe strongly [*for* you to be happy].
　第2に，want 型は主文を受動化できないが，believe はそれができる．
　　(ii) a. *John *is wanted* to be happy.
　　　　b. John *is believed* to be happy.

---

3. にもかかわらず，これら埋め込み文の主語が表層で目的格を与えられることについては，§6.5 の (11) の説明を見られたい．

第3に，want 型では主文の主語と補文の主語が同一指示的な場合，補文の主語を省略できるが，believe 型では省略できない．
    (iii) a. Alice wants [φ to learn karate].
          b. *Bill believes [φ to be a good cook].

第4に，want 型では to 不定詞の主語は再帰代名詞であってはいけないが，believe 型では再帰代名詞が生じる．
    (iv) a. *Alice wants *herself* to learn karate.
          b. Bill believes *himself* to be a good cook.

次に，(1f) の promise 型を考察する．上で触れたとおり，この型の動詞は SVOO の文型をとる．以下，斜字体は間接目的語，[ ] 内は直接目的語 (DO) である．

  (5) He promised *me* [not to tell anyone].

補文の to 不定詞を DO と見ることについては，次のような統語的証拠がある (Quirk et al. (1972: 837)).
① to 不定詞を NP で書き替えることができる．

  (6) He promised me *the money.*

② to 不定詞を that 節に書き替えても，知的意味は変わらない (この場合，that 節の前に必ず間接目的語をとるのが特徴).

  (7) He promised *me* [that he would not tell anyone].

③ to 不定詞を擬似分裂文の be のあとに置ける．これは，この用法の to 不定詞が NP 的性格を帯びている証拠である．

  (8) What he promised me was *not to tell anyone.*

最後に，force 型をとりあげる．この型の動詞は，すべて「人に働きかけて…させる」という意味をもっていて，文型は SVOC 型である．ここで，斜字体の NP は直接目的語 (O)，[ ] 内が目的語補語 (C)，PRO は to 不定詞の意味上の主語である．

  (9)   John forced *Mary* [PRO to be careful].
  (10) Mary challenged *John* [PRO to go].

(11) Oppression provoked *the people* [PRO to rebel].
(12) Hunger tempted *him* [PRO to steal].
(13) Mary urged *Bill* [PRO to do it].

NB 1 次のような結果構文 (resultative construction) は，どの文型に属するのだろうか．
 (i) The gardener watered [the tulips flat].
 (ii) Mary ate [herself sick].
 (iii) Bill shaved [his razor dull].
 (iv) The joggers ran [their Nikes threadbare].
 (v) John walked [himself sober].
これらは，表層的には典型的な SVOC に見えるが，実は SVO 型である．なぜなら，(i)-(iii) までの他動詞も，(iv)-(v) の自動詞も，すべて使役動詞化 (causativize) されて，文目的語を補部としてとっているからである．このことは，以上すべての文が，'make by -ing' を用いてパラフレーズできることからも明瞭である．
 (i′) =The gardener *made* the tulips flat *by watering them*.
 (ii′) =Mary *made* herself sick *by eating*.
 (iii′) =Bill *made* his razor dull *by shaving* (*himself*).
 (iv′) =The joggers *made* their Nikes threadbare *by jogging*.
 (v′) =John *made* himself sober *by walking*.
Jespersen (1942: 7) は，(i)-(v) の [ ] 内のネクサス (主・述関係＝生成文法の小節 (§6.5 (12))) 全体が動詞の目的語になっていることに注目し，これを「**ネクサス目的語**」(nexus object) と呼んだ．なお，(ii) では「メアリーが自分を食べた」とか，(iii) では「ビルがレザーを剃った」とかの意味はまったくない点に注意せよ．つまり，herself や his razor は動詞の直接目的語ではなくて，ネクサス (＝小節) の主語だということである．

NB 2 次のような文は，どう考えればいいだろうか．
 (i) John came home *drunk*.
 (ii) I drink coffee *black*.
伝統文法では，(i) の drunk は主語の状態を記述する "準 (または **擬似**) 主語補語" であり，(ii) の black は目的語の状態を記述する "準 (または **擬似**) 目的語補語" であるとされる．生成文法では，(i) は "**主語指向の描写語** (depictive)"，(ii) の black は "**目的語指向の描写語**" と説明される．ここで構造の分析に立ち入ることは差し控えるが，いずれにせよ，文型論の立場からは，(i), (ii) の斜字体の形容詞は省略可能であり，文の必須の要素ではないので，文型には関与しないことになる．

6.4 文の内部構造

6.4.1 構成素と階層構造

　文は，形式と意味のまとまりである**構成素** (constituent) から成り立っている．文を構成する最小の構成素は単語であり，単語が別の単語と結びついて**句** (phrase) を形成する．たとえば，動詞と目的語が合体して動詞句を作り，冠詞と名詞が結びついて名詞句を形成する．このようにしてできた動詞句や名詞句も一つの構成素になり，それらが組み合わさって文が形成される．したがって，文自体も一つの構成素として**句構造** (phrase structure) を形成していると言うことができる．単語→句→文のように，句構造は小さい単位からより大きな単位へと**階層構造** (hierarchy structure) をなしていると考えられる．

　階層構造は，**樹形図** (tree-diagram) と呼ばれる (1) のような枝分かれ図で示される (三角形は句の内部構造を省略したことを表す)．

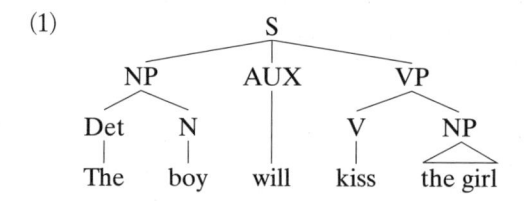

(1)
```
            S
      ┌─────┼─────┐
      NP    AUX    VP
     ┌─┐         ┌──┐
    Det N        V  NP
     │  │        │  △
    The boy    will kiss the girl
```

　なお，紙面の都合で (2) のような**標示付き括弧** (labelled bracket) が使われる場合もある．括弧で囲まれた部分が構成素をなし，左括弧下の下付き文字が標示を表す．

(2) 　[$_S$ [$_{NP}$ [$_{Det}$ the] [$_N$ boy]] [$_{AUX}$ will] [$_{VP}$ [$_V$ kiss] [$_{NP}$ [$_{Det}$ the] [$_N$ girl]]]]

　上の階層構造は，次のような**句構造規則** (phrase structure rule) と呼ばれる一連の書き換え規則 (rewriting rule) を展開することによって得られる．

(3) 　a.　S　→ NP AUX VP
　　　b.　NP → Det N
　　　c.　VP → V NP

　ここで樹形図と句構造規則の読み方を説明しておこう．まず樹形図の中で

SやNPなどの標示が与えられている場所を**節点** (node) という．節点に付与された標示は，**文法範疇** (grammatical category) を表している．文法範疇は，NやVなどの**語彙範疇** (lexical category) とNPやVPなどの**句範疇** (phrasal category) に下位区分されるが，語彙範疇は従来の品詞と同じであると考えてよい．

(4)　名詞 (noun)=N　　　　名詞句 (noun phrase)=NP
　　動詞 (verb)=V　　　　動詞句 (verb phrase)=VP
　　形容詞 (adjective)=A　　形容詞句 (adjective phrase)=AP
　　前置詞 (preposition)=P　前置詞句 (prepositional phrase)=PP
　　副詞 (adverb)=Adv　　　副詞句 (adverb phrase)=AdvP
　　助動詞 (auxiliary verb)=AUX
　　限定詞 (determiner)=Det
　　文 (sentence)=S

NやVについては説明するまでもないと思われるが，DetとAUXに関しては若干説明を要する．まず，限定詞Detには，(5) が示すように，冠詞や指示詞や名詞の所有格が含まれる．

(5)　限定詞：the, a, an, some, any, this, that, my, your, his, John's, etc.

ここで注意すべきは，(3b) の句構造規則からも明らかなように，(5) のメンバーは**相互に排除的** (mutually exclusive) であり，NP内に生じるDetの数は一つに限られることである．

(6)　a. *this* book
　　b. *my* book
　　c. **this my* book

したがって，(6c) は this book of mine のように表現しなければならない．その点，日本語の「この私の本」や，イタリア語の il mio libro (=the my book) などは許されることから，英語の場合，限定詞の数に関して厳しい制約が課せられていることがわかる．

次にAUXに移ろう．(1) のAUXの位置には，**時制** (tense) と**一致**

(agreement, AGR) を決定する抽象的な要素があると考えられる．時制は [±tense] で区別され，[+tense] のときは動詞が過去形 [+past] か現在形 [−past] になり，[−tense] のときは不定詞を導く to が入ると考えられている．＋はプラス，−はマイナスを表し，問題の**特徴** (feature) が含まれているか否かを示している．

なお，樹形図の (1) が示すように，法助動詞が存在する場合は，AUX に直接，法助動詞が挿入される．法助動詞，時制要素，そして to が同じ位置に挿入されるという仮定は，一見したところ，理解しがたい発想かもしれないが，(7) が示すように，それらはすべて後続する動詞の形態を決定する要素であり，同時に生起しえないという事実によって経験的に支持される．

(7) a. John will {sleep/*sleeps/*slept/*to sleep}.
 b. for John to {sleep/*sleeps/*slept}.
 c. John {sleeps/slept/*sleep}.

一致とは，主語 NP と動詞の間に観察される一致現象のことを指す．一致を引き起こす要因は，**人称** (person)・**数** (number) の違いである．人称には，1 人称 [I]・2 人称 [II]・3 人称 [III] の 3 種類があり，数には単数 (sing(ular)) と複数 (pl(ural)) がある．

具体例を挙げると，たとえば動詞が have の場合，AUX 内の一致の指定が 3 人称・単数で，時制の指定が [−past] であれば，主語は 3 人称・単数が義務的に選ばれ，動詞の形は has となる．したがって，すべての特徴が一致した (8a) のみが正しく文法的と予測される．

(8) a. John [$_{AUX}$ −past, +III, +sing] has many brothers.
 b. *They [$_{AUX}$ −past, +III, +sing] has many brothers.
 c. *John [$_{AUX}$ −past, +III, +pl] have many brothers.

以下に，(8a) の一致の過程を，樹形図の (9) で示しておこう．

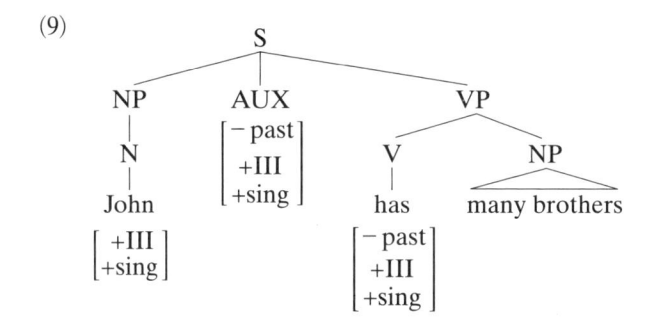

(9)
```
            S
    ┌───────┼───────┐
   NP      AUX      VP
    │    ⎡−past⎤  ┌──┴──┐
    N    ⎢+III ⎥  V    NP
    │    ⎣+sing⎦  │     △
  John            has  many brothers
 ⎡+III⎤          ⎡−past⎤
 ⎣+sing⎦         ⎢+III ⎥
                 ⎣+sing⎦
```

このような仮定が正しいとすると，主語と動詞は直接一致するのではなく，目に見えない AUX 内の時制と一致の指定に従って，つまり，主語と動詞は AUX を仲介役として，結果的に一致が成立することになる．

したがって，(10a) と (10b) では動詞の形は同じであっても，(10a) の see はあくまでも 1 人称・単数・現在の形であり，(10b) の see は 1 人称・複数・現在の形であると言わなければならない（[ ] 内のドイツ語と比較せよ）．

(10)　a.　I *see* John.　　　[Ich *sehe* Johann.]
　　　b.　They *see* John.　　[Sie *sehen* Johann.]

6.4.2　樹形図の示す構造関係

(1) のような文の内部構造を視覚化した樹形図から，われわれは次のような重要な情報を得ることができる．

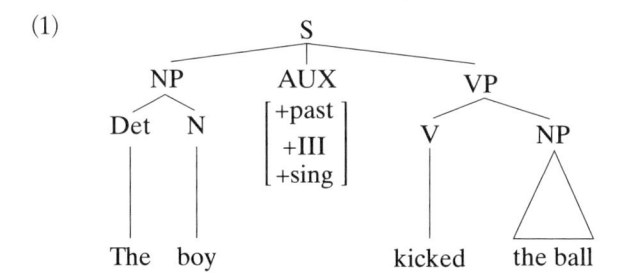

(1)
```
               S
       ┌───────┼───────┐
      NP      AUX      VP
    ┌──┴──┐ ⎡+past⎤  ┌──┴──┐
   Det    N ⎢+III ⎥  V    NP
    │     │ ⎣+sing⎦  │    △
   The   boy        kicked the ball
```

　　a.　構成素の先行関係：　主語は常に動詞句に先行し，動詞句内では動詞が常に目的語に先行する．その帰結として，主語は目的語に先行する．

  b. 構成素間の結びつきの強弱： Vは主語よりも目的語と強く結びついている．Vと目的語はVPという一つの構成素をなすからである．

  c. 語彙範疇は最終的に句範疇まで**投射** (projection) を行う：NはNPまで投射し，決してVPにはならない．このとき，NはNPの**主要部** (head)，NPはNの**最大投射** (maximal projection) と呼ばれる．

　階層構造を利用することによって，構成素の相互関係を支配 (dominance) と姉妹 (sisterhood) という関係概念で表すことができる．まず，最上位のSはそれより下にあるすべての節点を**支配する** (dominate) といい，特に直下のNP, AUX, VPを**直接支配する** (immediately dominate) という．同様に，NPはDetとNを，VPはVとNPをそれぞれ直接支配している．

　すると，主語と目的語は，動詞の左右という横の関係ではなく，次のように縦の関係で区別される．

(2) a. 主語はSに直接支配される．
  b. 目的語はVPに直接支配される．

つまり，主語は目的語よりも上位の位置を占め，これを支配することになる．このような場合，主語は目的語を**構成素統御** (constituent-command, c統御) すると言われる．c統御は次のように定義される．

(3) a. AがBを直接支配せず，Aを最初に支配する枝分かれ節点がBを支配するとき，AはBをc統御する．

(cf. Haegeman (1994: 147))

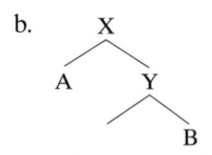

  b.
```
        X
       / \
      A   Y
         / \
            B
```

　次に，Vと目的語NPのように同一の構成素に直接支配される要素同士は，**姉妹** (sister) をなすと定義される．したがって，VPを構成するVと目的語NPは姉妹をなすが，主語NPとVは，たとえ表面的に隣接していても，決

して姉妹関係が成立しないことになる．

6.4.3 構成素診断テスト

本節の最後に，ある単語の連鎖が一つの構成素をなすか否かを診断する代表的なテストを紹介しよう．一つの文を [$_S$ [$_{NP}$ John] [$_{VP}$ ate [$_{NP}$ apples]]] のように直観的に大小の構成素に分割できても，そのような直観を裏づける経験的な証拠がなければ科学的とは呼べないからである．

第1に，句範疇レベルの構成素だけが**移動** (movement) の対象となれる．[4] (1) では VP が，そして (2a) では AP が移動を受けている．

(1) Jack must save Rose, and [$_{VP}$ save her] he will t.
(2) a. [$_{AP}$ How beautiful] this country is t!
  b. *[How] this country is t beautiful!

(2b) では，AP という句範疇が不当に分解され，その結果，非文が生じている．もし構成素の観念がないと，(2b) のような英語が誤って作られても何ら不思議ではない．

第2に，構成素をなす連鎖だけが代用形による**代用** (substitution) が可能となる．(3a) の does は [$_{VP}$ like listening to music] の代用形であり，(3b) の there は [$_{PP}$ at the station] の代用形である．

(3) a. I like listening to music, and I think Paul *does* too.
  b. John met Mary at the station, and Bill met Sandra *there*.

(3a) において，like listening の代用形は存在せず，(3b) において，at the の代用形はありえない．そのような連鎖はたとえ隣接していても構成素をなしていないからである．

第3に，構成素をなす連鎖だけが**削除** (deletion) を受けることが許される．以下，φ はある要素が省略されたことを示す．

(4) a. Jack can play the piano, and Bill can play the piano, too.
  b. Jack can [$_{VP}$ play the piano], and Bill can [$_{VP}$ φ], too.

---

4. 例外的に法助動詞などの語彙レベルの主要語が移動することがある．

(4b) では VP 全体が省略されている．ここで play the だけを削除することが許されないのは，その連鎖が構成素をなしていないからである．

最後に，構成素の分割可能性に関する事実が挙げられる．たとえば，主語と VP の間には頻度の副詞語句が挿入されうるが，動詞と目的語の間にはそれが許されない．

(5) a. John often kissed Mary.
　　 b. *John kissed often Mary.

kissed Mary が一つの構成素として固まっているのでその間に他の要素を挿入できないのに対し，主語と動詞は構成素を形成しないため，その境目に他の要素が挿入されても文法性を悪化させることはないと考えられる．

以上のように，移動，代用，削除，分割可能性という独立した現象が構成素の存在証明になる．したがって，自然言語の文は単語が横並びした平板 (flat) な構造をしているのではなく，階層構造をもっているという仮定は妥当だと考えられる．

> **NB** 構成素診断テスト以外にも，VP を仮定するに足るだけの興味深い根拠を一つ指摘しておきたい．それは，他動詞は主語と目的語という二つの項を義務的に要求するが，両者の意味役割は決して同じように与えられるわけではないことである．たとえば，(ia) と (ib) を比較してみよう．
> 　　(i) a. John [$_{VP}$ broke the widow]. （John は窓を割った）
> 　　　　 b. John [$_{VP}$ broke his arm]. （John は腕を折った）
> (a) 文の John は〈行為者〉であるのに対し，(b) 文の John は〈対象〉と解釈される．ここで重要なことは，目的語の意味役割を決定するのは V であるのに対し，主語の意味役割を決定するのは V ではなく，VP 全体である点である．

6.5 補文の構造

今までは単文の分析に集中してきたが，ここで複文の構造に目を転じてみよう．§6.2.1 で述べたように，複文は主節と従属節から構成される構造であり，文の中にもう一つ文が埋め込まれた (embedded) 構造とみなすことができる．埋め込み文は動詞の補部の位置を占めることから，一般に **補文** (complement sentence) と呼ばれている．補文は，(1) の that 節，whether 節，不定詞節のような，三つのタイプに分類することができる．

第6章 統語論

(1) a. John said [(*that*) he likes movies].
   b. John wonders [*whether* Mary will come here].
   c. John prefers [*for* Mary to sing alone].

(1) から明らかなように，補文の種類は，それを補部として要求する主節動詞の語彙特性に大きく依存している．以下に，それぞれの代表的な動詞を挙げておこう．

(2) a. that 節をとる動詞：
   know, feel, think, realize などの認識動詞
   say, assert, declare, announce, claim などの断言動詞
   b. wh 節をとる動詞：
   ask, inquire, wonder, doubt などの疑問を表す動詞
   c. for 不定詞節をとる動詞：
   want, prefer, desire, like, hate などの欲求を表す動詞

次に，補文の内部構造を考えてみよう．補文は，Sに**補文標識** (complementizer, COMP) が付いた構造であり，S′（エスバーと読む）という範疇を構成する．バーとは横棒を意味し，当初は $\bar{S}$ と表示されていたが，印刷の都合上，現在ではプライム表示が一般的となっている．

COMP は次のような選択肢の中から一つが選ばれる．

(3)　COMP → $\begin{Bmatrix} \pm\text{wh} \\ \text{for} \end{Bmatrix}$

COMP の値として [+wh] が選ばれた場合は，移動してきた wh 句か，whether または if が COMP の位置に入る．一方，[−wh] が選ばれた場合は，that が挿入される．for が選ばれた場合は，直接 for が COMP に挿入される．補文標識の that だけは，動詞の補部の場合に限り，省略しても一般に文法性に影響を及ぼすことはない．[5]

---

5. 例外的に**発話様態動詞** (manner-of-speaking verb) と呼ばれる動詞（たとえば，whisper=say in a whisper）は補文標識の省略が許されないことに注意．
　(i) a. John said (that) Mary ate apples.
　　 b. John *whispered* *(that) Mary ate apples.　　　(cf. Stowell (1981: 398))

確認のために，(1a, b, c) の句構造を，それぞれ (4a, b, c) に示しておく．

(4) a.
```
         S
       /   \
      NP    VP
      |    /  \
      |   V    S'
      |   |   /  \
      |   |  COMP  S
      |   |   |   /\
     John said that he likes movies
```

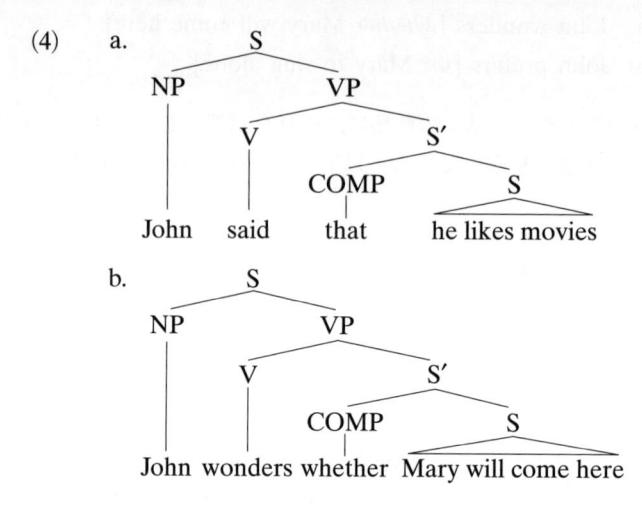

b.
```
         S
       /   \
      NP    VP
      |    /  \
      |   V    S'
      |   |   /  \
      |   |  COMP  S
      |   |   |   /\
     John wonders whether Mary will come here
```

c.
```
         S
       /   \
      NP    VP
      |    /  \
      |   V    S'
      |   |   /  \
      |   |  COMP  S
      |   |   |   /\
     John prefers for Mary to sing alone
```

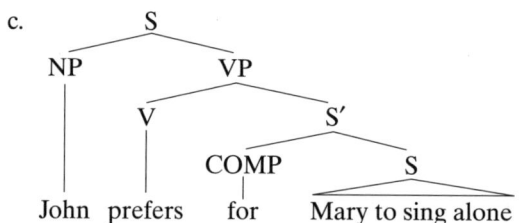

上の樹形図から明らかなように，that に後続する S は必ず**時制節** (tensed clause) であり，for に後続する S は必ず**不定詞節** (infinitival clause) となる．つまり，補文標識と補文の間には一定の対応関係が成立し，この対応関係が崩れると非文が生じてしまうことになる．[6]

(5) a. John thinks *that* Bill is intelligent.
    b. *John thinks *that* Bill to be intelligent.
(6) a. John prefers *for* Mary to play the guitar.

---

6. 次のような文の that 節は，一見，時制をもたないかのように見えるが，「仮定法現在」(subjunctive present) という時制があると想定される．
  (i) He proposed [that it *be* done at once].

b. *John prefers *for* Mary plays the guitar.

一方，wh 節の場合は補文の時制に関する制約はなく，時制節でも不定詞節でも後続することが可能である．

(7) a. John wondered *what* he should read.
　　b. John wondered *what* to read.

ところで，補文は VP 内だけではなく，NP の内部にも生成される．すなわち，(8a) のような同格節と (8b) のような関係節である．

(8) a. I know [NP the fact [S′ that John loves Mary]].
　　b. I know [NP the girl [S′ who John loves]].

ただし，同格節と関係節は階層構造上の位置が異なる．両者の違いについては §6.6.2 で扱うことにする．

最後に，補文は常に S′ に限定されるわけではないことに注意しておこう．たとえば，(9) は SVO 型に分類されるが，補文標識が存在しないため，目的語位置の補文は裸の S となる．この仮定が正しいとすると，(9a, b) の句構造は，それぞれ (10a, b) のように示される．

(9) a. John believes [her to be a genius].
　　b. John believes [her a genius].

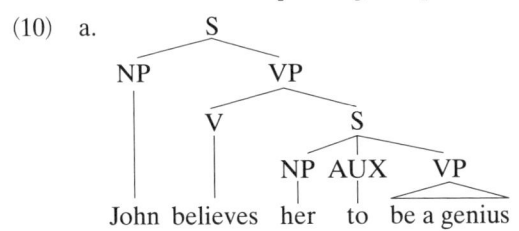

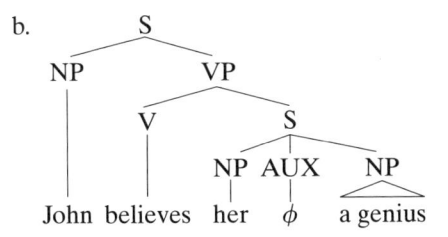

(10) a.

```
              S
            /   \
          NP     VP
           |    /  \
           |   V    S
           |   |  / | \
           |   | NP AUX VP
         John believes her to  be a genius
```

b.

```
              S
            /   \
          NP     VP
           |    /  \
           |   V    S
           |   |  / | \
           |   | NP AUX NP
         John believes her  φ  a genius
```

次のような知覚構文や使役構文についても同様なことが言える．

(11) a. I heard [him crying].
b. He made [me go there].

(9a, b) や (11a, b) のような補文は，限られた動詞の補文としてのみ生起する例外的な構造である．また，補文の主語は主節動詞から節境界 (clause boundary) を越えて**格** (Case) を付与されている（つまり，主語でありながら目的格を付与されている）という点でも例外的である．そのような事情から，(9a) は**例外的格標示構文** (exceptional Case marking (ECM) construction) と呼ばれている．また，(9b) の補文は補文標識に加えて，AUX も欠如しているので，**小節** (small clause) と呼ばれている．

6.6 X-bar 理論

6.6.1 X-bar 式型

句構造規則によって生成されうる構造は，語彙範疇間で共通のパタンを示すことがわかっている．たとえば，次の NP と VP の間には対応関係が見いだされる．

(1) a. a student of English
b. study English

ここで N, V, A, P に選択される補部を YP とすると，次のように表すことができる．

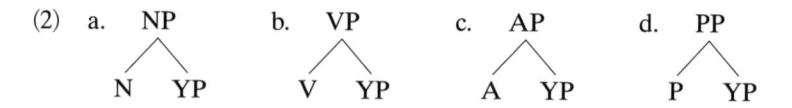

(2) a. NP b. VP c. AP d. PP
   ／＼   ／＼   ／＼   ／＼
  N YP V YP A YP P YP

この共通性を捉えるために**主要部** (head) を任意の X (エックス) と置き替えてみよう．すると，(2a, b, c, d) は (3) のように一般化される．

(3)
```
    XP
   /  \
  X    YP
```

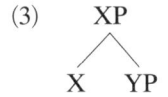

しかし，このままでは，NP 内の Det が占める位置がはっきりしない．そこで，Det などの入る位置，主要部 X の位置，補部の位置を (4a) のような横並びにするのではなく，(4b) のように，階層的に示してみよう．

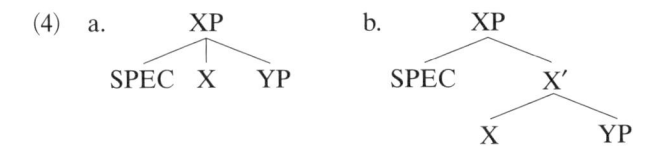

(4) a.
```
       XP
      /|\ 
   SPEC X YP
```
b.
```
       XP
      /  \
   SPEC   X′
         /  \
        X    YP
```

SPEC とは**指定部** (specifier) の略であり，NP の場合は Det が，VP の場合は主語などが挿入される場所を指す．(4b) のように一般化された形式は **X-bar 式型** (X-bar schema) と呼ばれ，句構造に関する一般原理は X にちなんで **X-bar 理論** (X-bar theory) と呼ばれている．(4b) に従うと，NP, VP, AP, PP はそれぞれ次のような内部構造をもつことになる．

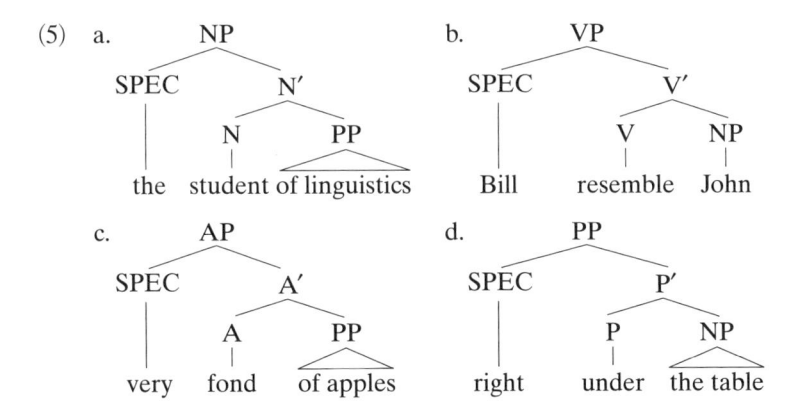

(5) a.
```
          NP
         /  \
       SPEC  N′
        |   /  \
       the  N   PP
            student of linguistics
```
b.
```
          VP
         /  \
       SPEC  V′
        |   /  \
       Bill V   NP
            |   |
         resemble John
```
c.
```
          AP
         /  \
       SPEC  A′
        |   /  \
       very A   PP
            |   
           fond of apples
```
d.
```
          PP
         /  \
       SPEC  P′
        |   /  \
      right P   NP
            |   |
          under the table
```

主要部 X が最大投射 XP の中心になるような構造は，**内心構造** (endocentric constuction) と呼ばれ，自然言語の句構造の特質と考えられている．

さて，X-bar 理論に従うと，S と S′ の内部構造が問題となる．なぜなら，これまで仮定してきた (6) のような構造は S の内部構造が 3 項枝分かれにな

っているので，(4b) の X-bar 式型にまったく合致しないからである．

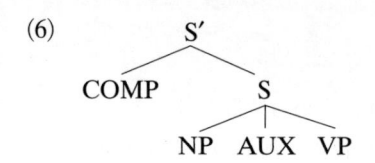

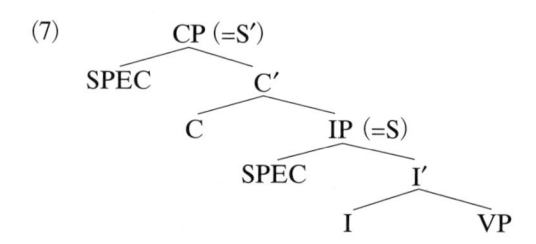

(6)
```
         S'
        / \
     COMP  S
          /|\
         NP AUX VP
```

そこで，S と S' を (7) のようにとらえ直してみよう．すると，両者も X-bar 式型で一般化することが可能となる．

(7)
```
         CP (=S')
        /    \
     SPEC    C'
            /  \
           C   IP (=S)
               /  \
            SPEC   I'
                  /  \
                 I    VP
```

X-bar 理論では，S' は COMP (=C) を主要部とする最大投射 CP (complementizer phrase) と分析される．一方，S は動詞の屈折形に応じて定型節か非定型節で二つに分けられることから，時制・一致要素が主要部となる最大投射と考えることができる．そこで時制・一致要素を INFL (inflection, I) として一体化すると，従来の S は IP (inflectional phrase) という最大投射として表されることになる．

　CP の主要部 C は補部として IP をとり，C が [+wh] という特徴をもっていれば，CP の SPEC ([SPEC, CP] と表記される) に wh 句が移動することになる．一方，C が [−wh] の場合は，その位置に直接 that が挿入される．

　IP の主要部 I は補部として VP をとり，I が [+tense] なら V は定形動詞 (finite verb) となり，I が [−tense] なら V は非定形動詞 (non-finite verb) となる．[SPEC, IP] には VP 内の主語が上昇してくる．SPEC に wh 句や主語が入る理由は，もし指定部の位置が空のまま残されると，主要部の C [+wh] と INFL が，それぞれ一致する要素をもたないことになってしまうからである．主要部の特徴と指定部の特徴が一致するという要請は，**指定部・主要部の一致** (SPEC-head agreement) と呼ばれ，この一致を満たすことが移動の引き金 (trigger) になると考えられている．この点に関しては，§6.7 で詳論

する．
　ここで確認のために，wh 疑問文の内部構造を図示しておこう．

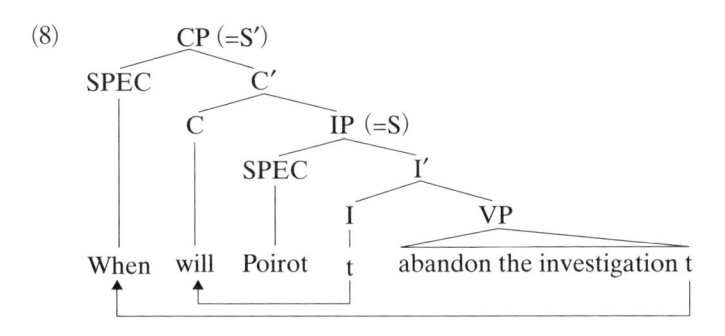

(8)
```
           CP (=S′)
          /        \
       SPEC         C′
                   /  \
                  C    IP (=S)
                      /    \
                   SPEC     I′
                           /   \
                          I     VP
       When   will   Poirot   t   abandon the investigation t
```

　以上のように，X-bar 理論を S と S′ にも適用させることによって，英語の内部構造はさらに一般化することができる．ただし，(4b) のような X-bar 式型を仮定しても，付加部に関しては，その位置がまだ不明のままである．このことは，次節でとりあげよう．

6.6.2　補部と付加部

　補部は主要部によって義務的に選択される要素であり，一般に省略することが許されないが，付加部は随意的要素である．そのような違いから，両者はいくつかの点でさらに異なるふるまいを示す．
　第 1 に，補部と付加部の語順は逆転することができない．(1) では of English が主要部 student に対する補部であり，with long hair は student に対する付加部である．つまり，主要部と密接な関係にある補部が，遠い関係にある付加部よりも，主要部の近くに置かれるのである．

(1)　a.　a student [of English] [with long hair]
　　　　　（長髪の英語専攻の学徒）
　　　b.　*a student [with long hair] [of English]
　　　　　（英語専攻の長髪の学徒）

　第 2 に，補部は連続して生起しえないのに対し，付加部はそれが許される．

(2)　a.　*a student [of English] [of chemistry]

　　　　b. a student [with long hair] [with a sweet voice]

第3に，補部と補部，付加部と付加部は等位接続が可能であるが，補部と付加部は資格が異なるので等位接続できない．

　(3)　a. a student [of English] and [of chemistry]
　　　　b. a student [with long hair] and [with a sweet voice]
　　　　c. *a student [of English] and [with long hair]

第4に，補部からの wh 句の取り出しは可能であるが，付加部からの wh 句の取り出しは許されない．[7]

　(4)　a. Which city did you see mayor [of t]?
　　　　b. *Which city did you see a student [from t]?

以上のような事実は，補部と付加部を同列に扱うことができないことを強く示唆するものである．

そこで，名詞句の内部構造をさらに精緻化してみよう．ここで重要なのは，補部は主要部 N の姉妹であるのに対し，付加部は N よりも上の階層である N′ の姉妹の位置を占めるということである．

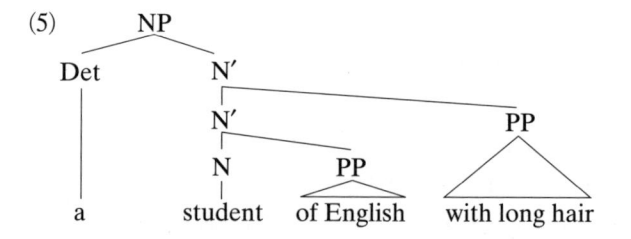

(5)
```
            NP
           /  \
         Det   N′
          |   /  \
          |  N′   PP
          |  |   /  \
          |  N  PP  
          a student of English with long hair
```

§6.5 の (8) で触れた，同格節と関係節の違いも補部と付加部の違いにほか

---

7. PP から wh 句を取り出すとき，二つの可能性がある．
　(i) What are you talking [about t]?
　(ii) [About what] are you talking t?
(i) のように wh 句のみが文頭に移動し，前置詞が文末に残される現象は略式的で，**前置詞残留** (preposition stranding) と呼ばれ，一方，(ii) のように前置詞と wh 句が一緒に移動する現象は格式的な表現で，前置詞の**随伴** (pied-piping) と呼ばれている．

ならない．つまり，同格節は補部の位置に，一方，関係節は付加部の位置を占めることになる．

(6) a. 同格節

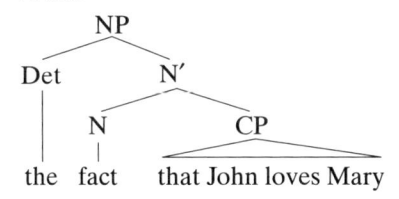

```
           NP
          /  \
        Det   N'
         |   /  \
         |  N    CP
         |  |   /△\
        the fact that John loves Mary
```

b. 関係節

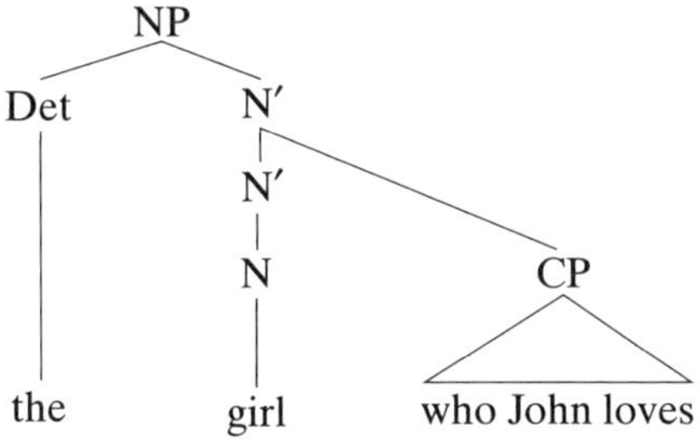

```
           NP
          /  \
        Det   N'
         |   /  \
         |  N'   \
         |  |     \
         |  N      CP
         |  |     /△\
        the girl  who John loves
```

さて，(5) のような NP の内部構造を仮定することによって，補部と付加部の違いが自然に説明される．

第1に，補部が付加詞に先行しなければならないのは，もし語順を逆転させると，(7) に示すように「**枝の交差**」が生じてしまうからである．

(7)

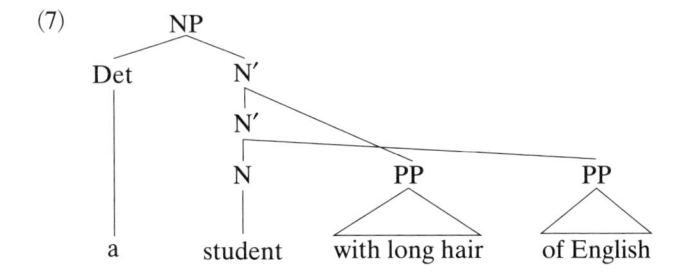

```
           NP
          /  \
        Det   N'
         |   /  \
         |  N'    \
         |  /\     \
         | N  PP    PP
         | |  /△\  /△\
         a student with long hair of English
```

階層構造の中で枝の交差が許されないという制約は，可能な句構造を厳しく制限するために必要であり，次のように定義される．

(8) 枝の交差禁止制約 (No Crossing Branches Constraint)
節点 X が節点 Y に先行するならば，X と X に支配されるすべての要素は，Y と Y に支配されるすべての要素に先行しなければならない． (Radford (1988: 121))

ここで X を N′ の student of English，Y を PP の with long hair だとすると，X 内のすべての要素は Y に先行しなければならないことから，もし with long hair が X 内の of English に先行すると，枝の交差が避けられないことになる．

第 2 に，補部は連続して生じないのに対して，付加部は可能であるという事実は，N′ レベルが繰り返し (recursion) を許しながら生成可能であると仮定することによって説明される．この仮定が正しいとすると，(2b) の内部構造は次のようになる．

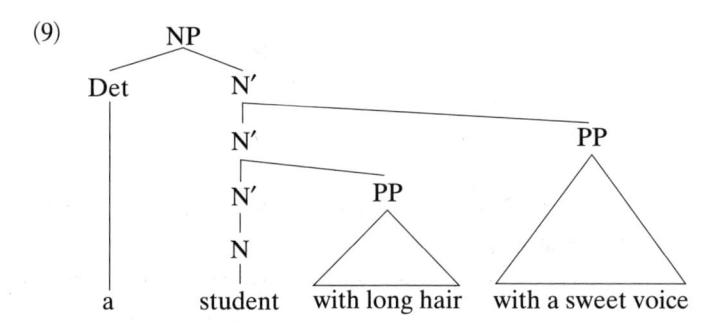

(9)
```
          NP
         /  \
       Det   N'
             /  \
            N'   PP
           /  \
          N'   PP
          |
          N
   a   student  with long hair  with a sweet voice
```

第 3 に，等位接続の可能性に関する対比については，等位接続が可能な範疇が階層構造上，同じレベルのものに限られる，という仮定によって自然な説明が与えられる．

第 4 に，wh 句の取り出しに関する差は，基本的に wh 句の取り出しが許されるのは補部の内部からに限定されるという仮定によって説明可能となる．この点に関しては，§6.8 で再論することにしよう．

6.6.3 X′ の経験的証拠

ここでは，N′ という X′ レベルの存在を支持するに足るだけの経験的証拠を挙げてみよう．

第1に，N′レベルの範疇だけが one という代用形に置き替えが可能となる．(1a, b) の対比を，(2a, b) の樹形図で示してみよう．

(1) a. *I like the [student] of mathematics better than the [one] of history.
b. I like the [student] with long hair better than the [one] with short hair.

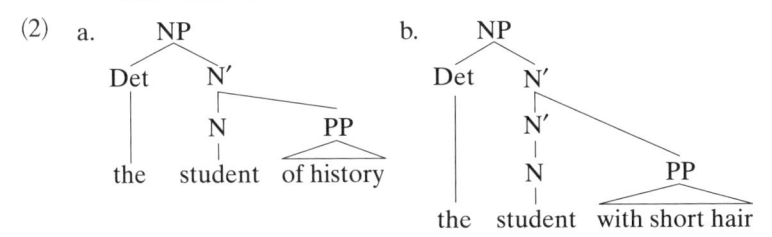

(2) a.
```
         NP
        /  \
      Det   N′
       |   / \
       |  N   PP
       |  |   /\
      the student of history
```
b.
```
         NP
        /  \
      Det   N′
       |   /  \
       |  N′   \
       |  |    \
       |  N     PP
       |  |    /  \
      the student with short hair
```

樹形図から明らかなように，(1a) では one は主要部 N の student を代用しており，非文法的となる．一方，(1b) の場合は，one は N′ の student を代用しているので，文法的である．

第2に，**though 牽引** (*though*-attraction) と呼ばれる現象では，例外的に句範疇 NP ではなく，N′ が移動の対象となるという事実がある (§6.4.3 を参照)．(3c, d) の対比が示すように，指定部のない構造のみが文法的である構造とは，N′ にほかならない．逆に，though 牽引が起こる前は，(3a, b) の対比が示すように，指定部のある構造のみが文法的である．

(3) a. Though John is [NP a genius], he can't tie his shoe laces.
b. *Though John is [N′ genius], he can't tie his shoe laces.
c. *[NP A genius] though John is, he can't tie his shoe laces.
d. [N′ Genius] though John is, he can't tie his shoe laces.
(Culicover (1982: 1))

第3に，等位接続の可能性が挙げられる．次の例が示すように，等位接続されているのは，指定部を除く構成素 N′ である．この事実は，N′ という構成素の設定が独立に必要であることを示唆している．

(4) a. the [students of Chemistry and professors of Physics]

　　　　　b. the [students with long hair and professors with short hair]
　　　　　c. the [students of Chemistry and professors with short hair]
　　　　　　　　　　　　　　　　　　　　　　　　(Radford (1988: 190))

　以上のように，N′ という中間レベルの範疇を仮定すると，今まで説明が困難であった補部と付加部の違いがうまく説明できることがわかった．さらに，N′ の存在を直接支持するような経験的証拠の存在は，X-bar 理論の妥当性を高めるものと言えるだろう．[8]

6.7　変形と文の生成

　§6.2.2 で示したように，平叙文を基礎にして疑問文，命令文，感嘆文などが作られるわけだが，生成文法では，X-bar 式型によって生成される**基底構造** (underlying structure) に，**変形** (transformation) を適用することによって多様な**表層構造** (surface structure) が派生される．代表的な変形として，(1) のような移動，(2) のような削除，そして (3) のような代入が今までに提案されている．

　　(1)　Oranges, John ate t.　　　　　　　　　　　　　　　　［移動］
　　(2)　John ate oranges and Mary ϕ apples.　(ϕ=ate)　［削除］
　　(3)　[It] seems [that John ate oranges].　　　　　　　　　　［代入］

　本節では，生成文法の目玉商品とも言うべき移動をとりあげて，基本的な構文の**派生** (derivation) を概観することにしたい．

　8.　言語間の相違も X-bar 理論を利用することによって予測することができる．たとえば，英語は主要部 X の右側に補部が生じるのに対し，日本語では X の左側に生じる．このような相違は**パラメター** (parameter) と呼ばれる仕組みで合理的に説明される．つまり，言語習得の過程でパラメターの値が決定され，英語は**主要部先頭** (head-initial) の値が選択されるのに対し，日本語は**主要部末端** (head-final) の値が選択されるのである．

6.7.1 yes/no 疑問文

移動には左右二つの方向があるが，英語では左方向への移動が多く観察される．代表的なものは yes/no 疑問文における助動詞の移動である．

(1) a. You *can* keep a secret.
   b. *Can* you keep a secret?

法助動詞 can の移動先，すなわち**着地点** (landing site) は，(2) で示すとおり，CP の主要部 C だと仮定されている．つまり，can は I から C へと移動するのであるが，このような主要部から別の主要部への移動は**主要部移動** (head movement) と呼ばれている．以下，i によって示される下付きの**指標** (index) は，移動要素と痕跡が同一指示的であることを表示する印である．

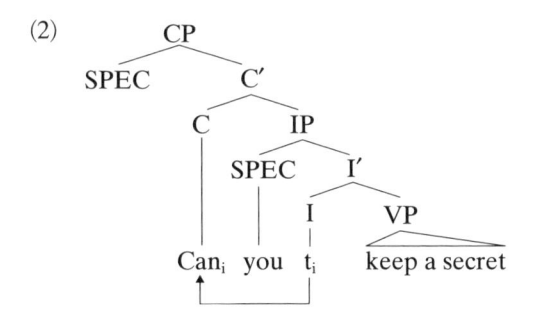

(2)
```
          CP
         /  \
      SPEC   C'
            /  \
           C    IP
               /  \
            SPEC   I'
                  /  \
                 I    VP
           Canᵢ you  tᵢ  keep a secret
```

次に，be 動詞のふるまいはどう説明すればよいだろうか．以下に示すように，be 動詞は，本動詞でありながら助動詞としての性格も併せもつ変わり種である．

(3) a. John *is* a genius.
   b *Is* John a genius?

そこで，be 動詞は，疑問文形成に先立って V の位置から I(NFL) へ移動すると仮定してみよう．I に入った要素は助動詞の性格を帯びるので，C(OMP) への移動が可能となると説明される．(4) では，V → I → C という主要部移動が連続して起こっている (VP の段階で be a genius の be は，I へ移動して，時制・一致要素と合体して is に変わる点に注意)．

(4)
```
          CP
       /      \
     SPEC      C'
            /      \
           C        IP
           |     /      \
                SPEC     I'
                 |     /    \
                 |    I      VP
                 |    |     /  \
                Is_i John  t_i  t_i a genius
```

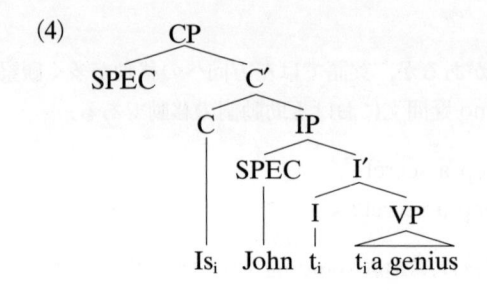

次に問題となるのは，一般動詞の場合に義務的に使われる助動詞 do の扱いである．(5a) が示すように，疑問文形成の際には助動詞 do の "助け" なしでは非文が生じてしまう．[9]

(5) a. *Remember you me?
    b. Do you remember me?

それにしても，基底構造の段階で存在しなかった要素 do が，どのようにして突如，表層構造で登場するのだろうか．それを説明するためには，(5a) の基底構造を見ておく必要がある．

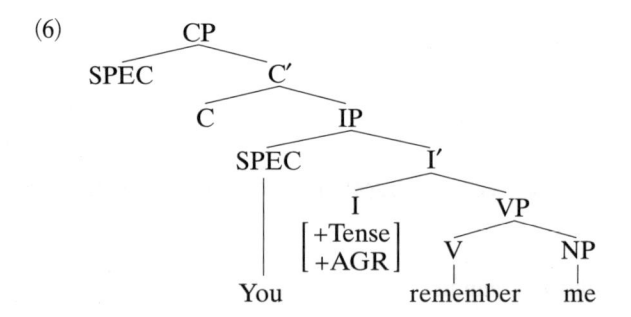

(6)
```
          CP
       /      \
     SPEC      C'
            /      \
           C        IP
                 /      \
               SPEC      I'
                |      /    \
                |     I      VP
                |  [+Tense] /  \
                |  [+AGR]  V    NP
                |          |    |
               You     remember me
```

ここからわかるように，一般動詞の場合，I の位置には時制・一致要素の特

---

9. ただし，(5a) のような疑問文は，Shakespeare の英語，ドイツ語，フランス語では可能である．
   (i) Saw you my master?　　　　　　　　　(*Two Gentlemen of Verona* 1.1.)
   (ii) Trinken Sie Kaffee?　（コーヒーを飲みますか）
   (iii) Aimez-vous café?　（コーヒーは好きですか）

徴があるだけで，語彙項目が存在しない．かつ，一般動詞は [-AUX] という特徴をもっているので，[+AUX] という特徴をもっている be 動詞や所有・完了の have のように I の位置へ移動できない．だから，疑問文を作ろうにも主語・助動詞倒置を行うことができない．この問題を解決する一つの策は，一般動詞の疑問文を派生する際には，最も無色な助動詞 do が I の位置に，"最後の手段" (the last resort) として挿入されると考えることである．この操作は，**do による支え** (*do*-support) と呼ばれており，17 世紀ごろになってようやく英語に定着した，現代英語に特有の現象と考えられている．以下に示すように，I に挿入された do が C に移動するプロセスは，(4) と同じ主要部移動である．

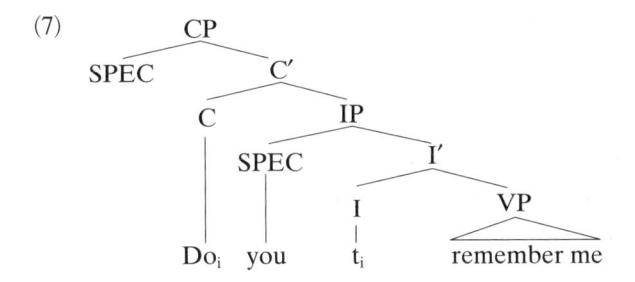

(7)
```
            CP
         /      \
      SPEC      C'
              /    \
             C      IP
                  /    \
                SPEC    I'
                       /  \
                      I    VP
                      |    |
            Do_i  you  t_i  remember me
```

6.7.2 wh 疑問文

wh 疑問文は，**wh 移動** (*wh*-movement) と呼ばれる変形によって派生される．まず注意すべきことは，wh 句の着地点である．S-bar を仮定していたころは，wh 句の着地点として COMP が用意されていたが，前節で述べたように助動詞が C(OMP) に入るという仮定の下では，wh 句の着地点が確保できない．さらに，wh 句は最大投射なので，主要部の位置に移動することは原理的に許されない．しかし，CP 分析を採用すると，X-bar 式型に従って，wh 句は CP の指定部に移動することになる．

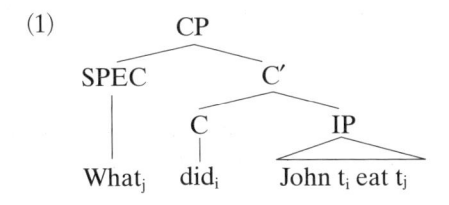

(1)
```
            CP
         /      \
      SPEC      C'
       |      /    \
              C      IP
              |     
    What_j   did_i   John t_i eat t_j
```

ところで，wh 句が主語の場合，語順の変化が見られないため，一見したところ，wh 移動が適用されていないように思われる．

(2) Who moved my cheese?

しかし，主語に限って wh 移動を免れるという例外規定を設けるのでは有意義な一般化は得られない．そこで主語の場合も，wh 句が [SPEC, CP] に移動すると仮定してみよう．

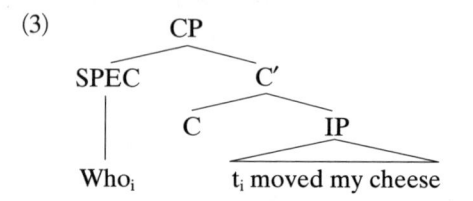

(3)
```
          CP
         /  \
      SPEC   C'
       |    /  \
       |   C    IP
      Who_i    t_i moved my cheese
```

移動の結果，派生される連鎖を見る限り，wh 移動は駆動されていないように見えるが，現に，スラブ諸語では主語の wh 句が [SPEC, CP] に移動することが指摘されているので，[10] 英語でも wh 移動が起こっていると考えるほうが，より有意義な一般化が得られるのである．

6.7.3 NP 移動

英語には，主語位置が着地点に限定されるタイプの移動が観察されている．**受身化** (passivization) と**繰り上げ** (raising) と呼ばれる NP 移動である．受身化は，動詞の目的語を新しい主語に，一方，繰り上げは補文の主語を主節の主語に据える操作である．二つの移動に共通する特徴は，基底構造で空のまま生成された主語位置を表層で埋めるための"最後の手段"として義務的に適用されることである．[11]

---

10. Servo-Croatia 語の例（COMP の前に Ko (=who) が移動している点に注目せよ）：
    (i) Ko li   sta   kupuje?   (Bošković (2000: 58))
        who COMP what buys
        'Who on earth buys what?'

11. 節が主語を義務的に必要とするという制約は，**拡大投射原理** (Extended Projection Principle, EPP) と呼ばれている．不定詞節に架空の主語である PRO を仮定するのも，EPP の要請である．

(1)は受身化，(2)は繰り上げの派生をそれぞれ示している．

(1) a. [John]$_i$ was kicked t$_i$ by Bill.
b. [The door]$_i$ was pushed t$_i$ down.
c. [That fellow]$_i$ cannot be put up with t$_i$.
d. [John]$_i$ was taken advantage of t$_i$.
e. [Advantage]$_i$ was taken t$_i$ of John.

(2) a. [John]$_i$ seems/appears t$_i$ to be tired.
b. [Mary]$_i$ is sure/certain/likely t$_i$ to win the game.
c. [Chris]$_i$ happened/chanced t$_i$ to be out.

6.7.4 重名詞句転移

これまで述べてきた左方移動が義務的に適用されるのに対し，右方移動は主に文体上の理由から随意的に適用されるという特徴をもつ．(1b)のような，文末位置への目的語の右方移動は，**重名詞句転移** (heavy NP shift, HNPS)，または**複合名詞句転移** (complex NP shift) と呼ばれている．右方移動を仮定する必要は，一般に動詞と目的語は常に「隣接して」(adjacent) いなければならないが，文末に移動した"重い"または"複雑な"名詞句の残した痕跡が，その隣接条件を満たしてくれるからである．

(1) a. *John met yesterday a girl.
b. John met t$_i$ yesterday [$_{NP}$ a girl in white]$_i$.

もし右方移動を仮定しなければ，(1b)は誤って非文として排除されてしまうだろう．

(1b)のような，動詞の目的語のHNPSは，VPへ付加 (adjoin) されると考えられており，次のように派生される．[12]

---

12. 付加とは，接点 A にいわば 2 階を増築して，α の占める位置を与える仕組みである．以下のように右側への付加と，左側への付加が認められる．なお，Chomsky (1986b) によれば，付加は非項である最大投射 XP に対してのみ可能である．

(i) A / A α (ii) A / α A

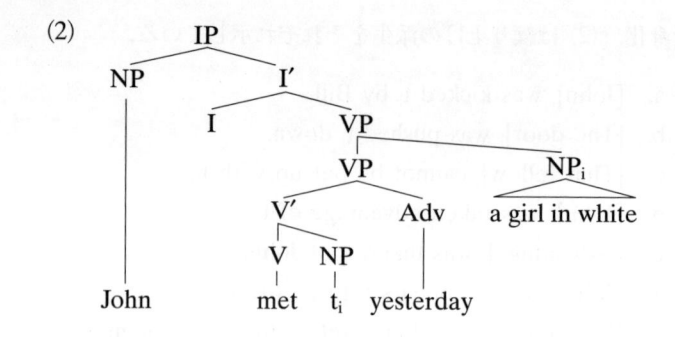

(2)
```
            IP
          /    \
         NP     I'
                / \
               I   VP
                   / \
                  VP   NP_i
                 /  \    \
                V'   Adv  a girl in white
               / \    |
              V   NP  |
              |   |   |
         John met  t_i yesterday
```

　HNPS の動機づけは，主に**文末重心の原則** (End-Weight Principle) という情報構造上の観点から与えられるが，移動自体は統語操作なので，統語的にも制約を受ける．たとえば，前置詞の目的語は HNPS を拒否することが指摘されている．

(3) a. *I put it on t_i yesterday [every table in his living room].
　　b. *I bought it for t_i yesterday [every friend of mine in Ray Town]$_i$.

(Johnson (1985: 86))

6.7.5　外置化

　外置化 (extraposition) とは，名詞句から後置修飾要素である PP や関係節を文末に移動させる操作を指す．この右方移動は，HNPS とは異なり，(1) のように主語からでも，(2) のように目的語からでも容認される．

(1) [A man t_i] appeared [with blond hair]$_i$.
(2) I met [several people t_i] yesterday [who we had known for a long time]$_i$.

　目的語からの外置化は HNPS の場合と同様，VP への付加であるが，主語からの外置化は IP への付加であると考えられている．

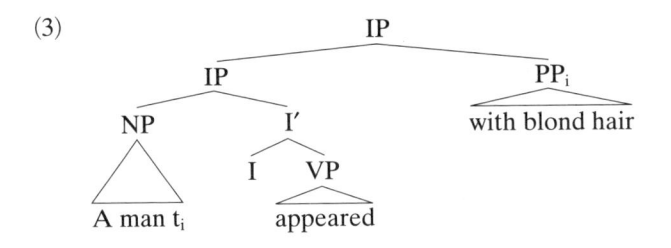

(3)
```
              IP
         ┌────┴────┐
         IP        PP_i
       ┌──┴──┐    ┌──┴──┐
       NP    I'   with blond hair
       △   ┌─┴─┐
     A man t_i I   VP
              appeared
```

外置化の動機づけも，HNPS と同様に情報構造によって与えられるが，統語的な制約も受ける．たとえば，着地点は補文内に制限され，文の境界を越えることは許されない．

(4) a. [That the man t_i arrived [who was from Boston]$_i$] amazed me.
    b. *[That the man t_i arrived] amazed me [who was from Boston]$_i$.

(Baltin (1981: 260-1))

以上のように，左方向への移動は文頭へ，そして右方向への移動は文末に制限されている．これは単なる偶然ではなく，どちらも文の"端"(edge) を目指して駆動されるという点で共通している．さらに，移動先が階層構造上，上位の位置になるという点でも共通している．

このような共通点にかんがみて，現在では移動規則は **Move-α** (α 移動) として一般化されている．すなわち，「任意の範疇 α を任意の場所に移動せよ」という指定だけが与えられているのである．もちろん，α 移動によって，文法的な構造のみならず，非文法的な構造まで自由に派生されることになる．そこで，**過剰生成** (overgeneration) をいかに効率よく阻止するかが統語論の重要課題として浮上してくる．

6.8 移動の一般的制約

移動に関する制約は，いろいろな角度から論じられている．たとえば，すでに触れたように，NP 移動の着地点は空の NP 位置に，一方，wh 移動の着地点は [SPEC, CP] に限定された．また，移動先と移動元の距離が離れすぎ

てはならないという移動の**局所性** (locality) に関する制約も観察されている．

ただし，そのような局所制約が発見されるまでの道のりは決して平坦ではなかった．生成文法の初期のころ，Ross (1967) が移動を阻止するようなさまざまな環境を**島** (island) と呼び，そのリストを提示した．

(1) **複合名詞句制約** (Complex NP Constraint)： 複合名詞句内の要素を，その外へ取り出すことはできない．
 a. *Who$_i$ do [$_{IP}$ you believe [$_{NP}$ the claim that Bob saw t$_i$]]?
  （同格節）
 b. *When$_i$ do [$_{IP}$ you know [$_{NP}$ the boy who Mary kissed t$_i$]]?
  （関係節）

(2) **文主語制約** (Sentential Subject Constraint)： 文主語内の要素を，その外へ取り出すことはできない．
 *Who did [$_{IP}$ [that [$_{IP}$ John had kissed t]] surprise Mary]?

(3) **左枝条件** (Left-branch Condition)： ある NP$_i$ が，より大きな NP$_j$ の最も左側の要素である場合，NP$_i$ を NP$_j$ の外側に取り出すことはできない．
 *Whose$_i$ did [$_{IP}$ you see [$_{NP}$ t$_i$ parents]]?

Ross の研究に触発されて，その後も次のような島の制約 (island constraint) が提唱された．

(4) **主語条件** (Subject Condition)： 主語内の要素をその外へ取り出すことはできない．
 *Which book$_i$ did [talking about t$_i$] become difficult?

(5) **付加部条件** (Adjunct Condition)： 付加部内の要素をその外へ取り出すことはできない．
 *What$_i$ did John leave [before fixing t$_i$]?

(6) **wh 島の制約** (*wh*-island Constraint)： wh 節内の要素をその外へ取り出すことはできない．
 *Which textbook$_i$ do you wonder [whether the students should read t$_i$]?

しかし，以上のような島の制約は，取り出しが許されない場合を一つ一つ

制約として記述している点で理論的には好ましいものではない．そこで，これらの制約を一つにまとめたのが，Chomsky (1973) で提案された**下接の条件** (Subjacency Condition) である．

(7) 下接の条件
   移動操作は NP か IP を二つ以上飛び越えてはならない．

下接の条件によれば，(1) から (6) の非文法性は正しく説明できる．しかし，このままでは (7) の条件は強力すぎる．なぜなら，次に示すように，下接の条件は wh 句の長距離移動 (long-distance movement) を誤って阻止してしまうからである．

(8) What$_i$ do you know that John said that Mary ate t$_i$?

この問題を解決するために，(8) では wh 句が痕跡の位置から一気に移動するのではなく，(9) が示すように，途中の [SPEC, CP] を経由しながら，つまり，合法的な短い移動を順次繰り返しながら文頭まで移動すると考えられている．

(9) What$_i$ do [$_{IP}$ you know [$_{CP}$ t$_i$ that [$_{IP}$ John said [$_{CP}$ t$_i$ that [$_{IP}$ Mary ate t$_i$]]]]]

wh 句のこのような移動は**連続循環移動** (successive cyclic movement) と呼ばれている．

　下接の条件は，生成文法における一つの集大成と言うことができるだろう．しかし，下接の条件も，島の制約と同様，当該現象の記述という域を脱しておらず，真の説明とは言いがたい面をもっている．さらに，移動の制約は移動距離だけの問題ではない，という経験的不備も指摘されている．たとえば，(10) の補文内の主語と目的語の間に観察される wh 移動の非対称性 (asymmetry) と，(11) の主語と目的語の内部からの wh 移動において観察される非対称性を比べてみよう．(10) は §6.0 で示した (4) の再録である．

(10)　a.　*Who$_i$ do [$_{IP}$ you think [$_{CP}$ t$_i$ that [$_{IP}$ t$_i$ saw Mary]]?
　　　b.　Who$_i$ do [$_{IP}$ you think [$_{CP}$ t$_i$ that [$_{IP}$ John saw t$_i$]]?

(11) a. *What$_i$ did [$_{IP}$ [$_{NP}$ a picture of t$_i$] surprise you]?
b. What$_i$ did [$_{IP}$ you see [$_{NP}$ a picture of t$_i$]]?

(10a) が示すように，補文標識 that の直後に痕跡が生じると非文になる現象は **that 痕跡効果** (*that*-trace effect) と呼ばれている．

上述したように，(10) では wh 句が補文の [SPEC, CP] を経由するので，(10a, b) はともに下接の条件を遵守しており，どちらも文法的となるはずである．一方，(11a, b) はどちらも1回の移動が NP と IP を越えているのでアウトになるはずだが，結果は (11a) のみが非文である．さらに悪いことに，移動の距離という観点から見れば，明らかに非文法的な (10a) と (11a) のほうが，文法的な (10b) と (11b) よりも短いことがわかる．したがって，(10) と (11) は下接の条件とは別の制約で説明しなければならないことを示唆している．

まず，(10a) と (10b) の非対称性から見ていこう．この問題を解く鍵は，主語と目的語の階層構造上の位置の違いに求められる．(12) は，(10a, b) の補文構造である．

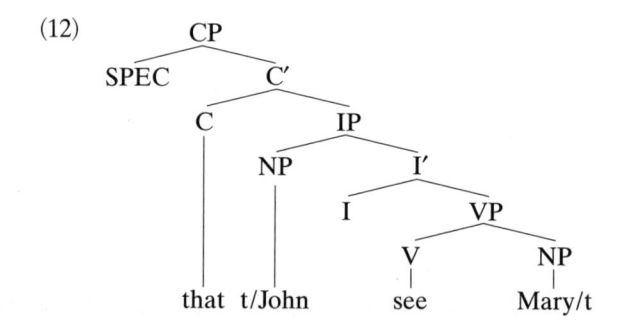

(12)
```
              CP
            /    \
         SPEC    C'
                /  \
               C    IP
                   /  \
                  NP   I'
                      /  \
                     I    VP
                         /  \
                        V    NP
                        |    |
           that  t/John see  Mary/t
```

(12) から明らかなように，目的語位置の痕跡は，主語の痕跡と異なり，**語彙的主要部** (lexical head) である V の姉妹位置に生じている．そこで Chomsky (1981) は，目に見えない痕跡は容易に復元可能な位置に生起している場合に限って認可されるという制約を主張した．この制約は**空範疇原理** (Empty Category Principle, ECP) と呼ばれている．

(13) ECP
痕跡は適正に統率 (properly govern) されなければならない．

適正統率は，次のように定義される．

(14) 次の条件を満たす場合，α は β を適正に統率する．[13]
α が β を統率し，α は語彙範疇 (N, V, A, P) である．

(14) によれば，目的語の痕跡は語彙範疇 V によって適正統率されているので文法的であるが，主語の痕跡は機能範疇 I によって統率されているため非文法的となることが説明される．

次に (11a) と (11b) の非対称性に移る．どちらの痕跡も語彙範疇 P の補部なので適正に統率され，認可を受ける．したがって，痕跡そのものを見ても解決の糸口はつかめない．そこで，Huang (1982) は，取り出される要素を支配する範疇自体も適正に統率されなければならないという，**摘出領域条件** (Condition on Extraction Domain, CED) を主張した．

(15) CED
要素 A を範疇 B から取り出せるのは，B が適正統率されている場合に限られる．

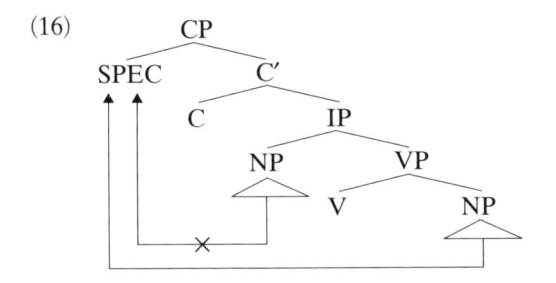

(16)
```
        CP
       /  \
    SPEC   C'
          /  \
         C    IP
             /  \
            NP   VP
                /  \
               V    NP
```

上の樹形図から明らかなように，語彙範疇 V は補部 NP を適正統率するので，補部内の要素を取り出すことができる．一方，主語のように語彙範疇の補部でない領域からは取り出しが阻止されることがわかる．

Huang の主張が正しければ，基本的に (10) と (11) は同じ仕組みで説明されるという見通しが立つ．Chomsky の ECP と Huang の CED は，どちらも

---

13. ここでは A と B が姉妹であるとき，A は B を統率 (govern) するとおおむね考えておこう．

内部構造から得られる情報を有効に活用している点で，非常に妥当性の高い一般化だと言えるだろう．

【recommended reading】

安藤・天野・高見 (1993)，中村・金子・菊池 (1989)，Haegeman (1994)，Radford (1988).

【研究課題】

1. 次の二つの文の文法的な違いを説明せよ．
    (i) I met a king *of England*.
    (ii) I met a king *from France*.
2. ought という助動詞の場合，AUX の位置に ought と to が挿入されるのは，理論上好ましくない．これを回避する方法を考えてみよう．
3. 以下の補文構造について，(i) 受身可能か，(ii) 補文標識 for が挿入可能かといった観点から，その違いを列挙してみよう．
    (i) I believe [John to be a genius].
    (ii) I want [John to be honest].
4. 以下の下線部の補語について，その違いをまとめてみよう．
    (i) John painted the house green.
    (ii) John ate the meat raw.
    (iii) John left the room angry.
5. 間接疑問文において，主語・助動詞倒置が禁止されるのはなぜだろうか．
    (i) a. John wonders why *Mary kicked* him.
       b. *John wonders why *did Mary* kick him.

第7章

意 味 論

7.0 はじめに

　意味論 (semantics) は，言語形式の表す意味を語・句・文の各レベルにわたって研究する言語学の分野である．

7.1 語の意味

　ある語の意味は，「ある対象物を正しく指示するために語が備えていなければならない条件の集合である」と定義することができる．たとえば，boy という語が備えていなければならない条件の集合は (1) であり，一方，girl という語が備えていなければならない条件の集合は (2) である．

　(1)　boy: [+HUMAN, −ADULT, +MALE]
　(2)　girl: [+HUMAN, −ADULT, −MALE]

すなわち，boy と girl との違いは，[±MALE] という条件一つにかかっていることがわかる．こうした条件——これを**意味特徴** (semantic feature) という——は，boy や girl が対象物を，他の対象物と区別して間違いなく指示するために備えていなければならない条件なので，特に**弁別的特徴** (distinctive feature) と呼ばれる．一方，身長，髪の毛や目の色，声の質などは，boy や girl が対象物を正しく指示するために備えていなければならない条件ではないので，**非弁別的特徴** (non-distinctive feature) と呼ばれる．このように，語の意味を弁別的特徴の束として分析する手法を**成分分析** (componential analysis) という.

同様に, man/woman の意味は, 次のように記述できる.

 (3) a. man: [+HUMAN, +ADULT, +MALE]
   b. woman: [+HUMAN, +ADULT, −MALE]

次のような対語の意味は, (4) のような弁別的特徴によって過不足なく記述することができる.

 (4) a. good/bad [±EVALUATIVE]
   b. alive/dead [±LIVE]

次のような語は, どうだろうか.

 (5) a. bachelor: [+MAN, −MARRIED]
   b. fly: [GO THROUGH AIR ON WINGS]
   c. die: [BECOME NOT ALIVE]
   d. kill: [CAUSE BECOME NOT ALIVE/CAUSE TO DIE]

(5b) の fly は, 鳥や飛行機の場合の定義であるが, ボールなどが「飛ぶ」ときには「翼を使って」(on wings) とは言えない. (5b) は, あくまでも最も**原型的** (prototypical) な場合を言っているのであって, ボールや弾丸のような周辺的な場合は, [ON WINGS] という意味特徴は背景化 (backgrounded) されていると考えなければならない.

NB J. A. Fodor (1970) は, 生成意味論派が kill を (5d) のように cause become not alive (または cause to die) と語彙分解するのを統語的根拠に基づいて批判した. (i) は (ii) のパラフレーズのはずなのに, (ii) は実は非文になるからである.
  (i) John caused Bill to die on Sunday by stabbing him on Saturday.
  (ii) *John killed Bill on Sunday by stabbing him on Saturday.
しかし, この批評は的はずれと言うべきだろう. なぜなら, (5d) は 'kill' の意味を弁別的特徴に分析しているだけで, 統語法を問題にしているのではないからである. 『岩波国語辞典』(第5版) の「殺す」の定義には「生命を奪い取る」,「死なせる」とあるが, 日本語の「死なせる」と「殺す」の間にも, (i) と (ii) で見たと同様な統語上の違いが観察されるのである.
  (iii) 太郎は土曜日に次郎を刺して日曜日に死なせた.
  (iv) *太郎は土曜日に次郎を刺して日曜日に殺した.

以上の事実は，意味的な定義と統語的なふるまいとは別のレベルの問題で，統語法まで同一であるとは限らないことを示している．

7.2 句の意味

個々の語の意味がわかったならば，それらを語よりも上位の構成素，すなわち句 (phrase) ごとにまとめることが必要になる．前章で見たように (§6.6)，英語（ひいてはすべての自然言語）の句は，おしなべて次のような構造，すなわち，**X-bar 式型** (X-bar schema) をしていると仮定されている．（X は任意の範疇で，N, A, V, P などのどれであってもよい．）

(1)
```
              XP
       ┌──────┤
    指定部    X′
         ┌────┴──────┐
         X′         付加部
       ┌─┴─┐
       X   補部
```

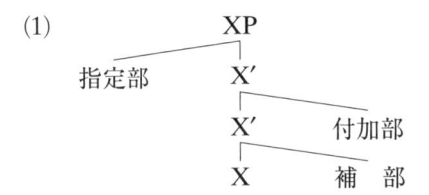

この構造において，句の中核となる X を**主要部** (head)，X の姉妹として X と義務的に結びついている語句を**補部** (complement)，X′ の姉妹として X と随意的に結びついている語句を**付加部** (adjunct) という．

この X-bar 式型を使って，the student of physics with long hair（その長い髪をした物理学徒）という名詞句を図示すると，(2) のようになる．

(2)
```
              NP
       ┌──────┤
      Det     N′
       │  ┌───┴──────────┐
      the N′             PP
        ┌─┴────┐      with long hair
        N      PP
      student of physics
```

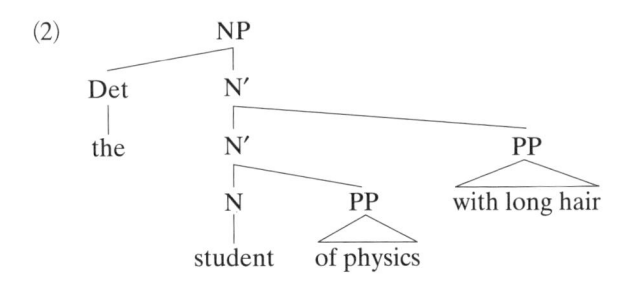

さて，この名詞句では student が主要部，of physics が補部，with long hair が付加部，限定詞 (Det(erminer)) の the が指定部である．そして，この句全体の意味は，これらの要素の意味を順々に足し算していけば得られる

はずである．そうすると，まず，主要部のstudentと補部のof physicsとが結びついて，「物理学徒」という意味が得られ，それに付加部のwith long hairの意味が加わって，[[長い髪をした][物理学徒]]という，N′全体の意味が得られる．それを「その」という指定部の意味が限定しているので，結局，NP（名詞句）全体の意味は，「その長い髪をした物理学徒」ということになる．言い替えれば，主要部Xの意味を補部が限定し，N′の意味を付加部が限定し，より上位のN′を指定部が限定している，ということである．

修飾関係で押さえておかなければならない重要な点は，たとえば，with long hairという付加部は主要部のstudentを修飾しているのではなく，student of physicsというN′全体を修飾しているのであり，同様に，指定部のtheも主要部のstudentを修飾しているのではなく，student of physics with long hairというN′全体を修飾している，という事実である．（学校文法で「with long hairはstudentを修飾している」というふうに説明するのは，便宜的方法にすぎない．）

その他の句の意味も，同様な過程を踏んで決定できる．

(3) 形容詞句（AP）

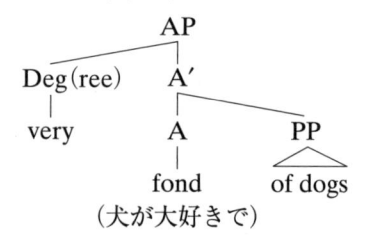

```
            AP
           /  \
     Deg(ree)  A′
        |    /  \
       very  A   PP
             |   /\
           fond of dogs
         （犬が大好きで）
```

(4) 前置詞句（PP）

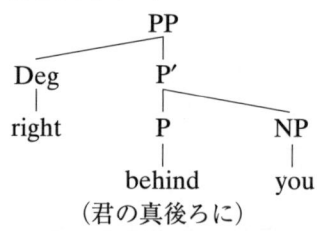

```
            PP
           /  \
         Deg   P′
          |   /  \
        right P    NP
              |    |
           behind you
         （君の真後ろに）
```

(5) 動詞句（VP）

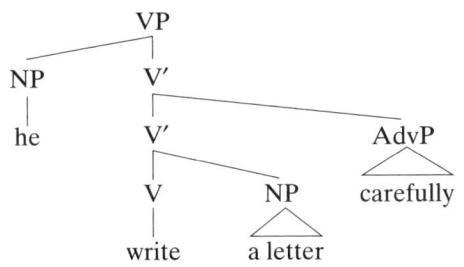

```
            VP
          /    \
        NP      V'
        |      /  \
        he    V'   AdvP
             / \     △
            V   NP  carefully
            |   △
          write a letter
```

（彼が慎重に手紙を書く）["**VP 内主語仮説**"によれば主語は VP の指定部に生成される]

(6) 副詞句（AdvP）

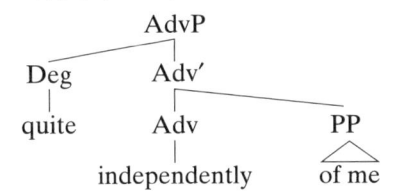

```
            AdvP
           /    \
         Deg    Adv'
          |    /    \
        quite Adv    PP
               |     △
        independently of me
```

7.3 節の意味解釈

　従来の「合成的意味論」(compositional semantics) によれば，文の意味は，文を構成する各構成素の意味とその文法関係（たとえば，主語，目的語，修飾語など）とを組み合わせていくことで決定されると考えられていた．[1]

　本章ではもっと簡潔に，文の意味は述語の**項構造** (argument structure)——厳密には，述語項構造 (predicate argument structure) という——によって決定される，と想定しておく．なぜなら，これから見るように，項がもつ意味役割は文法関係を完璧に含意しているからである．

　まず，述語（動詞と形容詞の総称）のとる項の**意味役割** (semantic role)（「θ 役割」(θ-role) ともいう）には，通例，次のようなものが認められてい

---

[1] このような意味論の基になっている原理を「合成性の原理」という．ドイツの数学者・論理学者・哲学者 Gottlob Frege (1848–1925) によって創出されたので「フレーゲの原理」とも言われる．

る.

(1) a. 動作主／行為者 (Agent/Actor)： 意志をもってある動作をする人
   John hit the ball.
 b. 受動者 (Patient)： ある動作を受ける事物
   Maigret killed *the burglar*.
 c. 経験者 (Experiencer)： ある心理状態を経験する人
   Mary was happy.
 d. 受益者 (Benefactive)： ある行為から利益を得る人
   John bought *Mary* a watch.
   John bought a watch *for Mary*.
 e. 起点 (Source)： 移動していくものの元あった場所
   John returned home *from Paris*.
 f. 着点 (Goal)： ある物が移動していく所
   John passed the book *to Mary*.
 g. 道具 (Instrument)： ある行為をするときに用いる道具
   Ann cut the cake *with a knife*.
   The key opened the door.
 h. 場所 (Location)： ある物が存在または生起する場所
   The castle stands *on a hill*.
   John hid the letter *under the bed*.
 i. 対象物$_1$ (Theme$_1$)[2]： ある行為によって移動するもの
   The ball rolled down the hill.
   Bill moved *the rock*.

Theme$_1$ を次のように定義し直して, Patient とまとめることができる.

 j. 対象物$_2$ (Theme$_2$)： 動作・状態によって影響を受けるもの
   The child fell over.

---

2. 「主題」という訳語もあるが, Mathesius の Theme (主題) (=Topic) と紛らわしいので使用しない.

第 7 章　意　味　論

John kicked *the ball*.
The baby is sleeping.

以下の記述では，Theme をこの意味で使用することにする．

節が一つの項として機能するときがある．そのことを説明するために，次の意味役割が仮定されている．

　　　k.　命題 (Proposition)：　節のもつ意味
　　　　We persuaded Jim [PRO to go].
　　　　I believe [that Chris is innocent].

次に，やや問題のある意味役割を考察しておきたい．

　(2)　a.　Mother gave *me* the book.
　　　b.　Mother gave the book *to me*.
　(3)　a.　*I sent *London* a parcel.
　　　b.　I sent a parcel *to London*.

上の定義によれば，(3b) の to London は小包が届いた場所だから〈着点〉であり，(2b) の to me も本が届いた場所として〈着点〉と解釈される．ところが，(2a) は OK なのに，対応する (3a) は非文法的である．すなわち，「人」以外の項は，〈受領者〉になれないことがわかる．そこで，(3a, b) の文法性の違いを説明するものとして，次の意味役割を設定する．

　(1)　l.　受領者 (Recipient)：　ある物を受け取る人

上の (1i) で動作を受けて移動するものを〈対象物〉としたが，さらに，存在するもの，帰属するものも (1j) の意味での〈対象物〉である．

　(4)　a.　*Joe* is in India.
　　　b.　*Joe* belongs to the New York Yankees.

次のような例は，一見したところ〈動作主〉に見えるが，いずれも意志をもって行う心的行為ではなく，意志とかかわりなく経験する心的現象である．したがって，主語名詞句は，いずれも〈動作主〉ではなく〈経験者〉と解釈しなければならない．

(5) a. *I* like *apples*. 〈経験者＋対象物〉
　　b. *John* hates *her mother*. 〈同上〉
　　c. *Mike* loves *love stories*. 〈同上〉
　　d. *We* see *a ship* in the distance. 〈同上〉

次の例の主語 Bill は，(6a) では間違いなく〈動作主〉であるが，(6b) では行為の影響を受けたものとして〈対象物〉と解釈される．

(6) a. *Bill* broke the window. 〈動作主＋対象物〉
　　b. *Bill* broke his leg. 〈対象物〉[broke his leg 全体が述語]

次のような例を見れば，Chomsky (1986a: 60) の指摘するとおり，主語の意味役割を決定するのは動詞 (threw) ではなく，動詞句 (threw a fit) であることがよくわかる．

(7) a. *Tom* threw the ball. 〈動作主＋対象物〉
　　b. *Tom* threw a fit. 〈経験者〉
　　　（トムはひどくびっくりした）[threw a fit 全体が述語]

次のような文の love stories, the scene を〈対象物〉，Mike, Mary を〈経験者〉とする人がいるが，love stories, the scene は何らの影響も受けないので，(1j) の定義に適合しない．この類いを〈刺激〉(Stimulus) と呼ぶ人もいるが，本書では〈動因〉(Cause) という意味役割を認めることにしよう．[3]

(8) a. *Love stories* please *Mike*. 〈動因＋経験者〉
　　b. *The scene* shocked *Mary*. 〈同上〉

〈動因〉は，次のような例を説明するためにも必要である．

(9) *The wind* opened *the door*. 〈動因＋対象物〉

最後に，〈場所〉は，前置詞句によって表されることが多いが，そのほかに名詞句によって表される場合もあることに触れておきたい．

(10) a. *Max* owns a big farm.

---

3. 最広義には〈起点〉に還元できる．

b. *Max* kept the secret.
   c. *Max* knows the answer.
   d. *The circle* contains the dot. (=The dot is contained *in the circle*.)

これらの主語は，農場や秘密や知識の所有者を表しているが，見方を変えれば，そうしたものの存在する〈場所〉と見ることもできる．その意味で，Jackendoff (1972²: 30) は，これを「所有の場所」(possessional location) と呼んでいる．

7.4 意味関係

意味関係 (semantic relation) は，大きく，次の四つに分類される (cf. Leech (1981²: 94))．

   (1) 形式と意味との関係
       a. 同義性： 二つ以上の形式が同一の意味をもつ場合
       b. 多義性： 同一の形式が二つ以上の意味をもつ場合
   (2) 意味と意味との関係
       a. 下義関係： 一つの意味が他の意味に含まれる場合
       b. 非両立関係： 一つの意味が他の意味から排除される場合

以下の節で，以上の意味関係を考察することにしよう．

7.4.1 同義性

すべての語には，統語的，意味的，音韻的，文体的な特徴がある．もし，これらすべての特徴を変えることなく，同一の文脈で交換可能な語が存在するならば，それは完全な**同義語** (synonym) と言える．そして，そういう2語の関係を**同義性** (synonymy) という．しかし，どの言語にも，このような厳密な意味での同義語は存在しない．存在するのは，知的意味だけが一致するような，**近似同義語** (near synonym) のみである．

同義性のずれには，次のようなタイプがある．

   (1) a. 知的意味のずれ： dog—hound／glance（ちらりと見ること）

　　　　　 —glimpse（ちらりと見えたもの）
　b. 感情的意味のずれ： small—little／large—big
　c. 統語的なふるまいの違い： arrive at—reach／listen to—hear
　d. 連語制約のずれ： rancid bacon（腐ったベーコン）—addled egg（腐った卵）
　e. 方言の違い： fall〈米〉—autumn〈英〉／railroad〈米〉—railway〈英〉
　f. 文体上の違い： begin〈普通語〉—commence〈格式語〉／turn down〈略式語〉—refuse〈普通語〉—decline〈格式語〉／morn〈詩語〉—morning〈普通語〉
　g. 使用域（register）の違い： death〈一般語〉—decease〈法律用語〉

　さらに，以上いずれの同義語の場合にも，avoid—shun／casual—accidental のように，音形上の違いがある．この違いは決定的である．

> **NB 1** the evening star（宵の明星）とは，夕方に西の空に現れる Venus（金星）のことであるが，両者は同義語と言えるのだろうか．両者は，指示物は重なっているけれども，言語表現としては別のものである，と言うべきであろう．
> **NB 2** 同音異義性は，語源を異にする語がたまたま同一の形式をもつ場合である．例：bear（熊）と bear（運ぶ）／school（学校）と school（（魚などの）群れ））．このとき，bear（熊）と bear（運ぶ）は，**同音異義語**（homonym）であるという．なお，sun と son，night と knight のように，発音が同じで綴り字が異なる場合を，特に**同音異綴り語**（homophone）と呼ぶことがある．

7.4.2 多義性

　多義性（polysemy）は，自然言語の基本的特徴であり，たいていの語は多義的である．たとえば，bar は「棒→さく→仕切り→（仕切りのある）法廷，酒場」というように，意味が発展している．train には，「もすそ→列→ひと続き→列車」などの意味を表すが，そこには「長く続くもの」という共通の意味が認められる．
　多義性の原因には，次のようなものがある（cf. Ullmann (1962: 159))．
　① **適用のずれ**： 語は使用される文脈に応じて，いろいろな側面を示す．

たとえば，handsome という形容詞は，人について用いれば「顔立ちのよい」という意味になり，物について用いれば「見ばえのする」，金額について用いれば「相当な」，贈り物・チップについて用いれば「気前のよい」という意味になる．

② **社会的環境の特殊化**： たとえば，action という語は，法律家にとっては第一義的に「訴訟」を意味し，軍人にとっては「戦闘」を意味する．

captain は，一般的には「(ある集団の) 長」を意味するが，競技では「主将」，海事では「艦長」，航空関係では「機長」を意味する．company は，商業では「会社」，演劇関係では「一座」，船員の間では「乗組員全員」，陸軍では「中隊」を意味する．

③ **比喩的な使用**： たとえば，eye (目) という語は，次のような比喩的な意味を発達させている (§7.6.2 を参照)．「花の中心→クジャクの尾の斑点→ (風の) 中心→台風の中心 ("目") →針のめど→的の中心」など．

④ **同音異義語の再解釈**： たとえば，ear「耳」(OE 形は ēare) と ear「(ムギなどの) 穂」(OE 形は ēar) とは，元来，語源も形式も異なる語であったが，ME 期にどちらも ere という形式をもった同音異義語になった．そして，人間の耳も，ムギの穂も，位置的にも形も似てなくもないので，共時意識としては，二つの意味をもつ同一語と感じられるようになった (もちろん，学問的な辞書は ear^1, ear^2 と区別し，同一語扱いにはしていない)．

⑤ **外国語の影響**： たとえば，フランス語の parlement は元来は「話すこと」を意味し，のちに「高等法院」を意味していたが，現在は英語の parliament の影響で「議会」という意味が発達し，その意味が優勢になっている．ともかく，多義語になったわけである．

ヘブライ人は神の名を口にすることを禁じられていたので，その代わりに，「主」(master) を意味する語を使用していた．聖書がギリシア語に訳されたとき，ギリシア語の kyrios 'master' に 'God' という意味が付け加わり，その結果，英語の Lord，フランス語の Seigneur，ドイツ語の Herr は 'master' という意味と 'God' という意味をもつことになった．

以上は，語のレベルの多義性，あるいは曖昧性であるが，文のレベルの曖昧性もある．これは，**構文上の曖昧性** (constructional ambiguity) と呼ばれる．若干の例を挙げてみよう．

(1) She didn't marry him because he was rich.
　　a. 彼女は彼が金持ちなので結婚しなかった．
　　b. 彼女は彼が金持ちなので結婚したのではない．

この文の曖昧性は，not の作用域 (scope) に起因している．すなわち，not が marry を否定している場合は (1a) の意味になり，because 節を否定する場合は (1b) の意味になる．
　次の文で the little boy は，(a) では目的語，(b) では主語として機能している．

(2) The little boy is too young to understand.
　　a. あまりも幼いのでその坊やを理解することはできない．
　　b. 幼すぎてその坊やには理解できない．

次は，Chomsky の有名な文である (flying は (a) では動名詞，(b) では現在分詞)．

(3) Flying planes can be dangerous.
　　a. 飛行機を飛ばすのは危険なことがある．
　　b. 飛んでいる飛行機は危険なことがある．

7.4.3 非両立関係

ある語が他の語と対立する意味特徴を少なくとも一つ含んでいる場合，両語の意味は**非両立関係** (incompatibility) にあるという．たとえば，woman [+HUMAN, +ADULT, −MALE] と girl [+HUMAN, −ADULT, −MALE] とは [±ADULT] の特徴において衝突するので非両立的であり，stone と dog は，少なくとも [±ANIMATE] という意味特徴において非両立的である．
　非両立関係には，**反義関係** (antonymy) も含まれる．反義関係にある語を**反義語** (antonym) という．反義性には，次のようなタイプがある．
　① **相補的反義語** (complementary antonym)：　2 語が非両立関係にあり，一方を否定すれば論理的に他方と同義になる (例: not dead=alive／not alive=dead)．これが真の意味での反義語である．

(1) alive—dead／married—single／awake—asleep／male—female

／man—woman

この類の語には，not/un-/non-/in-/dis- などを付けて反義語を作ることができる．

(2) far—not far／likely—unlikely／decent—indecent／fiction—nonfiction／honest—dishonest

② **段階的反義語** (graded antonym)： 2語の間に中間段階が存在するもの．この関係にある形容詞は，比較級・最上級をもつ．not で否定しても反義語と同義にならない（例: not large ≠ small／not happy ≠ sad））．

(2) beautiful—ugly／fast—slow／big—small／happy—sad／high—low／good—bad／hot—cold／strong—weak／tall—short／thick—thin／wide—narrow／old—young／deep—shallow

このペアの多くのものの特徴は，一方が無標 (unmarked) で，他方が有標 (marked) である点である．無標の成員は，How Adj ...? の形式で，程度を尋ねる疑問文に生じる．

(3) a. How old/*young are you?
b. How high/*low is it?
c. How tall/*short is she?

もちろん，相手がひどく若いとか，背が低いとかの有標の前提 (presupposition) が生じた場合は，How young/short is she? という言い方も可能になる．

③ **関係的反義語** (relational antonym)： 2語が対称関係 (symmetric relation) にあり，同一の行為・関係を両側からの視点からとらえるもの．片方の側からのみの行為・関係はありえない．

(4) sell—buy／lend—borrow／come—go／give—receive／parent—child／teacher—pupil／husband—wife／parent—child／left—right／before—after／up—down／above—below／right—left／teach—learn／employer—employee

(5) His room is *above* the garage.

=The garage is *below* his room.

比較級の形容詞も，この類に属する．

(6) A Cadillac is *more expensive* than a Ford.
=A Ford is *cheaper* than a Cadillac.

④ **方向的反義語** (directional antonym)： 完成・到達への方向性をもつ語と，原状に戻る方向性をもつ語との関係で，後者は前者を前提とする（たとえば，着物を脱ぐ (undress) ためには，まず，着て (dress) いなくてはならない．③と異なり，一方のみの行為も可能である．たとえば，cover しても，必ずしも uncover しなくてもよい．

(7) build—destroy／open—close／ascend—descend／
cover—uncover／dress—undress／tie—untie

7.4.4 上下関係

たとえば，tulip, violet, rose などは flower に包摂 (subsume) されるというが，この場合，flower を**上位語** (superordinate word, hypernym)，tulip, violet, rose などを**下位語** (hyponym) という．下位語は，上位語の意味特徴をすべて含み，その上に，その語を特徴づける意味成分を少なくとも一つは含んでいる．論理学の用語を用いるならば，上位語は下位語よりも外延 (extension) が大きく，内包 (intension) が小さいと言える．たとえば，

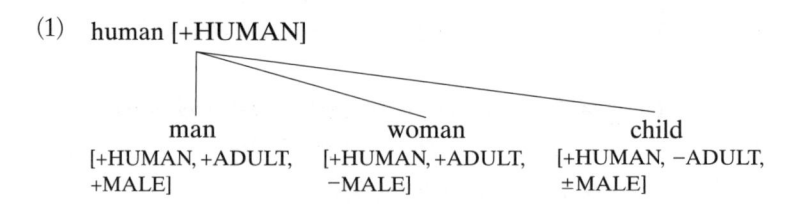

(1) human [+HUMAN]

  man   woman   child
[+HUMAN, +ADULT, [+HUMAN, +ADULT, [+HUMAN, −ADULT,
+MALE]   −MALE]   ±MALE]

(1) で見るように，上位語の「人間」は，下位語の「男」も「女」も「子供」も包摂している点で確かに外延は大きいが，意味特徴の豊かさの点で下位語よりも内包は小さいことがわかる ([+HUMAN] しかもっていない)．

上下関係の例を追加しておこう．

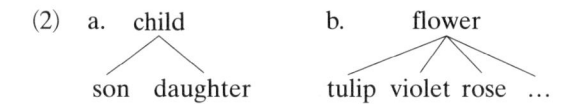

(2) a.　child　　　　b.　　flower
　　　／＼　　　　　　／｜＼
　　son　daughter　tulip violet rose …

　ドイツ語には「兄弟姉妹」の上位語として Geschwister という語があるが，英語でも文化人類学の分野で sibling (brother または sister を指す) という上位語が古語から復活された．古い日本語にも，兄弟姉妹の上位語として「おととい／おととえ」があった．

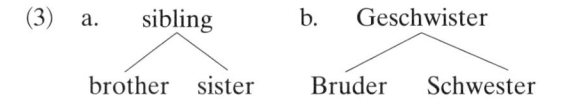

(3) a.　sibling　　　　b.　Geschwister
　　　／＼　　　　　　　／＼
　　brother sister　　Bruder Schwester

　下位語と上位語は，単方向的な含意 (implication) によって定義することができる．たとえば，

(4) a.　This is a tulip.
　　b.　This is a flower.

の場合，(a) → (b) は成立するが，(b) → (a) は一般に成立しない．

7.5 意味変化

この節では，意味変化の要因とそのタイプを考察する．

7.5.1 意味変化の要因

Ullmann (1962: 193) は，意味変化の要因として，次のものを挙げている．

① 言語は世代から世代へ不連続に伝えられていくので，その際子供は語の意味を誤解することがある．たとえば，count one's beads は，元来は「祈りを数える」という意味であったが，じゅず玉で祈りを数えていたため，beads が子供にとっては「じゅず玉」を意味するようになり，「祈り」の意味を失ってしまった (Jespersen (1922: 175))．

② 語の形態や統語法と比べて，語の意味は漠然としていて，しかも，外界の指示物も明確な境界をもたない．たとえば，英語の chin, ドイツ語の Kinn

は「あご」を指すが，スウェーデン語の kind [tʃind] は「ほお」を指す．日本語の「手」も，hand「手」に対応する場合もあれば，arm「腕」に対応する場合もある．

③ 形式の有縁性 (motivaton) が語形変化によって失われる．たとえば，OE hūsbonda (=house master) → ModE husband とか，OE dæges ēage → ME dayesye → ModE daisy とかの場合，一般の人々は，hus にもはや「家」という意味を感じないし，ye に「目」の意味を感じない．

④ 語には多義性を許す性質がある．たとえば，mortal は，OED によれば，概略，次のように意味変化を遂げている．

(1)   a. c1368：「(痛み・悲しみ・恐怖などが) 死ぬほどひどい」： a *mortal* fright
     b. c1374：「死すべき」： Man is *mortal*.
     c. c1380：「致命的な」： a *mortal* wound (致命傷)
     d. c1386：「(戦いが) 死を賭した」： *mortal* fight (死闘)
     e. c1386：「(敵が) 殺さずばやまぬ」： a *mortal* enemy (不倶戴天の敵)
     f. 14 …：「(恨み・憎しみなど) 終生やむときのない」： a *mortal* hatred
     g. 1426：「(罪が) 許されない」： a *mortal* sin
     h. ?1430：「人間の」((1b) から)： one's *mortal* existence (この世の生存)
     i. 1716：「〈口語〉はなはだしい」： I'm in a *mortal* hurry.
     j. 1820：「〈俗語〉長たらしい」： three *mortal* hours (長たらしい 3 時間)

⑤ 特定の語が二つの異なる意味に解されるような，曖昧な文脈が存在する．たとえば，boon は元来「願い」という意味であったが，早くに願いの対象，すなわち，「恩恵」という意味になった．この意味変化は，She gave him freely all his *boon*. のような曖昧な文脈が存在するために容易になったと考えられる．この文では，boon はどちらの意味にも解され，しかも文意はほとんど変わらない．

⑥ 語彙体系は，音韻や文法の体系と比べて，ゆるやかで不安定なので，

容易に古い意味がすたれたり，新しい意味が生じたりする．たとえば，aggressive という形容詞は，最近，「攻撃的な」という意味のほかに，「進取的な，積極的な」という［＋評価的意味］を発達させている．OED の新 supplement (1972) は，この意味を 'Chiefly *U.S.* and *Canadian colloq.*' としているが，LDCE² (1987) は，レーベルなしに「評価的」(*apprec*) としている．aggressive の［＋評価的］な意味は，現在〈英〉でも一般的になった，ということである．

7.5.2 意味変化のタイプ

意味変化の主要なタイプには，次のようなものがある．

(1) 一般化 (generalization)： 語の指示物の範囲が広がり，逆にその意味内容は貧弱になる．
bird (小鳥→(一般に) 鳥)／plant (若枝→植物)／haggard ((タカが) 成長して捕られた→野生の)／lure (おとり→魅惑)

(2) 特殊化 (specialization)： 語の指示物の範囲がせばまり，逆にその意味内容は豊かになる．
deer (動物→鹿)［G. Tier (動物)］／fowl (鳥→ニワトリ)［G. Vogel (鳥)］／hound (犬→猟犬)［G. Hund (犬)］／meat (食物→肉)／starve (死ぬ→餓死する)［G. sterben (死ぬ)］／花→サクラ

(3) 良化 (amelioration)： 社会的評価の高い意味に変わる．
minister (召使い→大臣)／pretty (ずるい→利口な→きれいな)／fond (愚かな→愚かなほど優しい→優しい)／fame (報告，話→名声，評判)／praise (価値判断をする→賞賛する)／earl (男→伯爵)

(4) 悪化 (deterioration)： 社会的評価の低い意味に変わる．
knave (少年→悪党)［G. Knabe (少年)］／maid (乙女→女中)［G. Mädchen (乙女)］／silly (単純な→ばかな)／cunning (学問のある→ずるい)／boor (百姓→不作法な男)／vulgar (庶民の→下品な)／base (身分の低い→下劣な)

(5) 含蓄的意味の定着化： 最初は含蓄的な意味にすぎなかったものが独立し，別義として確立される．
chronic (慢性的な→いやな)／savage (未開の→野蛮な)／worldly

(現世の→物欲の強い)

(6) メタファー（隠喩）的拡張 (metaphorical extension)： 二つの指示物の類似関係に基づいて転義する．以下の (7)，(8) とともにきわめて生産的で，例は枚挙にいとまがない．
foot (足→（山の）ふもと) ／eye (目→（針の）めど) ／crane (ツル→クレーン) ／branch (枝→支店) ／ground (地面→根拠) ／way (道→方法) ／tie (縛る→拘束する)

(7) メトニミー（換喩）的拡張 (metonymic extension)： X によって X と現実世界において隣接関係にある Y を意味する (§7.6.3 を参照)．

 a. 空間的隣接： dike (溝→土手) ／dam (ダム→ダムの水) ／read Shakespeare (シェイクスピアの作品) ／crown (王冠→王権) ／The kettle is boiling. (＝やかんの水) ／赤シャツ (＝赤シャツを着た人) ／風呂を沸かす (＝風呂の水)

 b. 時間的隣接： put one's thumb up (親指を立てる→賛成する) ／go to bed (ベッドへ行く→寝る) ／wash hands (手を洗う←用便する) ／dig a hole (穴を掘る← dig the ground) ／「ユニフォームを脱ぐ」→引退する／「腹を痛める」→子供を産む

(8) シネクドキ（提喩）的拡張 (synecdochic extension)： 意味関係における包含関係に基づいて転義する．たとえば，種（下位概念）で類（上位概念）を表したり，逆に，類で種を表したりする場合．

 a. 種で類を表す： bread (パン→食べ物) ／gold (金→富) ／roof (屋根→家) ／rime (脚韻→詩) ／sail (帆→船) ／wave (波→海) ／ご飯→食事

 b. 類で種を表す（まれ）： society (社会→上流社会) ／花見に行く (花＝サクラ) ／卵どんぶり (卵＝ニワトリの卵)

(6)，(7)，(8) の修辞的拡張は，特に詩において重要な機能を果たしている．

7.6 認知意味論
7.6.1 認知意味論の特徴

認知意味論 (cognitive linguistics) のスローガンは「言葉の意味は認知に根差している」というものである．たとえば，次の例を考えてみよう．

(1) She looked for him but couldn't *see* him in the crowd.
(2) He didn't *see* the joke.

これら二つの例文には，同じ see という語が使われている．一つの意味は「見える」であり，もう一つの意味は「わかる」である．なぜ，同じ 'see' の中に，「見える」（＝視覚）と「わかる」（＝認識）が共存しているのであろうか．そこには，どのような心的・身体的経験が関与しているのであろうか．認知意味論では，こうした問題を説明するにあたって，視覚と認識（思惟）をつなぐ「身体としての精神のメタファー」(Mind-as-Body metaphor) を仮定する．視覚動詞が認識的な意味をもつことは，次の日本語の例からも明らかであろう．

(3) その辺は，まだ農家がだいぶ残っていた．広い畑を持った家が隣どうし離れている．間には紅葉した小さな雑木林もあった．裕福な村だったとみえて，昔からの古い瓦屋根の百姓家が多かった．
（松本清張『渡された場面』）（下線筆者）

この例における「みえる」は，単に「目に見える」という身体的な意味にとどまらず，「この村は裕福だったと判断される」といった認識領域で用いられている（「とみえる」の「と」という接続助詞もこのことを示している）．視覚と思惟はつながっているのである．

認知意味論と対立する意味論に，いわゆる「客観主義者の意味論」(objectivist theory of meaning) がある．Johnson (1987) によれば，「客観主義者の意味論」では，意味は記号と客観的な事態との関係にすぎず，認知は除外される．

(4) ... meanings are treated as relations among symbols and objective states of affairs that are independent of how any indi-

vidual person might understand or grasp those relations.
(Johnson (1987: xxiii))
(... 意味は記号と客観的な事態との関係としてとらえられる．その関係はそれを理解し，把握する個人からは独立したものである)

「客観主義者の意味論」の典型として，「真理条件意味論」(truth-conditional semantics) がある．この意味論では，文の意味解釈とは，その文が真であるか偽であるかを規定するための客観的条件を定めることである．それゆえ，同じ語（たとえば，'see' や「見える」）にまったく異なった意義が含まれているのはなぜかといったことは問題とならない．「見ること」と「わかること」に共通する客観的な真理条件は存在しないからである．

認知言語学，あるいは認知意味論が登場したのは，1970 年前後からであろう．その頃から今日まで，Berlin and Kay (1969) による色彩語の研究，Rosch (1973) や Taylor (1995²) によるカテゴリー化の研究，Lakoff and Johnson (1980)，Lakoff (1987)，Johnson (1987) などによるメタファーやイメージ・スキーマの研究，Langacker (1987, 1991) の認知文法，Fillmore, Goldberg (1995) らの構文文法，Talmy (1978) による「図」(figure) と「地」(ground) の研究，Sweetser (1990) による印欧語における意味変化の研究，Fauconnier (1994²) のメンタル・スペース理論など，独創的な研究が数多く積み重ねられてきた．以下，カテゴリー化，メタファー，イメージ・スキーマ，メトニミー，シネクドキなどの概念を見たあと，法助動詞 may についての事例研究を紹介してみたい．

7.6.2　カテゴリー化

「**カテゴリー化**」(categorization) とは，私たちが事物をどう類別化するか，ということである．一見すると，私たちは，ある事物と別の事物を整然と区分けしているかのように見える．古代ギリシアの哲学者アリストテレスの見解に立つならば，事物はあるカテゴリーに属するか，別のカテゴリーに属するのかの二者択一である．こうした見解の背後には，次のような考え方がある．

(1)　あるカテゴリーは，別のカテゴリーと明確な境界をもち，そのカテゴリーの中のメンバーはみな等質的である．

すると,「Aはややこのカテゴリー寄りだ」とか,「Bはこのカテゴリーとあのカテゴリーの中間だ」とか,「Cはこのカテゴリーの中では,最も典型的なものだ」といった言い方は許されないことになる.

これに対して,認知言語学はまったく違う考え方をする.すなわち,私たちが事物を認知する際には,カテゴリーとカテゴリーの境界は不明確である.たとえば,「暖かい」と「熱い」の間に客観的な境界はない.言い替えれば,「暖かい」も「熱い」も,本来,"ファジー"(fuzzy)な概念なのである.また,カテゴリーの中のメンバーにも,いかにもそのカテゴリーらしさを備えたものもあれば,あまりそのカテゴリーらしくないものもある.すなわち,カテゴリーには**プロトタイプ**(prototype)が存在する.「プロトタイプ」とは,そのカテゴリーの中で最も典型的だとみなされるメンバーのことである.たとえば,「果物」というカテゴリーの中では,ミカン,リンゴなどが,「鳥」というカテゴリーの中では,コマドリ,スズメなどが,そして,「家具」というカテゴリーの中では,イス,ソファなどがプロトタイプに属する.

次の図は,Ungerer and Schmid (1996) に挙げられている,「カップ」に類似したさまざまな物体である (元は Labov (1973) による).これを見ると,「カップ」というカテゴリーと「ボウル」という「カテゴリー」の境界はきわめて不鮮明であることがわかる.

(2) [図：1〜9の番号が付されたカップ状の物体.1はプロトタイプとして枠で囲まれている]

次に,カテゴリー化においては垂直軸と水平軸が関係する.「椅子」についてのカテゴリー化を例に取って考えてみよう.Taylor (1995^2: 47) は,「椅子」という実体は,次のようなカテゴリー化の構造を有しているとしている.

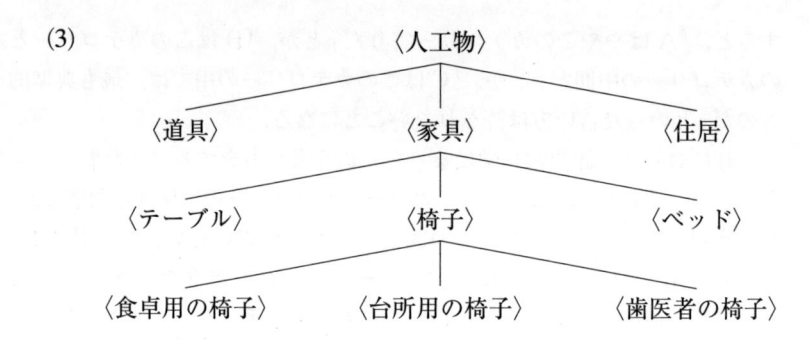

(3)
```
                    〈人工物〉
            ┌──────────┼──────────┐
         〈道具〉      〈家具〉     〈住居〉
            ┌──────────┼──────────┐
        〈テーブル〉   〈椅子〉    〈ベッド〉
            ┌──────────┼──────────┐
      〈食卓用の椅子〉 〈台所用の椅子〉 〈歯医者の椅子〉
```

この図に示されているように,「椅子」は「テーブル」や「ベッド」などと同じレベルに属している.これらは**基本レベル・カテゴリー**(basic level category)と言われる.このカテゴリーの上位に「家具」というカテゴリーがあり,さらにその上に「人工物」というカテゴリーがある.「椅子」という基本レベル・カテゴリーは,さらに,「居間用の椅子」,「台所用の椅子」,「歯医者の椅子」などと細分化される.一般に,人間の経験に最も密着している(それゆえ,イメージ化しやすい)のは「基本レベル・カテゴリー」である.これは語形も単純であり,使用頻度も高い.たとえば,「あれは何?」と聞かれた場合,普通は「あれは椅子だ」と答えるだろう.「あれは台所用の椅子だ」と答えるのは有標の場合である.

7.6.3 メタファー

認知意味論では,**メタファー**(隠喩)(metaphor)は中心的な役割を与えられている.認知意味論が登場するまで,メタファーについては詩の独壇場であった.たとえば,北原白秋は,詩集『思ひ出』の一節において,思い出という抽象的でとらえ難い存在を蛍の光にたとえている.

(1) 　　　　序　詞
　　　思ひ出は首すじの赤い蛍の
　　　午後(ひるすぎ)のおぼつかない触覚(てざはり)のやうに,
　　　わりと青みを帯びた
　　　光るとも見えぬ光?

これに対して,認知意味論では,むしろ日常化された(もしくは,「死んだ」)

メタファーを重要視する．これこそが私たちの日常的な思考を無意識のうちに支配しているからである．以下は，「上」(UP) と「下」(DOWN) に関連した「方向づけのメタファー」(orientational metaphor) の例である (Lakoff and Johnson (1980: 14–21) を参照)．

(2) 「楽しさは上，悲しみは下」
  a. I'm feeling *up*. （気分は上々である）
  b. You're in *high* spirits. （上機嫌である）
  c. I'm feeling *down*. （落ち込んでいる）
  d. cf. 失意のどん底

(3) 「意識は上，無意識は下」
  a. Get *up*.
  b. He *fell* asleep.
  c. He's *under* hypnosis.

(4) 「健康・命は上，病・死は下」
  a. He's at the *peak* of health.
  b. He's in *top* shape.
  c. He came *down* with the flu.
  d. cf. 風邪でふせっている

(5) 「支配は上，服従は下」
  a. I have control *over* her.
  b. He's *under* my control.

(6) 「多きは上，少なきは下」
  a. His income *rose* last year.
  b. The number of errors he made is incredibly *low*.

(7) 「良いことは上，悪いことは下」
  a. Things are looking *up*.
  b. Things are at an all-time *low*. （史上最低）

これらの例からわかることは，メタファーは私たちの文化的・身体的な経験に支えられているということである．たとえば，私たちは，うれしければうきうきと活動的になり，悲しければうつむき，うなだれる．
 メタファーには重要な特徴がいくつかある．第1点は，メタファーには一

貫性があるということである (Lakoff and Johnson (1980))．うれしいこと，良いこと，多いことは一貫して「上」で表され，悲しいこと，悪いこと，少ないことは一貫して「下」で表されている．Lakoff and Turner (1989: 3–4) によれば，「人生は旅である」(Life is a journey) というメタファーにおいて，誕生は「到着」であり，生は「今ここに存在すること」であり，死は「旅立ち」であるという．

    (8) a. The baby is *due* next year. （＜到着予定）
             (cf. the new *arrival* (新生児))
       b. She has a baby *on the way*. （お腹にいる＜途上で）
    (9) a. She *passed away* this morning. （cf.「身まかる」）
       b. He's *gone*. （彼は逝ってしまった）

人生や時の流れを旅に見立てる発想は，私たち日本人にもなじみ深いものである（たとえば，「月日は百代の過客にして，行きかふ年も又旅人なり」『奥の細道』）．

　第2に，メタファーは単方向的である．「人生は旅である」というメタファーからわかるように，私たちは「人生」を「旅」に見立てるのであって，「旅」を「人生」に見立てるのではない．

　なお，Lakoff and Johnson (1980) や Sweetser (1990) には，「恋愛は旅である」，「理論は建築物である」，「議論は戦争である」，「理解とは見ることである」といったメタファーの実例が多数挙げられている．

7.6.4　メトニミーとシネクドキ

　メトニミー（換喩）(metonymy) や**シネクドキ**（提喩）(synecdoche) も，メタファーとともに，概念化を支える重要な柱である．

　まず，**メトニミー**とは，あるものを指すのに，それと空間的・時間的に近接したものを用いて表現することである．たとえば，アメリカ政府を指すのに「ホワイトハウス」と言ったり，「政治家」の論理を指して「永田町」の論理と言ったりする場合である．次の例では，人を指すのに，その人が住んでいる場所を用いている．

    (1)　織部佐登子を「訪問」する話がひととおり済んだところで，鍋屋は

話題を変えた．
「昨夜のパーティに新宿がきとったなあ」
「新宿」とは「香花荘」の岩田良江のことだった．

(松本清張『迷走地図』)（下線筆者）

　メトニミーは，メタファーと違い，同一の領域内で写像される．すなわち，同じ領域内で，あるものを指すのにそれと隣接し，密接に関係したものが用いられるのである．次の例を考えてみよう．

(2) The *ham sandwich* is waiting for his check.

(Lakoff and Johnson (1980: 35))

この例では，ham sandwich は「ハムサンドを注文した人」を指すのに用いられている．これはメタファーの例ではない．あるものを利用して，それと関係したほかのものを表しているメトニミーである．以下，Lakoff and Johnson (1980) から類例を挙げてみよう．

(3) The *Times* hasn't arrived at the press conference.
(4) *Wall Street* is in a panic.
(5) I hate to read *Heidegger*.

日本語でも，「ビートルズを聴こう」，「トヨタに乗っている」，「明治を応援しよう」といった何げない言葉遣いの中にメトニミーが見てとれる．
　次に，**シネクドキ**は，包摂関係（全体と部分）に基づいて，部分／種で全体／類を表したり，全体／類で部分／種を表したりする方法である．

(6) Man shall not live by *bread* alone.　(*Matt.* 4: 4)
(7) I"ve got *a new set of wheels*.

(6) における bread は食物を，(7) における a new set of wheels は車を指している．日本語でも，「アルコールに弱い」の「アルコール」は類で種（＝酒）を表し，「赤門をめざす」の「赤門」は部分で全体（＝東京大学）を表している．シネクドキは，メトニミーの特殊例とされる (Lakoff and Johnson (1980: 36))．

7.6.5 イメージ・スキーマ

イメージ・スキーマは，メタファー的なとらえ方を根底から支える先験的な心的図式である．Johnson (1987) は，イメージ・スキーマについて，「経験と理解を組織化するための構造である」と述べ，1例として次のような「包含スキーマ」(containment schema) を挙げている．

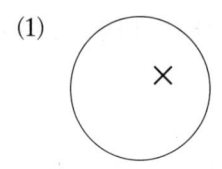

(1) 〇にX

こうしたスキーマによって，私たちは，何かが何かの中にあること，逆に，何かが何かの外にあることをメタファー的にとらえることができる．

(2) He's *in* love.
(3) He's *out* of sight now.

さらに，Johnson (1987) は，下のような「外のスキーマ」(OUT schema) を挙げている．TR (trajector)（トラジェクター）は移動するものを表示し，LM (landmark)（ランドマーク）は，トラジェクターと相対的な位置関係にある静止したものを表示している．たとえば，XがYから出るとき，XはTRであり，YはLMである．

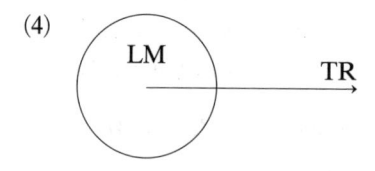

(4) LM → TR

認知言語学で言う「トラジェクター」と「ランドマーク」は，ゲシュタルト心理学で言う**図** (figure) と**地** (ground) にほぼ相当する．「図」は前景化され，輪郭がはっきりしている．一方，「地」は背景化され，輪郭がはっきりしない．ただし，物を認識する際に，何を「図」と見，何を地と見るかは，私たちの視点しだいである．有名な「ルビンの盃」は，図と地が反転しうることを示して

いる。[3]

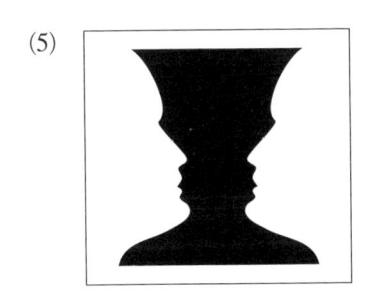

(5)

さて、「外のスキーマ」は、本来、次のような具象的な「出入り」をとらえるものであるが、

(6) Mary got *out* of the car.　　　　　　(Johnson (1987: 33))

次のような抽象的な「出入り」もとらえることができる。

(7) Tell me your story again, but leave *out* the minor detail.
(8) Don't you dare back *out* of our agreement.

(Johnson (1987: 34-35))

これ以外にも、「径路のスキーマ」(path schema)、「力のスキーマ」(force schema) など、さまざまなスキーマが提案されている。

次節では、事例研究として may の認知意味論を考察する。

---

3. Talmy (1978) は、「図」と「地」の区別を用いて次の例を説明した。
 (i) a. The bike is near the house.
   b. ?The house is near the bike.
(ia) では the bike が「図」であり、the house が「地」である。一方、(ib) では the house が「図」であり、the bike が「地」である。(ib) は特殊なコンテクストでないと容認されない。なぜなら、家について述べる際に、「自転車の近くだ」という言い方をする場合はまれであるからである。
 同様に、(ii) では主節の事態が「図」で、従属節の事態が「地」である。
 (ii) a. He dreamed while he slept.
   b. We'll stay home if she comes.

7.6.6　事例研究：法助動詞 may をめぐって

7.6.6.1　may の多義性

　Sweetser (1990) は，英語の法助動詞を多義的ととらえ，その多義性 (polysemy) を，領域 (domain) から領域への「**メタファー的写像**」(metaphorical mapping) という認知言語学的概念によって説明した．Sweetser によると，英語の法助動詞の意味体系は，(i) **根源的** (root)，(ii) **認識的** (epistemic)，(iii) **発話行為的** (speech act) に区分される．[4] (i) の根源的法助動詞は現実世界の外的・社会物理的な力関係を表し，(ii) の認識的法助動詞は話し手の内的な推論世界における心理的な力関係を表し，(iii) の発話行為的法助動詞は話し手から聞き手への「**発語内の力**」(illocutionary force) を表すものである．こういった多義性は，本来，現実領域に適用されるべきモダリティ——根源的モダリティ——（たとえば，義務や許可）が，認識領域や発話行為（もしくは，「言語行為」）領域へと，メタファー的に写像された結果生じたものであるとされる．この投射が「メタファー的写像」である．

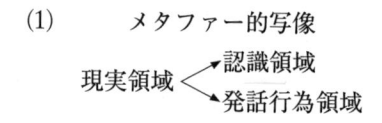

(1)　　　メタファー的写像

　　　　現実領域 ＜ 認識領域
　　　　　　　　　　発話行為領域

こうした写像の根底にあるのがイメージ・スキーマである．Sweetser (1990: 60) は，法助動詞 may のイメージ・スキーマを次のように示している．

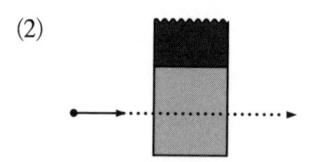

(2)

このスキーマが表しているイメージは，「事象（＝命題内容）が生起することを妨げるものはない」である．

　(2) のイメージ・スキーマを基に，次の例を考えてみよう．

(3)　a.　John *may* go.　（＝許可）（根源的）

4.「発話行為」に関しては §8.3 で詳述する．

b. John *may* be there. （＝可能性）（認識的）

(3a) は，ジョンが行くことを妨げるものが社会物理世界にないことを，(3b) は，ジョンがそこにいると推論することを妨げるものが認識世界にないということを表している．

Sweetser は，次のような may を「発話行為的」であるとした．

(4) a. He *may* be a university professor, *but* he sure is dumb.
b. There *may* be a six-pack in the fridge, *but* we have work to do. (Sweetser (1990: 70))

Sweetser によれば，(4a) の場合は，「彼が大学教授であることは認めるが，にもかかわらず彼が愚鈍であることは確かだ」，(4b) の場合は，「ビールの6缶入りがあるんだけど」とビールを勧められたようなコンテクストで，「お気持ちだけで結構です．仕事がありますので」といった読みになる．こうした構文では，may は「私は認める」(I admit) に，接続詞 but は「にもかかわらず私は主張する」(I nonetheless insist) に相当し，いずれも発話行為レベルの意味である．

Sweetser によれば，次の例は (4) とは似て非なるものである．

(5) a. He *may* be a university professor, *but* I doubt it because he's so dumb.
b. There *may* be a six-pack in the fridge, *but* I'm not sure because Joe had friends over last night.
(Sweetser (1990: 70))

but に続く I doubt it や I'm not sure からわかるように，それぞれの文の前半の節は事実であると想定されてはいない．すなわち，(5) の may は認識的用法（＝可能性）である．[5]

---

5. Kay (1997: 51) は，次の二つの例の意味について，
(i) a. He *may* be a professor, *but* he's an idiot.
b. It's possible that he's a professor, but he's an idiot.
前者では，彼が大学教授である可能性が肯定され (affirmed) ているのに対し，後者では，彼が大学教授である事実が譲歩され (concede) ているとしている．

さらに，Sweetser は，次のような例で，文副詞 perhaps は奇妙に響くと注記している (Sweetser (1990: Note 4: 23))．

(6) a. ?Perhaps he IS a professor; he's still a fool.
 b. ?Perhaps there IS a six-pack in the fridge; we, we have to get some work done.

彼女はその理由を詳述していないが，不確かさを表す perhaps は，he IS a professor / there IS a six-pack in the fridge という，相手の発言の内容の正当性を強調する文を修飾することができないからであろう．

さて，Sweetser や Johnson (1987: 52) では，法助動詞 may のイメージ・スキーマは「妨げるものがない」という，静的な図式で表されていた．しかし，こうしたイメージ・スキーマはあまりに静的で，may に存在する「力の行使」という動的な意味を示すことは困難である（詳しくは，Tregidgo (1982)，澤田 (1999))．（括弧内は主体の力を示す．)

(7) a. *May* I smoke? （あなた／規則）
 b. You *may* call further witness if you so desire. （私／法廷手続き）
 c. The seeds *may* be sown on open ground at any time of year. （農作業の手順）
 d. Transitive verbs *may* occur in the passive. （文法）
(8) Richard III *may* not have been responsible for the murder of the two little princes after all. （証拠と論理）

(Tregidgo (1982))

これらの例で，(7) の (a)-(d) は義務的な読み（＝許可），(8) は認識的な読み（＝可能性）であるが，いずれも，括弧内における主体の「力」F が「事象」p を可能にしている．

そこで，ここでは，法助動詞 may のイメージ・スキーマを次のようにとらえ直しておきたい (p＝事象，F＝妨げるものを取り除き，p を可能にする力)．

(9)

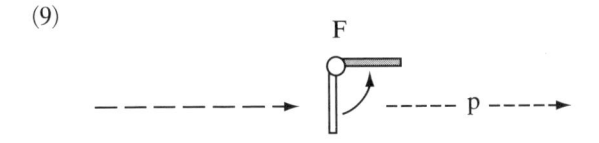

```
                    F
 ─ ─ ─ ─ ─→  ○┬──  ----- p ----→
              ↑
```

　上のスキーマを用いて言うならば，(3a) では，「ジョンが行くこと (=p)」を可能にするのは F (=話し手) であり，(3b) では，「ジョンがそこにいる (=p)」と話し手が推論するのを可能にするのは F (=証拠・論理) であり，(4a) では，「彼が大学教授である (=p)」と相手が主張するのを可能にするのは F (=話し手) であり，(4b) では，相手が「ビールの 6 缶入りがある (=p)」と勧めることを可能にするのは F (=話し手) である．

7.6.6.2　相互作用モデルから見た "may ... but" 文

　次に，「相互作用モデル」に基づいて，2 種類の "may ... but" 文の識別法について考えてみたい．ここでは，法助動詞の多義性を想定する．上で問題とした may について言えば，発話行為的 may を「是認の may」，認識的 may を「可能性の may」と呼ぶことにする．そして，具体的なデータを検討する中で，両者を区別するための診断法を提案してみたい．

　ここで言う「相互作用モデル」とは，文と文の「相互作用」を考慮に入れるものであり，古典的な会話分析で言う**隣接ペア** (adjacency pairs)（たとえば，「質問―返答」，「申し出―断り」など）と平行する面がある (Sacks et al. (1974: 716))．

　(1)　Interactive Model:
　　　　文 A (例: 質問)
　　　　　↑↓
　　　　文 B (例: 返答)

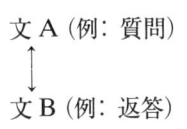

しかし，隣接ペアと違って，前半の文は必ずしも他者の発話だけではなく，一般に信じられている想定や常識なども含まれる．"may ... but" 文の may が「是認」と解釈されるとき，その文の話し手は，相手の発話内容や一般に信じられている想定・常識などを是認するという言語行為を遂行している．

7.6.6.3 データ分析

以下，三つのデータを分析してみたい．

第1に，次の例（クリスティの『アクロイド殺し』の第7章から）では，フローラという若い女性が，ラルフという若い男性をかばっている．彼がアクロイドを殺した犯人ではないかと疑われているのである．

(1) "Ralph *may* be weak," continued Flora. "He *may* have done foolish things in the past—wicked things even—*but* he wouldn't murder anyone."

(A. Christie, *The Murder of Roger Ackroyd*) （斜字体筆者）

この発話の根底にある相互作用は次のようなものであろう．

(2) （文A）＝（ラルフは性格が弱いし，過去に馬鹿なこともしでかした）
　　　　　　　　　　　　　　　　　　　　　　　　　　（共通認識）
　　文B ＝ なるほど，その通りかもしれない．　　　　（是　認）
　　文C ＝ しかし，いくらなんでも人殺しまではしないだろう．
　　　　　　　　　　　　　　　　　　　　　　　　　　（反　論）

(2) では，文Aが想定されているが，その文は実際にその場で誰かが発話したわけではない．ラルフのことをよく知っている話し手（＝フローラ）が想定している「共通知識」である．話し手は，その共通知識を事実であると是認した後で，だからといって人殺しまではしないと反論している．

ここで，上の may を，「可能性」ではなく「是認」と解釈するために，五つの診断法を想定してみよう．

(3) | 条件 | may/might (可能性) | may (是認) |
| --- | --- | --- |
| (i) 強勢がある | ＋ | － |
| (ii) could に置き替わる | ＋ | － |
| (iii) perhaps が挿入できる | ＋ | － |
| (iv) if 節がある | ＋ | － |
| (v) 後ろに may not がある | ＋ | － |

次の文は，上の談話の中の "Ralph may be weak, *but* he wouldn't murder

anyone." を取り出し，上の条件を適用したものである．

(4) Perhaps, Ralph {máy/cóuld} be weak, *but* he wouldn't murder anyone.

すなわち，(i) 副詞 perhaps が挿入され，(ii) may に強勢が置かれ，(iii) could で置き替られている．すると，(1) とは意味が異なってしまう．よって，(1) の may の意味は「是認」である．

第2に，次の例（『そして誰もいなくなった』の第5章から）では，物語の舞台となったインディアン島の大邸宅の内部の様子が描写されている．ここでは，仮定法過去を導く if 節が用いられている．

(5) If this had been an old house, with creaking wood, and dark shadows, and heavily panelled walls, there *might* have been an eerie feeling. *But* this house was the essence of modernity.

(A. Christie, *And Then There Were None*)（斜字体筆者）

次の文は，上の談話の中の If this had been an old house, there *might* have been an eerie feeling. *But* this house was the essence of modernity. を取り出し，上の条件を適用したものである．

(6) *If* this had been an old house, *perhaps* there {míght/cóuld} have been an eerie feeling. *But* this house was the essence of modernity.

すなわち，(i) 副詞 perhaps が挿入され，(ii) if 条件節があり，(iii) might に強勢が置かれ，(iv) could で置き替え可能である．よって，(5) の might の意味は「是認」でなく，「可能性」である．

第3に，次の例（『アクロイド殺し』の第17章から）では，ポアロの分析に対して，キャロラインは「あなたの言っていることは正しいかもしれないし，そうでないかもしれない．しかし，一人の人を，弁明も聞かずに有罪判決する権利はない」と反論している．

(7) Caroline roused herself at last.

> "You are speaking of Ralph Paton," she said.
> "You *may* be right, you *may not*, but you have no business to condemn a man unheard."
>
> (A. Christie, *The Murder of Roger Ackroyd*)（斜字体筆者）

(7) で興味深いことは，may と may not が同時に用いられていることである．よって，相手が述べていることが事実であるとは想定されていない．この場合，but を用いて反論はなされているが，but の前の内容と but の後の内容に意味的な関連性はない．よって，上の診断法によれば，(7) の may は認識的（＝「可能性」）であるとわかるのである．

【recommended reading】

意味論の包括的な研究書には，Ullman (1962)，Leech (1981²) がある．

認知意味論の研究書としては，Lakoff (1987)，Sweetser (1990)，Ungerer and Schmid (1996) などを参照．

メタファー論は Lakoff and Johnson (1980) がよい．

【研究課題】

1. 語義の弁別的特徴とは何か．
2. Flying planes can be dangerous. という文の曖昧性は，can を取り，be 動詞を現在形にすれば解消される．それぞれ，どういう形式になるだろうか．
3. §7.5.2 に挙げられた意味変化のパタンについて，日本語の例を考えてみよ．
4. 「アイドルの好きなおばあさん」は二通りに曖昧である．それぞれを説明せよ．
5. 日本語の文学作品から，メタファーやメトニミーの例を挙げ，説明を加えよ．

第 8 章

語 用 論

8.1 語用論とは何か

　本章の目的は，**語用論** (pragmatics) と称される分野を考察することである．語用論とはどういう分野であろうか．ここでは，語用論を次のようにとらえておきたい．

　　(1) 語用論とは，コンテクスト (context) の観点から言語を研究する分野である．

言葉が用いられるときには，必ずコンテクストがある．コンテクストには，場所 (= ここ)，時間 (= 今)，話し手 (= 私) といったファクターが関係しているが，こうしたファクターは発話ごとに内容が変化するので，語用論的な現象を客観的に定式化することは至難の業である．すると，定式化しにくい言語現象は何でも語用論に放り込む傾向が出てくる．そこで，イスラエルの哲学者 Bar-Hillel (1915–75) の言にあるように，語用論は「くずかご」と称されたこともあった．しかし，「なぜ，その人はそのとき，そのような言い方をしたのか」，「なんのために，その言葉を口にしたのか」といったことを根本的にとらえようとすれば，語用論的視点が不可欠である．

　この点を具体的に見るために，次の例を考えてみよう．ある晩のこと，主人公の銀助――彼の本職は盗っ人である――は，盗みに入ったあと，家路を急いでいた．途中，運悪く岡っ引きの権三に呼び止められてしまった．とっさに，銀助は「知り合いの鏡研ぎのところで内職をして来ました」と言いつくろう．権三はなおも銀助を問い詰める．

(2) 「その知り合いてえのはどこだい？」
「へえ」
「内職をさせてくれる鏡研ぎだよ．どこにあるんだ？」
「源六という家ですよ．すぐそこの……」
「すぐそこってどこだい？」
「三丁目の裏」
　米沢町三丁目の裏に鏡研ぎなんかいない．かりに運よくいたとしても，源六という名前であるはずがないが，そこから広小路に出てきたからには，そう言わなきゃならないのだ．一寸のがれだった．あとのことはあとのことだ．
「旦那，何かあたしを疑ってるんですか？」
　やぶれかぶれで銀助はそう言ったが，これが藪蛇だった．権三はすぐに喰いついてきた．
「疑う？　おめえ，何か疑われるようなことでもしたのか？」
「…………」

(藤沢周平「逃走」『龍を見た男』所収)

　まず第1に，銀助は「すぐそこ」という言葉を用いている．「そこ」とは，聞き手に近い場所を指す言葉にすぎず，それ以上のことは不明である．権三が「そことはどこだ」と聞いたのも無理はない．「ここ」とか「そこ」とか「あそこ」のように，話し手と聞き手の会話の「場」を中心にして事物を指す方法を「**直示**」(deixis) という．§8.2では直示を扱う．

　第2に，銀助は，あまりに権三がしつこいので，破れかぶれになって「旦那，何かあたしを疑ってるんですか」と言う．「あたしを疑ってるんですか」とは，「あなたが今していることは，要するに，〈疑いをかける〉という行為なんですか」という意味であろう．言葉の働きは，単に事物を指したり，事態を叙述したりすることにとどまらない．言葉を発話することは，行為を遂行することでもある．発話に対するこのようなとらえ方は「**発話行為論**」(speech act theory) と称される．その発話によって，話し手がどのような行為を遂行しているのかは，むろん，コンテクストに左右される．§8.3ではこのテーマに取り組む．

　第3に，銀助が権三に，「旦那，何かあたしを疑ってるんですか？」と言う

と，権三は，「疑う？ おめえ，何か疑われるようなことでもしたのか？」と逆襲する．「誰かを疑う」とは，その人を怪しいと思っているということである．そこには，何か悪いことがなされたという「**前提**」(presupposition) が存在する．§8.4 では，「前提」について考察する．

　第4に，権三から「その知り合いてえのはどこだい？」と聞かれて，銀助は，最初「へえ」としか答えない．「へえ」という返事は，聞き手に十分な情報を与えていない．やり取りにおいて，過不足なく情報を与えることが会話における「協調の精神」である．してみると，銀助はわざとそっけない返事をすることによって，言外に「私はあなたとは話をしたくない」ということを伝達しようとしていると考えることができる．また，「あとのことはあとのことだ」という同語反復 (tautology) が使われている．一見非論理的に見えるこうした表現も，言外の意味として，「あとのことはどうでもいい」ということを表している．

　言葉には，「言内の意味」のほかに，「**言外の意味**」がある．「言外の意味」とは，明言されていないのにもかかわらず，プラスαとして伝えられる意味のことである．語用論では，こうした種類の意味は「**会話の含意**」(conversational implicature) と呼ばれる．§8.5 では，具体例に基づいて「会話の含意」がどのようにして生じるのかについて考える．

　私たちの行うコミュニケーションでは，「コンテクスト」が重要な役割を演じている．コンテクストがないと真の意味が理解できない．Leech (1983: 6) は，動詞 "mean" には二通りの使い方があることを指摘している．

(3)　What does X mean?
(4)　What did you mean by X?

Leech によると，意味を扱う際に，**意味論** (semantics) は，(3) におけるように2者 (=X と what) の関係として扱い，語用論は，(4) におけるように3者 (=X, what, you) の関係として扱うという (X=言葉)．すなわち，語用論における「意味」とは，発話のコンテクストに依存した非慣習的な実体であり，意味論における「意味」とは，コンテクストに依存しない慣習的な実体である．すると，次図が表しているように，意味論と語用論は，相互に補完しあって意味をとらえる，とみなすことができる (Leech (1983))．

(5)

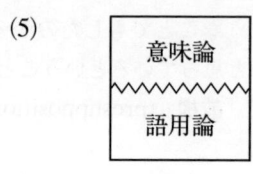

```
┌─────────┐
│  意味論  │
│ wwwww  │
│  語用論  │
└─────────┘
   相補主義
```

このことを念頭に置いて，次の例を見てみよう．

(6) 「船坂のところに美人が来たというのだ．洋装できれいな女だったそうだ．東京の女に違いないというのだ」
「来た？ 来たというのは，<u>どういう意味だ？</u>」

(松本清張『眼の壁』)（下線筆者）

ここでは，質問者は「来た」という語の辞書的な意味（＝意味論的意味）を尋ねているのではない．すなわち，(3)の意味での「意味」が問題となっているのではない．そうではなく，その場で相手が言った「来た」という語のコンテクスト的な意味（＝語用論的意味）を知りたいと言っているのである．

文あるいは会話の解釈にとって，いかにコンテクストが重要な役割を果たすかを見るために，次の会話を考えてみよう．

(7) A: I have a fourteen year old son.
B: Well, that's all right.
A: I also have a dog.
B: Oh I'm sorry.

(Levinson (1983: 292))

Mey (1993) も述べているように，この会話は一見すると実に奇妙な会話である．しかし，コンテクストがわかれば，どうということはない．このコンテクストでは，A がアパートを借りるために家主 B と交渉している．A は自分には息子がいると告げた．家主はそれはかまわないと言う．次に，A は犬を飼っていると告げた．とたんに B は，「申しわけない」と言う．家主にとって何が「申しわけない」かと言えば，A が犬を飼っていることではなく，「このアパートではペットを飼うことが禁止されているので，あなたにこの部屋を貸すことはできない」ということである．

(2) や (7) のようなやり取りが如実に示しているように，会話とは人と人の関係である．会話にもルールがあり，構造がある．さらに，会話では，自分の意図さえ伝えればそれでいい，というものではなく，場面に適した言い方をするほうが礼儀にかなっているといった側面も重要である．それゆえ，「**会話分析**」(conversational analysis) や「**丁寧さ**」(politeness) も，現代の語用論の重要な柱である．ただし，本書では紙幅の関係から，こうしたテーマは割愛せざるをえない．興味ある読者は，Leech (1983), Levinson (1983), 小泉 (1990), Thomas (1995), Grundy (2000^2), Mey (1993, 2001^2), 小泉 (編) (2001) などをはじめとする，すぐれた語用論の入門書を参照していただきたい．

さらに，本書では，「**関連性理論**」(Relevance Theory) も割愛することにした．この理論は近年，認知とコミュニケーションの理論として大きな注目を集めている．興味ある読者は，Sperber and Wilson (1995^2) や Blakemore (1992) などの基本的文献をはじめとして，Rouchota and Jucker (1998) に収められた諸論文，あるいは田窪 (他) (1999) や，今井 (2001) などの解説書を参照されたい．

8.2 直 示

8.2.1 はじめに

「直示 (性)／ダイクシス」(deixis) について，Levinson は次のように説明している．

> (1) Essentially, deixis concerns the ways in which languages encode or grammaticalize features of the context of utterance or speech event, and thus also concerns ways in which the interpretation of utterances depends on the analysis of that context of utterance.　　　　　(Levinson (1983: 54))
> (本質的に言えば，直示は，言語が発話もしくは言語事象のコンテクストの諸特徴を記号化ないし文法化する仕方に関係している．それゆえ，それは，発話の解釈が発話のコンテクストの分析に左右される仕方にも関係するのである)

Bühler (1934) が述べているように，直示には「指示の場」が関係している．指示の場は下のような座標系で表される．

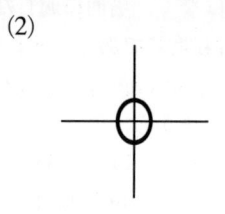

(2)

この座標の原点には，三つの指示語，here（ここ），now（今），I（私）が存在する (Bühler (1934))．この中で最も中心的な要素は「私」=「話し手」であろう．「ここ」，「今」は話し手のいる時間と空間を示すものであるからである．

'deixis' という用語は，「指し示す」というギリシア語に由来している．直示が関与する語句には，指示語，代名詞，時間・場所の副詞的語句，時制などがある．したがって，直示は，事象をとらえる話し手の視点 (viewpoint/vantage point) と深くかかわっている (Langacker (1991)，澤田 (1993)，Van Hoek (1997))．指し示すための言語形式は「**直示表現**」(deictic expression) と呼ばれる．

直示表現は，コンテクスト抜きでは，十分に理解できない．たとえば，海を漂流していた瓶を拾ったとしよう．中を開けてみると，中に次のようなメッセージが入っていた．

(3) Meet *me here* a week from *now* with a stick about *this* big.
(Levinson (1983: 53))

しかし，このメッセージを解読しようとしても，「私」とは誰なのか，「ここ」とはどこなのか，「今から1週間後」とはいつなのか，「これくらいの大きさの棒」の「これくらい」とはどれくらいなのか，といったことがわからないと，解読のしようがない．指示の座標軸に"錨を下ろす" (anchor) ことができないからである．

直示のカテゴリーとしては，「人称直示」(person deixis)，「時間直示」(time deixis)，「場所直示」(place deixis) の三つが基本であるが，これに，「談話直示 (discourse deixis)」，「社会的直示 (social deixis)」が加えられることがある (Levinson (1983)，安藤 (1986)，Marmaridou (2000)，小泉 (編)

(2001) など参照).

(4) a. 人称直示
b. 時間直示
c. 場所直示
d. 談話直示
e. 社会的直示

　直示は人，時間，場所，談話，社会など多様なコンテクストにかかわっているが，直示の体系を貫徹している原理は，「話し手からの距離」と言えよう．この距離は，**近接** (proximal) と**遠隔** (distal) に2分される．

(5) 話し手からの距離 ⟨ 近接
　　　　　　　　　　　 遠隔

近接表現は，発話の座標軸の中心，すなわち，「直示の中心点」(deictic center) に基づいて決定される．近接表現は，直示の中心点の近く，あるいは，話し手の「縄張り」の内にあるものであり，遠隔表現は直示の中心点の遠く，あるいは，縄張りの外にあるものである．次図を参照 (S=話し手).

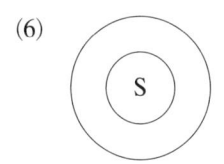

(6) 　　　◯ S ◯

　佐久間 (1966) によれば，興味深いことに，日本語では，(i) 話し手の縄張りの内，(ii) 聞き手の縄張りの内，(iii) 話し手・聞き手の縄張りの外，の3分法となっている．

(7) a. 話し手の縄張りの内： 「こ」系（これ，ここ）(近称)
b. 聞き手の縄張りの内： 「そ」系（それ，そこ）(中称)
c. 両者の縄張りの外： 　「あ」系（あれ，あそこ）(遠称)

「こ」，「そ」，「あ」を縄張りで図式化すると，次のようになる（佐久間 (1966: 35)，安藤 (1986: 215)）(S=話し手，H=聞き手).

(8) あ
　　こ ／ そ
　　S   H

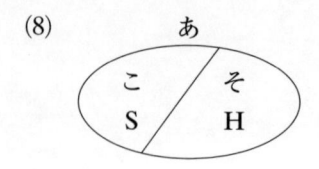

次の例を考えてみよう.

(9)　歯医者：　痛むのは<u>この</u>歯ですか？
　　　患者：　　はい，<u>その</u>／*<u>この</u>歯です.

ここで興味深いのは，歯はまぎれもなく患者の歯であり，話し手が患者の場合，それは物理的には話し手の縄張りの中に存在しているはずであるが，にもかかわらず，患者は「この歯」とは言っていないということである（ただし，患者がその歯に指で触りながら指し示している場合には「この歯」と言える）. このことは，縄張りの概念は，物理的な距離だけではなく，話し手と聞き手の心理的な関係によっても決定されることを示している.

(9) と (10) を比較されたい.

(10)　母親：　まあ，<u>この</u>／<u>その</u>傷どうしたの.
　　　子供：　<u>この</u>／*<u>その</u>傷はすべってころんだんだ.

この例では，「傷」は子供の体にあるものである. 母親はこの傷を指して，「その傷」とも言えるし，「この傷」とも言える. 一方，子供は自分の体の傷を指して「その傷」とは言えない. 縄張りの形成は話し手の認知と密接なかかわりがあるのである.

英語においては，通例，話し手は，自分の手にもっているものを that で表すことはない (this なら適格である). しかし，安藤 (1986: 216) は，次のような文について，

(8)　What's *that*?

「話し手は，たとえば，「それは何ですか？ わいろなら受け取りませんよ」というように，それを自分の〈縄張り〉に属するものとして認めていないと説明される」としている. その代物は，（心理的に言って）「近くて遠い」のである.

直示のカテゴリーの中で，談話直示は，談話 (discourse) をコンテクスト

とし,社会的直示は,発話(あるいは発話者)を含む社会をコンテクストとする.後者の場合に重要となるのは,敬語(honorific)や丁寧さ(politeness)である.本書では,スペースの都合上,人称直示,時間直示,場所直示に議論をしぼることにする.談話直示や社会的直示に興味ある読者は,Leech (1983), Levinson (1993), Mey (1993, 2001[2]), Thomas (1995) などを参照されたい.

8.2.2 人称直示

よく知られているように,英語の代名詞の体系においては,人称直示は「1人称」,「2人称」,「3人称」に分類される(ここでは,主格だけを挙げる).

(1) 人称　　単数　　　　　複数
　　1人称　 I 　　　　　　we
　　2人称　 you　　　　　 you
　　3人称　 he, she, it,　 they

1人称単数代名詞Iが発話者を指すということは,常識に照らし合わせれば自明であろう.Green (1989) は,しかし,次の例の解釈を問題にした.

(2) I am dead.

Greenによれば,こうした文でさえ解釈可能なコンテクストが存在すると言う.たとえば,『ハムレット』を演じ終えた役者が舞台裏で終わったばかりの場面について述べる場合である.

次の例(『クリスマス・キャロル』から)では,主人公(スクルージ)は,目の前の亡霊(マーレイ)に「お前は誰なのか/だったのか?」と問いかけている.

(3) 'Who are you?'
　　'Ask me who I *was*.'
　　'Who *were* you then?' said Scrooge, raising his voice.
　　'You're particular, for a shade.' He was going to say '*to a shade*,' but substituted this, as more appropriate.
　　'In life I was your partner, Jacob Marley.'
　　　　　　　　　　　　　(Ch. Dickens, *A Christmas Carol*)

'Who are you?' と言ったときの「お前」は現実の「お前」であるが，'Who were you?' と言ったときの「お前」は，厳密に言えば，過去の「お前」であると言わざるをえない．

次に，1人称複数代名詞 we の解釈について考えてみよう．次の2例を比較すればわかるように，'we' の解釈には二通りある．

(4) Let's go. （勧誘）
(5) Let us go. （us は縮約されない）（依頼）

(4) の us は「**包括的な we**」(inclusive 'we') と呼ばれ，「私たち」の中には聞き手が含まれている．一方，(5) の us は「**排他的な we**」(exclusive 'we') と呼ばれ，「私たち」の中に聞き手が含まれていない．言語の中には，こうした2種類の1人称複数代名詞を別々に表す言語（たとえば，マダガスカル語）もあるとされる (Green (1989))．

この区別と関連して，Fillmore (1997: 15ff.) は，次の例を論じている．

(6) May we *come* in?　　　　　　　　(Fillmore (1997: 15))

この発話のコンテクストには，3者が介在している．話し手，聞き手，そして，話し手のつれである．この場合，「入る」(come in) のは，聞き手を除いた「私たち」である．この「私たち」がドアを開けて，建物の中にいる聞き手の方に移動するのである．では，come を go に変えた場合はどうか．

(7) May we *go* in?　　　　　　　　(Fillmore (1997: 15))

この場合，話し手も聞き手も建物の外にいると考えられる．解釈として二通りある．一つの解釈は，「入ってもいいですか？」と，聞き手（たとえば，門番）に許可を求めている解釈である．この場合，'we' には聞き手が含まれない．もう一つの解釈は，「（この建物は）入ってもいいんだろうか？」と，聞き手に許可されているかどうかを尋ねている解釈である．この場合の 'we' には聞き手が含まれない場合と，含まれる場合とがある．

では，2人称代名詞について考えてみよう．現代英語では，（たまたま）2人称代名詞は you だけしかない．しかし，フランス語，ドイツ語，スペイン語などに見られるように，話し手と聞き手の親疎によって2人称代名詞が区別されている言語は多い．ここには，社会的直示が関係している．

(8)　フランス語の2人称代名詞 ┬ tu（親しい）
　　　　　　　　　　　　　　└ vous（親しくない）

2人称代名詞に親疎の関係が反映していることは，日本語の2人称代名詞「あんた」と「あなた」を比較すれば一目瞭然であろう．「あんた」(anta) は「あなた」(anata) の2番目の母音が落ちた形であるが，男女の会話などで「あんた」が使われると，二人の間柄は非常に親密であることが知られる．

(9)　それから八幡に帰って，ちょいちょい初花酒場に行くが，ミヤ子の姿はなかった．もう辞めたのかな，と思って，他の女にきいてみると，
「それがね，あんた，ミヤちゃんは家出したのよ」
と言う．

(松本清張「顔」『張込み』所収)（下線筆者）

代名詞に，親疎関係が言語化されている社会では，話し手は，どちらの代名詞を用いるかによって自分と相手との社会的・心理的関係を表している．

8.2.3　時間直示

英語における時間直示的な表現としては，次のような語句が典型である．

(1)　today, next week, tomorrow, last week …

こうした語句を解釈する上で重要な原理に，発話時規準性がある．たとえば，yesterday（昨日）と the previous day（前日）との違いは，前者は「発話時の前の日」であるが，後者は，「ある特定の日の前の日」である．
　では，次の例における then について考えてみよう．

(2)　November 22nd, 1963?　I was in Scotland *then*.
(3)　Dinner at 8:30 on Saturday?　Okay, I'll see you *then*.

(Yule (1996: 14))

Yule (1996) が指摘しているように，then には二つの用法がある．一つは過去へと遠ざかる用法であり，もう一つは未来へと遠ざかる用法である．注目

すべきことは，昨日，今日，明日という特定の日を指し示す際に，暦を用いた言い方よりも，yesterday, today, tomorrow といった直示語のほうが優先されるということである (Levinson (1983))．たとえば，木曜日に次のように言ったとしよう．

 (4) I'll see you *on Thursday*.   (Levinson (1983: 87))

今日が木曜日にもかかわらず，'today' でなく，'on Thursday' と言った場合，会うのは今日でなく，来週以降の木曜日という解釈にしかならない．面白いことに，上の発話が昨日，つまり，水曜日に言われた場合でも，会うのは今日でなく，来週以降の木曜日ということになる．今週の木曜日に会いたいなら，'tomorrow' という直示語を用いたはずだからである．Levinson は，この原則を「先買的な tomorrow」(pre-emptive *tomorrow*) と呼んだ．
 時制（テンス）も時間直示を基にして分析することができる．

 (5) I *live* here now.
 (6) I *lived* there then.

Yule (1996) に述べられているように，現在時制には近接性があり，過去時制には遠隔性がある．この点は，日本語では現在時を「この頃」というふうに「こ」で示し，過去時を「あの頃」というふうに「あ」で示すことからもうなづける．
 興味深いことに，英語においては，過去時制は，直説法だけでなく，仮定法過去としても用いられる．たとえば，次の例における could について考えてみよう．

 (7) I *could* speak four languages (when I was a child).
 (8) I *could* go abroad (if I had a lot of money).

前者の例の could は，その事象（4 か国語を話すこと）が現在時から離れた時点で存在したことを示しているが，後者の例の could は，その事象（外国に行くこと）が「現実離れ」していることを表している．

8.2.4 場所直示

話し手からの距離を物理的にとらえれば，場所直示の体系ができあがる．現代英語においては，場所直示を表す副詞として，'here'（話し手から近い）と 'there'（話し手から遠い）がある．

Yule (1996) は，次の例をとりあげている．

(1) I am not here now.

この文は，普通のコンテクストでは意味をなさない．しかし，この発話が留守番電話に録音されたものと解釈するならば，意味は通じる．すなわち，now を電話がかかってきた時点と解釈するのである．

ここで，there の曖昧性について見ておきたい．

(2) I was born *in London* and have lived *there* ever since.
(Levinson (1983: 67))

Levinson (1983) によると，上の文の there は (i) 逆行照応的 (anaphoric) な用法と直示的 (deictic) な用法とに曖昧であるという．前者の 'there' は，機械的に先行の 'in London' に置き替わった形にすぎない．よって，話し手が現在どこにいようとかまわない．一方，後者の 'there' は，ロンドンを直接指している．すなわち，話し手は，今ロンドンにおらず，遠くからロンドンをとらえている．日本語でこの違いを表すとなると次のようになろう．

(3) (i) 私はロンドン生まれで，生まれてこのかたそこに住んでいる．
(ii) 私はロンドン生まれで，生まれてこのかたあそこに住んでいる．

最後に，直示述語 come/go について考えてみたい．次の例が示しているように，come は「談話の当事者（＝話し手または聞き手）の縄張りの中に入る」ことを，go は「話し手の縄張りの外に出る」ことを表すと特徴づけることができる（安藤 (1990[6]: 214)）．

(4) a. Sarah's *coming* later on.
b. *Come* a little closer. (LDCE[3])

(5) a. It's late; I must be *going*.

b. What time does the last train *go*?

興味深いことに，英語の come/go にとっての縄張りは，常に発話時点で形成されるとはかぎらない．次の例で，(6a) では，明日聞き手がいる場所が聞き手の縄張りとなり，(6b) では，今夜話し手がいる予定の場所（＝映画館）が話し手の縄張りとなり，最後に，(6c) では，聞き手の「ホームベース」(home base) (Fillmore (1997)) が聞き手の縄張りになっている．

(6) a. Can I *come* and see you tomorrow?
   b. We're going to the cinema tonight. Would you like to *come* with us?
   c. I *came* over to your place last night, but you weren't home. (Fillmore (1997: 90))

(6) が (4) と異なっていることは，(6) の場合，come を日本語に直すと，(一部の方言を除いて)「来る」ではなく，「行く」が用いられることからもわかるであろう．

ここで，次の例を比較してみよう．

(7) He *went* home around midnight.
(8) He *came* home around midnight.

(Fillmore (1997: 80))

これらの例には二つの違いがある．一つは「真夜中の 12 時」が指す時間の違いである．(7) の「12 時」は，たとえば，パーティ会場を後にした時間であり，(8) の「12 時」は家に着いた時間である．もう一つは縄張りの違いである．(7) では，縄張りは基準となるある場所（たとえばパーティ会場）であり，(8) では，縄張りは彼の家であろう．

最後に，次の例（『そして誰もいなくなった』の第 13 章から）における come/go の使い分けと縄張りについて考えてみよう．

物語の舞台となっているインディアン島の大邸宅では，10 人のうち 5 人が殺され，今や 5 人しか残っていない．犯人はこの 5 人の中にいる．皆，互いに疑心暗鬼になっている．夕方になって，ヴェラが，台所に行ってお茶でも入れようかと申し出る．すると，ウォーグレイヴ判事は，彼女がお茶を入れ

第 8 章 語 用 論

るのを「監視」していたいと言う．

(9) Vera rose. She said, "I'll *go* and make it. You can all stay here."
Mr. Justice Wargrave said gently, "I think, my dear young lady, we would all prefer to *come* and watch you make it."
(A. Christie, *And Then There Were None*)（斜字体筆者）

ここで，物理的には同じ動作なのに，なぜ最初は go が，次には come が用いられているのであろうか．

5 人がいる場所（＝居間）を X，台所を Y としてみよう．

(10)   X ──────→ Y
          (go/come)

最初，ヴェラが，台所へ行くのに go を用いたのは，自分の縄張り（＝X）から出るという動作であるからであろう．聞き手は台所（＝Y）にはいないので，台所は縄張りにはなりえない．よって come を用いると不自然になる．次に，ウォーグレイヴ判事が come を用いたのは，未来時に聞き手がいるであろうと予測される場所，すなわち，台所を聞き手の縄張りにしたからである．[1]

---

1. 縄張りの形成は，話し手の視点（viewpoint）と無縁ではありえない（澤田 (1993)）．次の例（ヘミングウェイの短編「殺し屋」の冒頭）を考えてみよう．
   (i) The door of Henry's lunch-room opened and two men *came* in. They sat down at the counter.
   'What's yours?' George asked them.
   'I don't know,' one of the men said. 'What do you want to eat, Al?'
   'I don't know,' said Al. 'I don't know what I want to eat.'
   (E. Hemingway, 'The Killers')（斜字体筆者）
   ここでは，two men came in となっており，two men went in となってはいない．ということは，語り手の視点，すなわち，カメラアングルは食堂の中にいる人物の側にあるということである．かりに視点が食堂の外にいる人物の側にあったとしたら，two men went in となったであろう．視点に関しては，澤田 (1993)，Van Hoek (1997) などを参照のこと．

8.3　発話行為

8.3.1　はじめに

「**発話行為**」(speech act) とは，言葉 (speech) を用いてなされる行為 (act) のことである.[2] 言葉で行為をするとは，どういうことであろうか．次の例を見られたい．

> (1)　古いジープがSの方からのぼってきた．柚木はそれに手をあげた．
> ジープからS署の刑事たちが四五人降りてきた．
> 「ご苦労さまです」
> と柚木は挨拶した．
>
> （松本清張「張込み」『張込み』所収）（下線筆者）

上の例の下線部「ご苦労さまです」という平叙文は，単に，刑事たちの行動を記述したものと考えることは適当ではない．なぜなら，もしそうだとしたら，その内容の真偽性を問うことができるはずであるが，この場合，本当に「ご苦労」であったかどうかを問うことは無意味であるからである．では，この発話が何も記述していないとしたら，一体，何をしているのであろうか．答えは，「あいさつをしている」である．すなわち，「ご苦労さまです」という発話は，何かを客観的に記述しているのではなく，刑事たちをねぎらっている文なのである．

このことを例証するために，(2) を考えてみよう．

> (2)　「そのバスは，終点には何時に着くんですか？」
> 「十二時四十五分です」
> 腕時計を見ると十二時五分前だった．
>
> （松本清張「張込み」『張込み』所収）（下線筆者）

2.　Lyons (1977: 726) が述べているように，"speech act" という用語を "act of speaking" と誤解してはならない．したがって，「発話行為」という日本語を，「発話するという行為」と理解しないことが肝要である．たとえば，「警告」は一つの "speech act" であるが，「犬に注意せよ」と警告する場合，そのように発話しなくても，玄関に「犬を飼っています」という張り紙を貼ることによっても警告することはできる．それゆえ，"speech act" を「発話行為」でなく，「言語行為」と訳す場合も多い．

ここで,「十二時四十五分です」という文は,上の「ご苦労さまです」という文とは決定的に違う点がある.それは,「十二時四十五分です」はバスが終点に到着する時刻を記述しているので,それが真であるか偽であるかは,バスの運行時刻表を見れば客観的に決定できるという点である.上の (1) と (2) の下線部を比較してみれば,平叙文の中にも真偽を問えるものと問えないものがあるということがわかるであろう.このことは (3) と (4) を比較すれば,明瞭となる.

(3) A: ご苦労さまです.
    B:*え,本当ですか？
(4) A: バスは 12:45 分に着きます.
    B: え,本当ですか？

(3B) が不適格であることから,「本当ですか？」という発話は,先行する平叙文が叙述的な働きをもつ場合にしか使えないことをを示している.以上のことは,英語の場合にもあてはまる.次の例を考えてみよう.

(5) Tom was fired.
(6) You're fired.

一見すると,これら二つの平叙文の働きは同じであるかのように見える.しかし,発話行為から見ると,両者の働きはまったく異なっている.前者は純粋に報告的・叙述的な発話にすぎないが,後者は「お前はクビだ」という解雇通告をしているからである.換言すれば,前者を発話したからといって世界 (もしくは,状況) に変化が起こることはないが,後者は世界を変える可能性をはらんでいる.なぜなら,雇用者が労働者に対してそのように発話した場合,その労働者と勤務先の雇用関係に終止符が打たれ,その会社の従業員が一人減ることになるからである.

8.3.2 叙述文と遂行文

上述したように,平叙文にも「世界を変える」ものがあるという主張は,いわゆる**論理実証主義** (logical positivism) と対立する.論理実証主義では,文は真か偽かという観点からのみ問題にされる.真である場合は,世界を正しく記述しており,偽である場合は世界を正しく記述していない.しかし,

こうした観点では，次のような文は非論理的で意味をもたないことになる．

(1) 何もありませんが，どうぞおあがり下さい．
(2) 君は何にするかい？ 僕はうなぎだけど．

なぜなら，「何もなければ」食べることはできないし，食堂で突如「僕」がうなぎに変身するわけではないからである．

論理実証主義に対して，オックスフォードの哲学者 John L. Austin (1911–60)——彼は「語用論の父」と称される——は，まったく新しい言語観を提出した．それは，「言語は行為である」というテーゼである．このテーゼは「**発話行為論**」(speech act theory) として発展し，のちの哲学，言語学に大きなインパクトを与えた．彼の考え方は，1955 年に，ハーバード大学のウィリアム・ジェームズ記念講演で明らかにされたが，1960 年に彼が急死したため，彼の講義録をもとに *How to Do Things with Words* (1962) と題して出版された．

Austin が発見したことは，平叙文は二つに大別されるということである．すなわち，「**叙述文**」(constatives) と「**遂行文**」(performatives) である．[3]

(3) 平叙文 〈 叙述文 / 遂行文

前者は (4) のような文であり，後者は (5) のような文である．

(4) I am a teacher of English.
(5) a. I name this ship the Queen Elizabeth.
    b. I bet you six pence it will rain tomorrow.
    c. I give and bequeath my watch to my brother.

(Austin (1962: 5))

(4) の場合，聞き手は，「それは違う．君が教えているのは日本史ではないか」

---

3. 'constatives' とは，真偽判定が可能な文を指す．日本語では「事実確認文」とも訳されている．'constatives' は動詞 constate から作られた語であろう．constate とは 'establish, ascertain, state' (OED) といった意味である．

と反論することができる．すなわち，真偽を問うことができる．よって，このタイプの文は叙述文である．これに対して，(5)の場合，文の真偽を問うことはできない．なぜなら，これらの文を発すること自体がある行為を遂行していることになるからである．すなわち，(5a)は「命名」，(5b)は「賭け」，(5c)は「遺贈」という行為を遂行している．

遂行文にとって重要なことは，その発話の**真理条件** (truth condition) ではなく，どのような場合にその行為は（適切に）遂行されたと言えるのか，ということである．Austin は，この条件を「**適切性条件**」(felicity condition) と呼んだ．適切性条件には次の3種類がある．

(6)　A. (i) 慣習的な効力を有する慣習的な手続きが存在しなければならない．
　　　　 (ii) 当の状況と当事者とがその手続きに指定されている通りに適切なものでなければならない．
　　 B. その手続きは，(i) 正しく，かつ (ii) 完全に実行されなければならない．
　　 C. (i) 当事者が，その手続きに指定されている通りの必要な思考，感情，意図をもっていなければならない．
　　　　 (ii) 発話後の行為が指定されている場合には，当事者はその通りに行動しなければならない．

以下，順に，発話のコンテクストに即して，上の条件を考えてみよう．

第1に，A (i) に関して「命名」行為について考えてみると，進水式で船に命名するような場合，一定の儀式が必要となる．造船台，シャンペン，証人などがそろっていなければならない．第2に，A (ii) に関して「洗礼」行為について考えてみると，牧師が，間違って別の赤ん坊に洗礼をするようなことは許されない．第3に，B に関して「賭け」という行為について考えてみると，たとえ一方の側が賭けを挑んだ場合でも，片方の側がある決まり文句で応諾しなかったならば，その賭けは中途半端なものになる．その決まり文句は次のようなものである．

(7)　You're on. （よし，のった）

第4に，C (i) に関して「判決」を宣告する行為について考えてみると，裁判

官が被告は有罪であることを承知で(おどされて?)無罪判決を出したような場合,この条件に違反することになる.最後に,C (ii) に関して「約束」行為について考えてみると,たとえ,約束をしても,それを実行する意志がないような場合,それは不誠実な約束になってしまう.

Austin によれば,これらの違反の例はすべてが同等の資格をもつものではない.条件 A と条件 B に違反した場合は「**不発**」(misfire) であり,条件 C に違反した場合は「**濫用**」(abuse) である.「不発」の場合,その行為は遂行されたことにはならない.すなわち,無効である.一方,「濫用」の場合,遂行されてはいる(=無効ではない)が,言葉だけのものにすぎず,「不誠実な」(insincere) な行為である.

遂行文は,文法的にも特異な性質をもっている.典型的には,次のような性質である.

(8) 遂行文の基本的性質:
    (i) 動詞は遂行動詞 (performative verb) である.
    (ii) 主語は1人称単数である.
    (iii) 副詞 hereby を付けることができる.
    (iv) 時制は現在である.
    (v) 文は能動態である.

こうした性質から判断すれば,次の例で,(9) は遂行文ではないが,(10) は遂行文(=「警告」)であることがわかる.[4]

(9) *I hereby play tennis.
(10) I hereby warn you.

Austin の発話行為論に影響された統語論的な分析法があった.すなわち,Ross (1970) の**遂行分析** (performative analysis) である.この分析法によれば,すべての平叙文は,基底レベルでは,[I SAY TO YOU] といった遂行

---

4. (8) はあくまで典型的な性質である.次のような文は,主語は1人称ではなく,受動態となっているという点で,(8) の (ii) と (v) の性質とは異なっているが,れっきとした遂行文である.

  (i) You are hereby warned.   (Levinson (1983: 233))

文に支配されている．すなわち，(11) の基底構造は (12) である．

(11) Prices slumped.
(12) I SAY TO YOU [prices slumped].

こうした分析法のもとでは，(13a) の for 節が，ジェニーの不在の理由を述べているのではなく，話し手がそのように言う理由を述べるものであることを，(13b) のような抽象的な基底構造によって説明することができる．

(13) a. Jenny isn't here, for I don't see her.
　　　b. I SAY TO YOU [Jenny isn't here], for I don't see her.

すなわち，for 節は，'Jenny isn't here' という主節ではなくて，遂行節 [I SAY TO YOU] にかかっているのである．しかし，現在では，遂行節を仮定する学者はほとんどいない．

　Austin の考察は，叙述文と遂行文の区別にとどまらなかった．彼の理論は，その区別を超えて，さらに一般的な発話行為論へと進化していったのである．たとえば，次の文を考えてみよう．

(14) a. その鉄砲には弾が込められているよ．
　　　b. 代金はあすお支払いします．

叙述文と遂行文というレベルでこの文を見るならば，これらの文は明らかに，叙述文である．なぜなら，この文には遂行動詞（「警告する」，「約束する」）が存在しないからである．では，この文には行為の遂行は皆無であろうか．否，これらの文にも「警告」や「約束」の行為が遂行されている．すなわち，それらは「**潜在的遂行文**」(implicit performatives) なのである．

　同じく，次の叙述文も，それぞれ，「結婚の成立を宣言している」，「英語を話す許可を与えている」という遂行的な解釈が可能である．

(15) a. You are now husband and wife.
　　　b. You can speak English now.

してみると，「明示的遂行文」だけがある行為を遂行しているという立場を維持することはできない．

Austinは，叙述文と遂行文の区別を超えて，次のようなテーゼを提出するに至った．

(16) いかなる文であれ，文を発することは行為を行うことである．

では，私たちは発話によって，どのような行為を行っているのであろうか．Austinは，次の三つの次元の行為を区別した．

(17) (i)   発語行為 (locutionary act)
  (ii) 発語内行為 (illocutionary act)
  (iii) 発語媒介行為 (perlocutionary act)

すなわち，いかなる発話であれ，同時に三つの行為を遂行しているのである．「**発語行為**」とは，一定の意味と指示をもつ文を発する行為であり，「**発語内行為**」とは，その発話の「中に (*il-*)」存在する「命令」や「許可」などの「力」(force) であり，「**発語媒介行為**」とは，その発話を発することに「よって (*per-*)」，聞き手に特定の効果を及ぼすことである．たとえば，隊長が兵士に(18)のように言ったとする．

(18)　Shoot him!

この発話において，「発語行為」とは，その言葉を発したことであり，「発語内行為」とは「命令」したことであり，発語媒介行為とは，たとえば，彼をおびえさせたことである．

あるいは，夫が妻に次のように言ったとしよう．

(19)　お茶！

この発話において，「発語行為」とは，「お茶」という言葉を発したことであり，「発語内行為」とはお茶を「依頼」したことであり，発語媒介行為とは，たとえば，妻にお茶を入れさせた（あるいは，彼女にそっぽを向かせた）ことである．

これらの行為のうち，Austinは，特に「発語内行為」に焦点を当てたが，彼はこの行為を特徴づけるにあたって，次のような公式を用いている（x＝発話，y＝発語内行為）．

第 8 章 語 用 論

(20) In saying x I was doing y.

(20) における進行形 "I was doing Y" に注意されたい．(20) は (21) に言い替えられる．

(21) x という発話の中で，私は y という発語内行為をしたのだ．

これを (18) の発話にあてはめると，次のようになる．

(22) 「あの男を撃て」という発話の中で，私は「命令」という発語内行為をしたのだ（これは「命令」だ）．

話し手がわざわざ (22) のような説明的な言い方をする場合，自分の発語内行為（＝命令）が相手にうまく伝わっていないと感じられる場合であろう．

(23) あの男を撃てと言ったら撃て．<u>命令しているのがわからんのか</u>．<u>これは俺の命令だ</u>．

発語内行為に関して，次の例（クリスティの『マギンティ夫人は死んだ』(*Mrs McGinty's Dead*) から）を考えてみよう．ポアロは，若い女性，モード・ウィリアムズに彼女にやってほしいことを伝えた．その後，二人の間で次のような会話が続く．

(24) 'Good. I have one more thing to say. Somewhere, in that village, we have a murderer at large. That is not a very safe thing to have.'
'*Warning me?*'
'Yes.'
'I can take care of myself,' said Maud Williams.
　　　　　　　　　(A. Christie, *Mrs McGinty's Dead*)（斜字体筆者）

ポアロが，依頼した仕事には危険が伴うことを念押しすると，モードは，'Warning me?' と問い返す．ポアロは「あの村には，殺人犯が野放しになっています．それはあまり安全なものとは言えません」と言ったが，この発話は単なる状況説明のようにも聞こえる．そこで，彼女は，あえて，「それは私に対する警告ですの？」と彼の真意を確認したのである．

日本語の「...ている」形にも，発語内行為を解説する働きがある．次の会話は，菊蔵とおみつが甘酒屋を出た後，別れぎわに交わしているものである．菊蔵がおみつに，これからどこに帰るのかと尋ねると，彼女は西の方を向いて，すげなく「あっちよ」としか答えない．

(25) 「あっちってどこだい」
連れ立って一ノ鳥居の方にもどりながら，菊蔵がきいた．
「川向こうよ」
「小出しに言ってやがる」
と菊蔵が言った．
「おれは本気できいてんだぜ」
（藤沢周平「永代橋」『夜消える』所収）（下線筆者）

菊蔵の発話「おれは本気できいてんだぜ」は，それに先立つ発話の真意を相手に説明，あるいは確認をするために用いられている．真意が相手にうまく伝わっていないと感じるとき，私たちはそれを説明したり確認したりするのである．

8.3.3　発話行為のための適切性条件

　Austin の発話行為論を継承・発展させたのは，哲学者 J. Searle であった．Searle はオックスフォード大学で Austin に師事した．彼は *Speech Acts* (1969) を著して，Austin の理論を体系化し，発話行為を一般的に分析するための手順を定めた．以下，「約束」という発話行為を成立させるための，重要な適切性条件について考えてみよう．
　Searle によれば，約束には，次の四つの条件が関与している．

(1) a.　内容条件 (content condition)
　　b.　事前条件 (preparatory condition)
　　c.　誠実性条件 (sincerity condition)
　　d.　本質条件 (essential condition)

今，A が B に，次のような「約束」をしたとする．

(2) I'll cook you a curry for dinner tonight.

第1に,「内容条件」からすれば,話し手は自分の行う未来の行為について述べていなければならない(この場合は守られている).第2に,「事前条件」からすれば,話し手はカレーを作ることができ,かつ,カレーを作ることが聞き手の利益になると信じていなければならない.第3に,「誠実性条件」からすれば,話し手はそれを実行する意図をもち合わせていなければならない.最後に,「本質条件」からすれば,話し手はカレーを作る義務を引き受けることになる.

Searle は,「約束」以外に,「依頼」,「断言」,「質問」,「感謝」,「助言」,「警告」,「挨拶」,「祝福」など八つの発話行為を分析している (Searle (1969: 66-67)).ただ,Searle の分析は「理想化」されたものであって,現実の発話行為がはたしてこうした少数の条件や規則によって説明できるのかどうかについては問題が多いとする意見もある (Leech (1983), Thomas (1995)).

8.3.4 発話行為の分類

Searle (1979) は,あらゆる発話行為を五つの型に分類した.[5]

(1) a. 断言型 (Assertives)
    b. 指令型 (Directives)
    c. 確約型 (Commissives)
    d. 表出型 (Expressives)
    e. 宣言型 (Declarations)

以下,Searle (1979) に従い,各々の型を見ておきたい.

「**断言型**」は話し手が自分の主張を述べ,世界(もしくは状況)について記述するものである.それゆえ,話し手は言葉を世界に一致させる.典型として,「言う」(say),「断言する」(assert),「主張する」(insist),「明言する／陳述する」(state) などの行為がある.たとえば,話し手が次のように言った場合,「陳述」という行為がなされていることになる.

(2) The earth is flat.
(3) I have a headache.

---

5. 「断言型」は「陳述表明型」(Representatives) とも言われる.

「**指令型**」では，話し手は聞き手に何かをさせようと試みる．この型では，話し手は聞き手がそれをすることを望んでいる．それゆえ，話し手は世界を言葉に一致させようとする．典型として，「依頼する」(request)，「命令する」(order)，「懇願する」(beg) などの行為がある．たとえば，話し手が次のように言った場合，「命令」や「要求」という行為がなされていることになる．

(4) Open the window.
(5) You are requested to attend the meeting.

「**確約型**」では，話し手は自分がある未来の行為を行うという義務を引き受けることになる．この型でも，話し手は世界を言葉に一致させようとする．典型として，「約束する」(promise)，「脅す」(threaten)，「申し出る」(offer) などの行為がある．たとえば，話し手が次のように言った場合，「約束」という行為がなされていることになる．

(6) I promise that I'll be back soon.

「**表出型**」は，話し手が感情を表出するものである．この型では，言葉と世界の一致はない．典型として，「感謝する」(thank)，「謝罪する」(apologize)，「歓迎する」(welcome)，「祝福する」(congratulate) などの行為がある．たとえば，話し手が次のように言った場合，「感謝」や「謝罪」という行為がなされていることになる．

(7) I thank you for giving me the money.
(8) I apologize for stepping on your toe.

「**宣言型**」は，その発話によって世界を変える（ただし，宣言を成立させるためには，制度的な手順が遵守されなければならない）．この型では，言葉から世界へ，そして，世界から言葉へという双方向の一致がある．典型として，「洗礼する」(christen)，「解雇する」(fire)，「宣戦布告する」(declare war)，「破門する」(excommunicate) などの行為がある．たとえば，話し手が次のように言った場合，「判決」や「宣戦布告」という行為がなされたことになる．

(9) You are guilty. （法廷で）
(10) War is hereby declared.

(9) では新しく犯罪者が誕生し，(10) では新しく戦争が始まる．

以上をまとめれば次のようになる．

(11) 言語行為の五つの分類

型	言葉と世界の一致の方向
断言型	言葉から世界への一致
指令型	世界から言葉への一致
確約型	世界から言葉への一致
表出型	言葉と世界の一致はない
宣言型	言葉から世界への一致と世界から言葉への一致の両面がある

8.3.5　間接的発話行為

私たちは，自分の言いたいことをいつでもストレートに伝えるわけではない．目上の人に言うときや，言いにくいこと（たとえば，性の話題など）などを話題にする場合，遠回しに，すなわち，間接的に伝えようとする．

たとえば，次の例を考えてみよう．

(1)　It's cold outside.

これが部屋の中から降りしきる雪を眺めつつ述べている文であれば，単なる言明にすぎないが，戸を開けたまま入ってきた子供に対して，次のような意味を伝えているとしたら，**間接的発話行為** (indirect speech act) をしていることになる．

(2)　戸を閉めてくれ．（依頼）

次の例も，「テレビの前に立たないでくれ」と間接的に依頼していると解釈されよう．

(3)　a.　Do you have to stand in front of the TV?
　　　b.　You're standing in front of the TV.

次の例は，敵を籠絡する名人であったと言われる木下藤吉郎と，茨木城の

城主・荒木村重との対話である．

  (4) 「ところで……」
    と藤吉郎は座敷の外に眼をやって
    「余計なことでござるが，この茨木城をいつまでも本城となさるお気持ちか．失礼ながら村重殿ほどの方ならば，ここは攻める者にはたやすく，しかも守る者には守り難い場所とおわかりでござろう．摂津の大守になられた時は，海近き場所に城作りをされては如何でありましょうな」
    いかにも人のよさそうな笑いを陽にやけた農夫のような顔にうかべて呟いた．
    だが村重は<u>その善意ありげな言葉が威嚇である</u>と感じた．信長の申し入れを拒むならば，この「攻める者にはたやすく，守る者には守り難い」茨木城など，またたく間に陥落させてみせる——そう藤吉郎は<u>言っているのだ</u>．

            （遠藤周作『反逆』）（下線筆者）

藤吉郎の言葉の中に込められている発語内行為は，文字通りには「提案」であって，決して「威嚇」ではない．彼は次のような言い方をしてはいないからである．

  (5) お前の城など楽々と攻め落としてやるぞ．

にもかかわらず，村重には，藤吉郎の言葉が間接的には「威嚇」ととれたのである．（なお，「言っているのだ」が発話内行為を解説している点に注意．）

  間接的発話行為は，コンテクストに左右される．次のような文ならば慣習化されているので，「依頼」と解釈される可能性が高いが，

  (6) Can you repair this watch?   (Leech (1983: 28))

Leech (1983: 24) が述べているように，下のような文の場合，コンテクストに応じて，「助言」とも，「警告」とも，「脅迫」ともとれる．

  (7) If I were you, I'd leave town straight away.

  間接的発話行為は，あらゆる言語に存在している．間接的発話行為をもた

第 8 章 語 用 論　　　　　　　　　　　　　　　　195

らす動機づけとしては，人間関係，心的距離，タブー，丁寧さ (Leech (1983))，面子 (face) などさまざまな要素があろうが，間接的発話行為が私たちのコミュニケーションを円滑にするために大きな役割を担っていることは疑いない．

8.4　前　提

8.4.1　前提とは何か

「前提」(presupposition) とは，話し手がある発話をするにあたって，それ以前に事実だと想定していることがらである．次の例を考えてみよう．

　　(1)　Mary's brother bought three horses.　　　(Yule (1996: 25))

(1) の発話で前提とされていることは，メアリーという人物がいて，彼女には兄（あるいは，弟）がいるということである．

　前提は命題と命題の関係として表示することができる．今，(2) の命題を p，(3) の命題を q で表すとすれば，「p が q を前提する」は，p ≫ q と表記することができる．次の例を見られたい．

　　(2)　Mary's dog is cute.　(=p)
　　(3)　Mary has a dog.　(=q)
　　(4)　p ≫ q

ここで重要なことは，前提の関係 (4) は，たとえ p が否定されたとしても変わらないということである．たとえば，次の例に示されているように，「メアリーの犬は可愛くはない」という否定文にも，「メアリーが犬を飼っている」という前提はそのまま残る．

　　(5)　Mary's dog isn't cute.　(=〜p)
　　(6)　Mary has a dog.　(=q)
　　(7)　〜p ≫ q

前提のこうした特徴は「**否定のもとでの不変性**」(constancy under negation) と呼ばれる．すなわち，前提は次のように定義される．

　　(8)　p が q を前提とするのは，次の場合である．すなわち，

(i) pが真ならばqも真であり，
   (ii) pが偽であってもqは真である．

この点を次の例によって確かめてみよう．

   (9) Tom knows that John is a spy.
   (10) Tom doesn't know that John is a spy.

(9)と(10)では正反対の主張がなされているが，ジョンがスパイであるという前提が成立することには変わりはない．

8.4.2 前提のタイプ

前提にはどのようなタイプがあるであろうか．以下，前提のタイプについて見てみよう．

第1に，「**存在的前提**」(existential presupposition) がある．次の例を比較してみよう．これらの例はどちらも，マイクがアニーにチョコレートケーキを与えるのかどうか尋ねている．

   (1) Is Mike giving Annie a chocolate cake?
   (2) Is Mike giving Annie that chocolate cake in the kitchen?

しかし，重要な違いは，(1)では，発話時にはまだチョコレートケーキは存在していないが，(2)ではすでにチョコレートケーキは存在しているということである．(2)の that chocolate cake を，the chocolate cake とか my chocolate cake に替えても，「チョコレートケーキは存在している」という前提に変わりはない．日本語でも，「太郎の子供は小学生だ」と言った場合，太郎に子供がいることが前提となっている．

存在的前提という観点から，次の例を考えてみよう．

   (3) The King of France is wise.

現代フランス社会を想定するかぎり，この文はおかしく感じられる．それはなぜだろうか．それは，「フランスの国王」と言った場合，フランスに国王が存在することが前提とされるからである．このような前提があることは，上の例を否定文にすればはっきりする．

(4) The King of France isn't wise.

この例は二通りに解釈可能であるが，普通の解釈は，フランス国王がおり，かつ，彼は賢王ではないということである．この場合，フランスに国王がいることが前提とされている（Levinson (1983: 171) を参照）．

　第2に，**「事実的前提」**（factive presupposition）がある．次の例で，realize, regret, aware, odd, glad などの補文（complement sentence）は事実であることが前提とされている．

(5) Do you *realize* that you're an hour late?
(6) He *regrets* that he never went to college.
(7) Were you *aware* that your son was having difficulties at school?
(8) It's *odd* that Diana never answered your letter.
(9) I'm *glad* that it's over.

これらの文の補文が前提とされていることは，これらの文を否定文に変えても，補文の内容は依然として成立することからもわかるであろう（「否定のもとでの不変性」）．たとえば，(6) を否定文に変えると (10) となるが，「彼が大学に行かなかったこと」は依然として真である．

(10) He doesn't *regret* that he never went to college.

なぜなら，(6) と (10) で問題になっていることは，「彼が大学に行かなかったこと」を後悔しているかどうかであって，「彼が大学に行かなかった」という事実は前提とされている．このことから，事実的前提は存在的前提と深いかかわりがあることが見てとれる．（「事実的（もしくは，叙実的）述語」(factive predicates) と「非事実的述語」(non-factive predicates) の区別に関する先駆的な研究に関しては，Kiparsky and Kiparsky (1971) を参照.）

　第3に，**語彙的前提**（lexical presupposition）がある．これはある特定の語を使用すると，必然的にある前提が生じるというものである．たとえば，誰かが何かを managed したと言えば，その人はそのことをやろうと試みた (tried) ことが前提とされている．何もしなかったのに，managed と言うことはできない．同じく，stopped と言えば，それまでそのことをやっていた

ことが前提となっており，started と言えば，まだそのことをやっていなかったことが前提となっている．さらに，again と言った場合，そのことを以前にやったことがあるという前提がある．

(11) He *managed* to catch the train.
(12) He *stopped* smoking.
(13) They *started* complaining.
(14) You're late *again*.

　第4に，**構造的前提**（structural presupposition）がある．この前提においては，文の中のある部分が前提とされる．wh 疑問文や分裂文（cleft-sentence）などにそれが見られる．

(15) When did he leave?
(16) It was John that Mary kissed.

これらの文では，「彼は立ち去ったこと」，「メアリーが誰かにキスをしたこと」が前提とされている．こうしたことをあらかじめ知った上で，話し手は (15) では「それはいつだったのか」と尋ね，(16) では「それはトムだった」と主張しているのである．
　日本語でも，疑問詞をもつ文では，疑問詞以外の部分は前提となっている．

(17) 「ジョー君．君は，<u>どうして</u>関東清掃会社のバイトをやめたのかね？」
　　　低い声が，闘いをはじめる鏑矢の唸りにも似ていた．
　　　ジョーのジャンパーの肩は微動だにしなかった．彼は茶碗から手をはなさないでいた．それからもコーヒーをすする音が二，三度はつづいたものだった．
　　　「ご存知だったんですか」
　　　というのが，茶碗を置いたジョーの最初の言葉であった．
　　　　　　　　　　　　　　（松本清張『彩り河』）（下線筆者）

この例では，「君は，どうして関東清掃会社のバイトをやめたのかね？」という疑問文の「どうして」を除いた部分，すなわち，「君は関東清掃会社のバイトをやめた」が前提とされている．あることがらを前提とするからには，話

し手は前もってそのことを知っていなければならない．そこで，「ジョー」は「ご存知だったんですか」と尋ねたのである．

前提という観点に立って，次の例を比較してみよう．

(18) Anna loves Victor because he reminds her of her first love.
(19) Anna loves Victor, because he reminds her of her first love.
(Sweetser (1990: 83))

Sweetser (1990) が述べているように，コンマのない文 (18) で前提とされていることは「アンナがヴィクターを愛している」ということであり，断言 (assert) されていることは，「彼女の愛情は彼女の初恋の男性の思い出からもたらされている」ということである．すなわち，コンマのない because 節の最も普通の解釈は，(i) 主節の内容が前提とされ，(ii) 従属節の内容が断言されていることである．

一方，(19) では，主節の末尾にコンマがある．それゆえ，読みは (18) とは異なっている．すなわち，(i)「アンナがヴィクターを愛している」，(ii)「彼女の愛情は彼女の初恋の男性の思い出からもたらされている」，という二つのことが断言されているのである（さらに §9.8 を参照）．

第5に，「**反事実的前提**」(counter-factive presupposition) がある．反事実的前提では，あることが事実に反するということが前提とされている（「反事実」は「非事実」(non-factive) とは違う．後者は事実であるか事実でないか不明である）．

(20) She wishes she were rich.
(21) If I knew his address, I'd give it to you.

(20) では，彼女は金持ちではないし（だからこそ金持ちになりたいと祈願する），(21) では，私は彼の住所を知らない．このことは従属節の動詞の形が仮定法過去になっていることからもわかるであろう．

最後に，次の例を比較してみよう．

(22) a. It's nice to be young.
    b. It's nice being young.
(23) a. If you touch me, I'll scream.

b. If you touched me, I'd scream.

(Leech (1987²))

Leech (1987²) によれば，(22a) では「若ければいいなあ」と述べ，(22b) では「若いっていいなあ」と述べている．前者では自分が若いことは前提とされていないが，後者では自分が若いことが前提とされている．また，(23a) では，あなたは私に触れるかもしれないし，触れないかもしれない（触れることは前提とされていない）．一方，(23b) では，「触れたりするようなことでもあれば」と述べており，触れるなど論外である（つまり，触れないことが前提とされている）．

これまで挙げた五つのタイプの前提をまとめると，下の表のようになる (Yule (1996))．

(24)
タイプ	例	前提
存在的	定冠詞 + X	X は存在する
事実的	I regret leaving.	私は去った
語彙的	He managed to escape.	彼は逃げようとした
構造的	When did he die?	彼は死んだ
反事実的	If I were rich	私は金持ちではない

NB　投射問題

上で，前提は，その文が否定されても消えることはないと述べた．しかし，次の例に示されているように，この原則が破られるようなケースがあることが知られている．

(i) John doesn't regret having failed, because in fact he passed.

(Levinson (1983: 201))

この例は適格であるが，「否定のもとでの不変性」からすれば，不適格になると予測されてしまう．なぜなら，この場合，John doesn't regret having failed. という文は「ジョンが試験に落ちた」ことを前提とするが，その後で，「彼は試験に受かった」と，前提と矛盾する文が付け足されているからである．こうした問題は**投射問題** (projection problem) と呼ばれ，以前から論議の的になってきた．投射問題とは，補文の前提がどんな状況で文全体へと投射されうるのか（または，なりえないのか）という問題である．

では，なぜ，(i) で，「ジョンが試験に落ちた」という前提が消えてしまうのであろうか．原因は，前提と論理的含意の力関係に求められよう．(i) で，because によ

って表されている内容は,「彼が試験に受かった」ことを論理的に含意している.すなわち,彼が試験に受かったことは,必然的に真である.論理的含意は前提に優先すると想定するならば,「彼が試験に受かった」ことが優先され,「彼が試験に落ちた」ことは却下されてしまうのである.

同時に,(i) のような否定文の解釈に注意しなければならない.こうした場合の否定の働きは,「後悔している」ことを「否定」(negate) するというよりは,誰かから「ジョンは後悔している」と言われたあと,それを「否認」(deny) し,「いや後悔しているという言い方はあたらない」というふうに「メタ言語的な」言い方をしていると解釈できよう (Kiparsky and Kiparsky (1971: 351)).「後悔する」という心的行為そのものの存在を否認しているのであるから,後悔することに含まれている前提も存在しえないのである.

8.5 会話の含意

8.5.1 はじめに

§8.1 で触れた「言外の意味」を「**会話の含意**」(conversational implicature) としてはじめて本格的に解明したのは,哲学者 Paul Grice (1913–88) であった.Grice は,1967 年に,ハーバード大学の「ウィリアム・ジェームズ記念講演」で,'Logic and Conversation' と題する講演をし,その中で,「言外の意味」を「会話の含意」として提示した.[6] 語用論は,言語とコンテクストとの関係を明らかにしようとする研究であるが,本節では,主として Grice の論考に基づいて,「会話の含意とは何か」,「会話の含意はどこから来るのか」,「会話の含意の特徴とは何か」といった問題を論じてみたい.

含意は,会話において微妙な意味を伝える.次の例は,夫の清兵衛と妻のお仲の対話である.

(1) 「おまえ」
清兵衛はそこから話しかけた.
「誰か,男のひとと一緒だったんじゃないのか?」

---

6. implicature はあまり聞き馴れない語であるが,動詞 implicate の名詞形である.implicate の語源は,im-「中に」+ plicate「折る,曲げる」からできており,「(意味を) 折り込む」が原義である.本書では,implicature は「(会話の) 含意」と訳されている.ただし,日本語では,entailment や implication も「含意」と訳されることがあるために,「推意」という用語で訳し分けられることも多い.

「あら，見たの？」
　　　　「うん」
　　　　お仲はちょっと黙ったが，台所口に膝をついて清兵衛を見た．
　　　　「あれ，弟なのよ．新蔵っていう末っ子」
　　　　　　　　　　　　（藤沢周平「女下駄」『龍を見た男』所収）

上で，清兵衛はお仲に，「誰か，男のひとと一緒だったんじゃないのか？」と尋ねている．「男のひとと一緒だった」という表現は，「その男は彼女の恋人である」ということを含意する．そうした含意があることに気づいて，お仲は，「あれ，弟なのよ」と釈明したのである．「男のひと」がなぜ，普通，兄弟や夫を意味しないのかは興味深い問題である．

　暗黙の想定，ないしは共通知識がないと，会話の含意がわかりにくいことがある．次のようなやり取りである．

　　(2)　A: Come over next week for lunch.
　　　　B: It's Ramadan.
　　　　　　　　　　　　　　　　　　(Saeed (1997: 184))

AもBもイスラム教徒であれば，「来週」はイスラム教の第9月，すなわち，ラマダーン（断食）に当たっており，Bの返事は断りであることがわかる (Saeed (1997))．イスラム教では，この月の間じゅう，毎日，日の出から日没まで厳しくこの規律が守られるからである．

8.5.2　「協調の原則」と四つの「公理」
　では，会話の含意はどこから来るのであろうか．会話の含意を生み出す基盤として，Griceは次の原則を立てた (Grice (1989: 26-27))．

　　(1)　協調の原則 (Co-operative Principle)
　　　　Make your contribution such as is required, at the stage at which it occurs, by the accepted purpose or direction of the talk exchange in which you are engaged.
　　　　（会話の段階で，あなたが行っているやり取りの，共通の目的・方向という点から，要請されるだけの貢献をせよ）

ここで用いられている contribution（貢献）とは，「発話」のことを指している．「協調の原則」は，私たちのやり取りを支配している暗黙の一般原則である．赤信号なら止まる（＝交通規則），あいさつされたらあいさつを返す（＝常識）といった（会話以外の）行為と同様，私たちは無意識のうちに，ある決まりを守っている．そうでなければ，やり取りはバラバラになってしまうからである．

　Grice は，「協調の原則」を（カントの『純粋理性批判』におけるカテゴリー表にならって）「量」，「質」，「関係」，「様態」という四つに分割した．四つに分割された下位原則は「公理」（哲学では，「格率」）(maxim) と呼ばれる．

(2) 　量の公理 (Maxim of Quantity)
　　(i) 　Make your contribution as informative as is required for the current purposes of the exchange.
　　　　（あなたの貢献を，当のやり取りのその場の目的のために必要なだけの情報を与えるようなものにせよ）
　　(ii) 　Do not make your contribution more informative than is required.
　　　　（あなたの貢献を余分な情報を与えるようなものにするな）

(3) 　質の公理 (Maxim of Quality)
　　Try to make your contribution one that is true, specifically:
　　（あなたの貢献を真であるものにすべく努めよ，とりわけ）
　　(i) 　do not say what you believe to be false
　　　　（偽りであると思っていることを言うな）
　　(ii) 　do not say that for which you lack adequate evidence.
　　　　（十分な根拠のないことを言うな）

(4) 　関連の公理 (Maxim of Relation)
　　Make your contribution relevant.
　　（あなたの貢献を関連のあるものにせよ）

(5) 　様態の公理 (Maxim of Manner)
　　Be perspicuous. （明快な言い方をせよ）
　　(i) 　avoid obscurity. （不明瞭な言い方を避けよ）
　　(ii) 　avoid ambiguity. （曖昧な言い方を避けよ）

(iii) be brief.（簡潔な言い方をせよ）
(iv) be orderly.（順序だった言い方をせよ）

　これらの公理は，「命令文」の形をしてはいるが，決して「上手な話し方をせよ」と述べているのではない．これらの公理は，やり取りを支配する暗黙の法則である．それゆえ，公理における「Xせよ（するな）」とは，「話し手はXしようとする（しようとはしない）ものだ」とほぼ同義である．
　たとえば，次の例を考えてみよう．

(6) A: Where's Bill?
　　B: There's a yellow VW outside Sue's house.
（Levinson (1983: 102)）

　この場合，Bは，Aの質問にまともに答えてはいない．それゆえ，一見，協調の原則を破っているかのように見える．しかし，実は，Bの答えは，深いレベルでは，協調的なのである．そう解釈することによって，Bは「彼はスーの家にいる」と答えたのだと理解される．ただし，この場合，次のことが前提とされていなければならないであろう．

(7) 今スーの家の外に駐車してある黄色いフォルクスワーゲンはビルのものだ．

8.5.3 公理と会話の含意

　Griceは，会話の含意を (i)「特定化された会話の含意」(particularized conversational implicature) と (ii)「一般化された会話の含意」(generalized conversational implicature) とに分けた．前者はある特定のコンテクストに依存して生み出されるものであり，後者はコンテクストの違いを超えて，一般的に生み出されるものである．この節では，四つの公理と会話の含意との関係に焦点を当ててみたい．
　経験的にわかることだが，やり取りは常に公理を守って行われるとは限らない．公理から逸脱しているケースとして，Griceは，(i) 公理に（相手に気づかれないように）「違反する」(violate), (ii) 公理に従うことを「拒む」(opt out), (iii) 公理同士が衝突する (clash), (iv) 公理を（わざと）無視する (flout), などがある．会話の含意が生じるのには，主に二つのケースがある．

一つは，話し手が公理を守っているという想定から自然に生み出される類いの含意であり，もう一つは，話し手が公理をわざと破り，それを逆用 (exploit) することによって生み出そうとしている類いのものである．後者の場合，表面的には公理は破られているが，深い次元では，その公理（あるいは，協調の原則）は守られていると解釈されなければならない．

8.5.3.1 量の公理と含意
[A]　量の公理が守られている場合
次の例を考えてみよう．

(1)　A: Did you drink all the bottles in the fridge?
　　 B: I drank some.

(Saeed (1997: 194))

Bの答えを聞けば，私たち（あるいはA）は，コンテクストのいかんにかかわらず，Bはビールを全部飲んだわけではないと推論する．これが「一般化された会話の含意」である．論理的に言えば（＝含意からすれば），「全部」は「幾らか」を含むので，「全部のビールを飲んだ」場合でも，「幾らかのビールを飲んだ」ことにはなる．しかし，そうなると，（十分な情報を与えていないことになるので）「量の公理」に違反してしまう．上のやり取りにおいては，私たちは，普通は「全部飲んだのなら全部飲んだと言うものだ」という「量の公理」が守られていると想定することによって，Bはビールを全部飲んだわけではないと推論するのである．

[B]　量の公理が逆用されている場合
次のやり取りを考えてみよう．

(2)　「よう」
　　 と擦れ違った運転手が何も知らないで言った．
　　 「こんなに遅くなってからどこへ行くんだい？」
　　 「ああ，<u>ちょっとそこまでだ</u>」
　　 三上は硬張った顔を微笑わせた．

(松本清張『地の指』)（下線筆者）

三上が同僚の運転手に与えている情報は，「ちょっとそこまで」だけであり，

内容はほとんどない。すなわち，三上は，通常必要とされるだけの情報を与えていない。なぜなら，「そこ」がどの場所なのか誰にもわからないからである。しかし，この場合，彼は「量の公理」をわざと破り，それを逆用することによって，「詳しく言いたくない」という（特定化された）会話の含意を伝えている。

次の例では，ある人物に会わせろと押し問答をしている。「いないものはいない」と，同語反復 (tautology) がなされている。

 (3) 「いるはずです。かくさずに出してください」
   「いないよ。分からない人だな」
   「います。ちゃんと知って来たのだから」
   「<u>いないものはいない</u>」

（松本清張『眼の壁』）（下線筆者）

論理的に言えば，「いないものはいない」とは，当たり前で，意味をなさない。しかし，会話的には決して無意味かつ非論理的な言い方ではない。「存在しないものは出せない。帰ってくれ。」といった（特定化された）会話の含意を生み出そうとしているからである。日本語には同語反復の例は豊富である（「僕は僕だ」，「親も親なら，息子も息子だ」，「約束は約束だ」など）。

次の例（クリスティの『ナイルに死す』から）では，ポアロが，サイモンとの失恋に悩むジャクリーンに，「恋が人生のすべてではない」と慰めている。

 (4) 'Love is not everything, Mademoiselle,' Poirot said gently.
   'It is only when we are young that we think it is.'
   'You don't understand.' She shot him a quick look.
   '… Simon and I loved each other.'
   '*I know that you loved him.*' She was quick to perceive the inflection of his words. She repeated with emphasis: '*We loved each other …*'

(A. Christie, *Death on the Nile*)（斜字体筆者）

ポアロは斜字体の部分をどういう意味で言ったのだろうか。一方，彼女はその言葉をどう理解し，それにどう反応したのだろうか。「量の公理」の逆用という観点から，この問題を考えてみたい。

サイモンとの失恋に悩む若い女性，ジャクリーンに対して，ポアロは「恋が人生のすべてだと思えるのは若いうちだけですよ」と慰めるが，ジャクリーンにはそんなふうに考える心のゆとりなどない．彼女は，サイモンに裏切られたことで傷つき，ポアロに「私たちは愛し合っていたんです」と訴える．それに対して，ポワロは，斜字体のように答える．斜字体の意味は，「あなたのほうは愛していたんですよね」といったものであろう．

ポアロの答えで興味深いことは，"you loved him" とだけ言って，"he loved you" とは言っていないということである．すなわち，彼が彼女のことを愛していたかどうかに関しては何も触れていない．わざと「量の公理」を破ることによって，遠回しに「彼のほうは愛してはいなかったんですよ」ということを述べているのである．こういう遠回しな言い方をしたのは，もちろん，ポアロの優しさであり，「丁寧さ」(politeness) であろう．ポアロの声の調子から，彼の言外の意味を悟ったジャクリーンは，ポアロの言葉を即座に否定し，"We loved each other." と反論したのである．[7]

8.5.3.2 質の公理と含意
[A] 質の公理が守られている場合

普通，話し手が相手に何かを断言するときには，話し手はそのことを信じて言っている．誰かが次のように断言したとしてみよう．

(1) Mary is engaged.

「質の公理」に従うかぎり，この発話から次のような（一般化された）会話の

7.「量の公理」が完全に破られているケースとして，「無言」の場合が挙げられる．次の例は，おすまという若い女性と吉蔵という若い職人との会話である．
  (i)「うん．今日はほかに用事がある」
    吉蔵は言ったが，その言葉が嘘であることは，おすまを見た眼が右に左に走って落ちつかないことでわかった．
    「いつもと違うのね．なにかあったんですか」
    「……」
    「なにか気にいらないことでもあるんですか．隠さず言ってください」
                        （藤沢周平「閉ざされた口」『闇の穴』所収）
上の例では，主人公のおすまは，吉蔵がいつもと違って口数が少ない（そして自分の話しかけに応答してくれない）ことを不審に思っている．彼女は，その無言（あるいは，沈黙）から，「なにかあった」という，会話の含意を読み取ったのである．

含意が生じる．

 (2) 話し手は，ある根拠に基づいて，メアリーが婚約していると信じているし，その証拠も握っている．

メアリーが婚約しているということが秘密のことであったような場合，聞き手は「え，どうして君はそんなことを知っているのだ」と聞き返すかもしれない．それは，聞き手は，(1)のような発話を聞くと，自動的に(2)のような含意を抱くからであろう．
 話し手が自分の言ったことに責任をもつという趣旨の条件は，発話行為論において，「誠実性条件」と呼ばれるが，「質の公理」は一種の「誠実性条件」と言ってよい (§8.3.3 を参照)．

[B] **質の公理が逆用されている場合**
 会話においては，わざと「十分な根拠のない」ことや，「思ってもいないこと」を口にすることがある．メタファー (metaphor) や皮肉 (irony) がその典型である．「質の公理」を逆用することによって，レトリックとしての効果をねらったり，言外に「嫌み」を伝えたりする．

 (3) Queen Victoria was made of iron. (Levinson (1983: 110))

この例はメタファーであることは一目瞭然である．ただし，話し手が「質の公理」を守っているとした場合，メタファーの解釈はなされず，どこかに鉄でできた「ビクトリア女王」の像があったといった解釈になろう．
 Grice の挙げる次の例は「皮肉」である．話し手は X に裏切られたあとで，そのように発話した．

 (4) X is a fine friend. (Grice (1989: 34))

状況から言えば，この例は明らかに偽りである．話し手はあえて「質の公理」を破ることによって，正反対の意味を伝達している．

8.5.3.3 関連の公理と含意
[A] **関連の公理が守られている場合**
 次の例を見られたい．

(1) A: Can you tell me the time?
　　B: Well, the milkman has come.
(Levinson (1983: 98))

このやり取りにおいて，A が質問しているのは，「相手に時刻を知らせる能力があるかどうか」，すなわち，「一般的に，時計の読み方を知っているのか？」ではないことは一目瞭然であろう．そうではなく，質問のポイントは，「今何時ですか」ということである．それに対して，B は正確な時刻を知らないのでやや口ごもり，「そうですね，牛乳配達の人はもう来ましたけど」とだけ答えている.[8] B の答えが「関連の公理」に従っていると想定するならば，それは「今の時刻は牛乳配達の人が来る時間よりも遅い」というものである．ただし，重要なことは，A も B も牛乳配達の人が来る時間帯を知っているという前提があるということである．

では，次のやり取りを考えてみよう．

(2) A: I am out of petrol.
　　B: There is a garage round the corner.
(Grice (1989: 32))

ここで，B は，A に「角を曲がったところにガソリンスタンドがありますよ」と言いつつ，「給油したいなら，そこで給油できますよ」と情報を提供している．ただし，この場合も，B は「そのガソリンスタンドが営業中である」と信じていることが前提である．ガソリンスタンドがあっても，今閉まっているのなら，給油はできないからである (Grice (1989: 32))．

[B] 関連の公理が逆用されている場合

では，「関連の公理」が逆用されている例を挙げてみよう．Thomas (1995) は，次のような愉快な例を挙げている．

(3) [話し手 B は列車の長旅の途中で，本でも読もうとしている．しかし，隣の乗客がいろいろ話しかけてくる]
　　A: What do you do?

---

8. 口ごもっていることは，well という談話連結詞 (discourse connectives)（「談話標識」 (discourse markers) とも呼ばれる）から明瞭である．

> B: I'm a teacher.
> A: Where do you teach?
> B: Outer Mongolia.
> A: Sorry I asked!
>
> (Thomas (1995: 68))

このやり取りにおいて，Bは「外モンゴル」と答えている．もしかするとBは本当のことを述べたのかもしれない．しかし，Aにとっては，「外モンゴル」はあまりに遠すぎて，非現実的な場所である．そんなところで先生をしているイギリス人などいようはずがない．そこで，Aは，てっきりBがわざと関連のないことを言うことによって，「話しかけないでください」という（特定化された）会話の含意を伝達しようとしたものと理解したものと考えられる．このことは，Aが即座に，「失礼しました」と謝っていることからもわかるであろう．

8.5.3.4　様態の公理と含意
[A]　様態の公理が守られている場合

「様態の公理」は四つのルールから構成されていた．ここでは，第4法則，すなわち (1) からもたらされる含意を考えてみよう．

(1)　Be orderly.

次の例を見られたい．

(2)　Alfred went to the store and bought some whisky.

この例では接続詞 and によって二つの節が併置されている．(1) の公理から，普通は次のような（一般化された）会話の含意がもたらされる．

(3)　店に行ったことが先で，ウィスキーを買ったのが後である．

これは，現実世界の出来事が接続詞 and で併置される際には，出来事が起こった順序で述べられるものであるという暗黙の想定があるからである (Sweetser (1990))．(2) を (4) のように書き替えると，出来事の順序が逆転してしまう．

(4) Alfred bought some whisky and went to the store.

[B] 様態の公理が逆用されている場合

次の例は,ある音楽批評家が,X嬢が「ホーム・スイート・ホーム」を歌うのを聞いた後で,述べたものとする.

(5) Miss X produced a series of sounds corresponding closely to the score of "Home Sweet Home."　　(Grice (1989: 37))

Griceが述べているように,X嬢の歌を聞いた批評家が,単に,Miss X sang "Home Sweet Home." X嬢が「ホーム・スイート・ホーム」を歌ったと言わないで,わざわざ,上のような言い方をしたとすれば,「様態の公理」の中の「簡潔に言え」に違反する.それでもこの文が会話として成立するとすれば,批評家は遠回しに,「X嬢の歌唱は実にひどいものだった」と言おうとしているのである.

8.6　終わりに

本章では,語用論という分野について概説した.冒頭で述べたように,語用論では,言語とコンテクストのかかわりが分析の対象となる.直示にせよ,発話行為にせよ,前提にせよ,会話の含意にせよ,すべて,発話と話し手を取り巻く物理的・心理的な環境が関係している.それゆえ,文の意味を語用論的に理解するためには,誰が,どこで,どのような意図で,その文を発話したのかを考慮に入れなければならない.Grundy (2000^2) が指摘しているように,たとえば,次の二つの文の違いは,meとyouだけである.

(1) It's me again.
(2) It's you again.

しかし,コンテクストによっては,(1)では小さな子供が父親に「またやっちゃった」と謝っており,(2)では父親が小さな子供を「またやったのか」と叱っているように解釈される.こうした何げない発話に込められた,微妙な「言外の意味」を探ることが,語用論の面白さであるように思われる.

【recommended reading】

　Levinson (1983) は最も包括的なテキストとして定評がある．さらに，Leech (1983)，Mey (1993, 2001²) も読みやすい．日本語で書かれたものとしては，小泉（編）(2001) がある．この本は，語用論の基礎と応用が論じられており，研究の指針を与えてくれる．

【研究課題】

1. 次の文はどのような状況で用いられるのかについて，できるだけ具体的に説明せよ（ヒント：聞き手のいる場所を考慮に入れる）．
　　(1)　I'm going to John's party.
　　(2)　I'm coming to John's party.

2. 次の例で，遂行文とそうでないものを区別せよ．また，なぜそのように区別したのか，理由を述べよ（ヒント：副詞 hereby を付けてみよ）．
　　(1)　I admit I was wrong.
　　(2)　I think I was wrong.
　　(3)　I apologize to you.
　　(4)　I amuse you.
　　(5)　We promised to leave.
　　(6)　He admits he was silly.

3. 次の例の中から，Mike smashed the television. を前提としているものを選べ．また，なぜそれらを選んだのか理由を述べよ（ヒント：各例の文頭に Mike smashed the television を付けてみよ）．
　　(1)　Did Mike smash the television?
　　(2)　When did Mike smash the television?
　　(3)　I was eating popcorn when Mike smashed the television.
　　(4)　Why did Mike smash the television?
　　(5)　I don't understand why Mike smashed the television.
　　(6)　I wonder if Mike smashed the television.
　　(7)　I wonder how Mike smashed the television.

4. もしあなたがジェーンだとしたら，スティーブの答えからどのような含意をくみ取るだろうか？
    (1) Jane:　Who used all the printer paper?
        Steve:　I used some.
    (2) Jane:　Mike and Annie should be here by now. Was their plane late?
        Steve:　Possibly.
5. マイク，アニー，そして猫が台所にいるとする．次の例でアニーが意味している含意はどのようなものか説明せよ（ヒント：アニーの返事は Grice の四つの公理のどれに違反しているのかを考えてみよ）．
    (1) Mike:　What happened to that bowl of cream?
        Annie:　Cats drink cream.

第9章

情報構造

9.0 文の情報構造

　自分しか知らない耳よりな情報をだれかに話したいと思うのは，人の常であり，このような動機から会話が始まることは珍しくない．会話とは，普通，何かを「話題」としてとりあげ，それについて「何かを述べる」というパタンを繰り返しながら情報のやり取りをすることである．

　このとき，「話題」は話し手にも聞き手にも既知と想定される事柄であり，それについて話し手が「何かを述べる」部分は，聞き手にとって未知と想定している事柄である．

　話し言葉であれ，書き言葉であれ，情報交換の道具である文は，典型的に「既知＋未知」という情報のまとまりであり，ここに一定の構造を認めることができる．これが，文の**情報構造** (information structure) である．

　この分野の先駆けとなったのは，プラハ言語学派 (the Prague School of Linguistics) の研究者たちである．この学派は，「言語とは伝達手段の体系である」という機能的な観点から言語の研究に着手し，その中心的人物であった Vilém Mathesius (1882–1945) は，文の構成を**主題** (theme) と**説述** (rheme) という二つの部分に分けたのである．

　この考え方が，その後に続く情報構造研究の出発点であり，本章で扱われる旧情報・新情報であるとか，話題・評言であるとかの基礎となった．

9.1 旧情報と新情報

情報構造の立場から見れば，文が伝える情報は，「既知」と「未知」とに分けることができ，前者を**旧情報** (old information)，後者を**新情報** (new information) と呼ぶ．

〈旧情報〉とは，話し手が会話の文脈や場面に基づいて「聞き手もすでに知っていると判断する」情報であり，〈新情報〉とは，話し手が「聞き手はまだ知らないと判断して」会話の中にはじめて提示する情報である．

談話 (discourse)[1] は「既知から未知へ」と流れていくのが自然であるから，これら2種類の情報を文中に配置するとき，当然，できるだけ〈旧情報〉を前に置き，〈新情報〉を後ろに置こうとする強い傾向が見られる．

次の例において，(1) の質問に対する答えとして自然なのは，(1a) であろうか，それとも (1b) であろうか．

(1) *When* did John come home?
   a. He came home *yesterday*.
   b. *Yesterday* he came home.

(1a, b) は，どちらも英語として間違っているわけではない．しかし，(1) に対する答えとして見ると，(1b) よりも (1a) のほうが自然であると感じられる．(1) の質問者は，「ジョンが帰宅した」ことはすでに知っており（旧情報），「帰宅したのはいつか」という〈新情報〉を求めているのだと判断される．その結果，「旧→新」の流れに沿った (1a) が適切な答えとなるのである．

一方，(1) の文脈では不自然と判断された (1b) の配列も，次の文脈であれば自然となる．

(2) A: What happened *yesterday*?
   B: *Yesterday* John came home.

この例では，話し手 B の判断として yesterday が〈旧情報〉となり，何が起こったかを〈新情報〉として求めているのである．したがって，(2B) では John came home が〈新情報〉となっていて，「旧→新」という自然な配列が

---

[1] 「談話」とは，内容的なまとまりをもつ二つ以上の文の集合体である．

作られているのである.

　このように, 自然な情報の流れを作るためには, 文法的に可能な限り, 〈旧情報〉を文の前方に, そして〈新情報〉を後方に配置することが好まれる. ただし, この原則が適用されるのは, 文の中に新旧二つの要素を表現する場合に限られる. 次節で見るように, 実際の会話においては, 〈旧情報〉を省略して, 〈新情報〉のみを提示するほうがはるかに一般的だからである.

9.2　旧情報と新情報の特徴

　この節では, 〈旧情報〉と〈新情報〉がそれぞれもっている特徴のうち三つを見ることにしよう.

　第1に, 文中で〈旧情報〉は省略することができるが, 〈新情報〉を省略することはできない. したがって, (1)は会話の流れとして問題がないが, (2)は何も〈新情報〉を伝えていないので会話が成り立たない.

　　(1)　A:　What's your name?
　　　　 B:　(My name is) John Smith.
　　(2)　A:　What's your name?
　　　　 B: *My name is.

くだけた文体では, 場面から〈旧情報〉となった主語も, 省略されることがある.

　　(3)　Excuse me, sir!　(You) Forgot your receipt.
　　　　 (お客さま!　レシートをお忘れですよ)
　　(4)　(You) Wanna join us?　(一緒に来るかい?)

このような場合, 話し手と聞き手とが対面しており, 主語がだれなのか明らかであるから〈旧情報〉となり, その結果, 省略されるのである.

　第2に, 発音の点から見ると, 〈旧情報〉には強勢が付与されないが, 〈新情報〉には文強勢が付与される. 一般に, 文強勢を担う要素は, 新情報の**焦点** (focus) である. 焦点とは, 〈新情報〉の中でも最も重要な部分のことである. (5)-(7)のB文で, 斜字体が〈新情報〉を伝える部分であり, その中で文強勢を担っている部分 (大文字で示す) が〈新情報の焦点〉を表す.

(5) A: Who broke the window?
    B: *JOHN* did.
(6) A: What did John do?
    B: He *broke the WINDOW*. （彼は …）
(7) A: What happened?
    B: *John broke the WINDOW*. （ジョンが …）

(6B) の文強勢の置かれ方は，(7B) と同じであるが，両者の情報構造上の解釈は異なっている．(6B) では動詞句が，(7B) では文全体が，〈新情報〉として提示されている．

最後に，名詞が冠詞をとる場合，通例，〈旧情報〉に当たるものには定冠詞が付くか，または代名詞化され，〈新情報〉に当たる名詞には不定冠詞が付く．

(8) a. I ate a big cheeseburger. *It* was very delicious.
    b. I have a dog. *The dog*'s name is Lupa.

しかし，情報の新旧は，特定の語彙や形式と必然的に結びついているのではなく，場面や文脈に基づいて，話し手の判断で決められるものである．

9.3 話題と評言

文の構造は，**話題** (topic) と**評言** (comment) という観点からも分析できる．〈話題〉とは話し手が「現在話題にしている事柄」であり，〈評言〉とは話し手が「話題について述べる部分」である．したがって，〈話題〉は，通例，文の冒頭に置かれ，その次に〈評言〉が置かれる．

(1) [John] [read Shakespeare].
    　話題　　　評言
(2) A: Who read Shakespeare?
    B: [Shakespeare,] [John read].
    　　話題　　　　評言
(3) A: What happened yesterday?
    B: [Yesterday,] [John met an American student].
    　　話題　　　　　　評言

〈話題〉と〈評言〉は，それぞれ伝統的な主部と述部と一致することが多いが，両者は視点の異なる概念である．(4) では両者が一致しているが，(5) では一致していない．

(4)　[The teacher] [then came]．（先生は，その次に来た）
　　　主部／話題　　述部／評言

(5)　[Then came] [the teacher]．（次に来たのは，先生だった）
　　　述部／話題　　主部／評言

一方，〈旧情報〉は，概略，〈話題〉と一致し，〈新情報〉は〈評言〉と一致する．
〈話題〉と〈評言〉の配列は，普通，既知から未知へと向かう「話題→評言」であるが，話し手が興奮したようなときには，「評言→話題」の配列も見られる．[2]

(6)　[What a slow train] [this is]!
　　　評言　　　　　　　話題

(7)　[Wonderful civility] [this!]　（驚くべきいんぎんさだ，これは）
　　　評言　　　　　　　話題

(8)　[Nonsense] [I call it]．（I call it は概略 this is）
　　　評言　　　話題

(6)-(8) では，話し手の頭に浮かんだ最も重要な観念を最初に伝えていて，〈評言〉以外の部分は省略されてもさしつかえない．

日本語では，通例，〈話題〉を「は」で表し，(9B) の (きのう) のように〈旧情報〉は省略され，〈新情報〉の主語には「が」が用いられる．

(9)　A: きのうは，何があったの？
　　　B: (きのうは) ウサギが小屋から逃げ出したんだ！

ある要素が〈話題〉に選ばれたとき，(10)-(11) の (b) 文のように，選ばれなかった他の要素との対比の意味が必然的に生じてくる．

(10)　a.　John likes apples.

---

2. Mathesius (1975) は前者を「客観的語順」，後者を「主観的語順」と呼んでいる．

b. John likes apples(, but Bill doesn't).
(11) a. 日曜日には<u>ゴルフ</u>をします．
　　b. 日曜日には<u>ゴルフ</u>をします（が，<u>ウィークデイには</u>しません）．

9.4　情報構造と構文

　本節では，〈新情報〉の配置が関与していると思われる構文について考えてみよう．

9.4.1　there 構文

　there 構文の機能は，あるものの存在や出現を〈新情報〉として提示することである．次の例を考えてみよう．

(1)　a. ?*A book* is on the table.
　　b. There is *a book* on the table.

(1a) は，不自然に響く．なぜなら，文頭は通例，〈旧情報〉の占める位置であるにもかかわらず，いきなり〈新情報〉が提示されているからである．ただし，いくら〈新情報〉を文の後方に置きたくても，構造上の締めつけから，後置が許されない場合がある．たとえば，(2) は非文である．

(2)　*is on the table a book

〈新情報〉が文頭にくるという唐突さを避けるため，文頭に形式主語 there を置いて，少しでも〈新情報〉を後ろに回すのが there 構文の重要な役割であると言える．[3]

　話し手と聞き手の間ですでに特定されている事柄を there 構文で提示することはできない．there 構文の「新情報の提示」という機能に反するからである．したがって，通例，学校文法では，**定名詞句** (definite NP) を there 構文に用いることはできないとされている．

　3.　統語論的には，is は非対格動詞 (unaccusative verb) だから，主語 NP の a book は必然的にその右側に置かれるとも言える．

(3) a. *There is *Mt. Fuji* in Japan.
　　b. *There are *them* on the committee.
　　c. *There are *these tomatoes* in the basket.
　　d. *There was *my car* stolen by a burglar.

ただし，there 構文が定名詞句とともに用いられることもある．たとえば，質問の答えとして，候補をリストするような文（＝リスト文）の場合である．

(4) A: What can we read to them?
　　B: Well, there's *this book*, and there's *the book* about Snow White, and there's *Franklin's autobiography*.

(4) では，there 構文によって提示されている名詞句が既知項目 (given item) ではあっても，どんな本が選ばれるか聞き手には不明なのだから，質問に対する答えとして〈新情報〉となっていることがわかる．さらに，談話の場面に何かが新たに出現した場合も，there 構文と定名詞句とは共起できる．

(5) Look! There's *the*/*an* ocean.

(5) は，海が見えた瞬間の発話である．話し手と聞き手が共有する場面・視界の中に「海」が新登場したため，定名詞句が〈新情報〉を担うのである．

このような場合を除いては，there 構文が定名詞句とともに用いられることはなく，伝統的な学校文法の説明が間違っているわけではない．

ところで，there 構文は，本動詞または助動詞としての be が含まれている限り，8 文型すべてに用いることができる．

(6) a. SV:　　　No one *was* waiting.　→
　　　　　　　　There *was* no one waiting.
　　b. SVA:　　*Was* anyone in the room?　→
　　　　　　　　Was there anyone in the room?
　　c. SVC:　　Nothing *was* in motion.　→
　　　　　　　　There *was* nothing in motion.
　　d. SVO:　　Some people *are* getting promotion.　→
　　　　　　　　There *are* some people getting promotion.
　　e. SVOA:　 A girl *is* putting the kettle on.　→

There's a girl putting the kettle on.
 f. SVOO: Something *is* causing him distress. →
     There's something causing him distress.
 g. SVOC: A bulldozer has *been* knocking the palace flat.
     → There has *been* a bulldozer knocking the palace flat.
 h. 受動文：A whole box has *been* stolen. →
     There has *been* a whole box stolen.

there 構文は，新しく登場した人や物の「存在」を提示する文であるから，存在を表す be とともに用いられるのが普通であるが，〈格式体〉では live, stand, remain, exist, come, happen, occur などの「存在」や「出現」を表す自動詞とともに用いられることがある．

 (7) a. Once upon a time *there lived* a wise king.
   b. *There remains* a serious problem.
   c. *There came* a man from Tennessee.
   d. *There arrived* three packages in the mail.
   e. *There occurred* a robbery.

また，他動詞であっても，「他動詞＋目的語」が一つの出現動詞になっている場合には，there 構文に用いられることがある．

 (8) a. *There reached his ear* the sound of voices and laughter.
   b. *There crossed her mind* a most horrible thought.
               (Kayne (1979))

(8a) の reach と (8b) の cross は，それぞれ他動詞ではあるが，reached his ear, crossed her mind という連鎖がひとかたまりで「出現」を意味しているのである．

「…があるようだ」を意味する seem to be, appear to be, happen to be のような表現も there 構文に用いられる．

 (9) a. *There seem to have been* three explosions on the boat.
   b. *There appears to be* a spot on the rug.

c. *There happens to be* a fingerprint on the mirror.

9.4.2 SVOO 型と SVOA 型

ここでは，次のような書き替えについて考えてみよう．

(1) a. John gave Mary *the book*.
　　b. John gave *the book* to Mary.

(1a, b) の真理条件は同じである．すなわち，文が伝える事実関係には何の違いもない．しかし，この二つの構造の選択には，「旧→新」という配列が関与している．〈旧情報〉と〈新情報〉の位置に注意して，次の例を見てみよう．

(2) What did John give Mary?
　　a. He gave [her] [a book].　(SVOO)
　　　　　　　 旧　　 新
　　b. ?He gave [a book] [to her].　(SVOA)
　　　　　　　　 新　　　　旧

(3) Who did John give the book to?
　　a. He gave [it] [to Mary].
　　　　　　　 旧　　 新
　　b. ?He gave [Mary] [the book].
　　　　　　　　 新　　　　旧
　　c. *He gave [Mary] [it].
　　　　　　　　 新　　 旧

(2), (3) の質問に対する答えとしては，それぞれ (a) 文が自然である．(b) 文は，それ自体は文法的ではあるが，情報構造的にはいささか不自然であると判断される．(3c) は，さらに文法的にも不適格である．

　上の例からわかるのは，SVOO 型と SVOA 型の両方の文型が可能であるときには，〈新情報〉を文の後ろに回す文型が自然なものとして選ばれる，ということである．この原則は，疑問文に答える場合以外でも適用される．

　次の (4), (5) では，どちらも (a) 文が好まれる傾向がある．

(4) a. I teach [him] [English].
       旧   新

   b. ?I teach [English] [to him].
              新   旧

(5) a. I teach [English] [to some children].
              旧   新

   b. ?I teach [some children] [English].
              新   旧

(4) の代名詞 him は〈旧情報〉とみなされ，(5) の**不定名詞句** (indefinite NP) の some children は〈新情報〉とみなされる．

9.4.3 **put out the cat** のタイプと **put the cat out** のタイプ

put it out のように代名詞の位置が固定されているイディオムについて，情報の新旧という観点から考えてみよう．

(1) What happened to your cat?
   a. We put it OUT.
   b. We put the cat OUT.
   c. ?We put out the CAT.
   d. *We put out IT.

(1) の質問に対する答えとして自然なのは，(1a, b) であり，しかも，(1a, b) では既出の your cat を代名詞化した (1a) のほうが情報の伝達効率がよいと言える．この文脈で〈新情報〉の〈焦点〉となるのは out である．一方，(1c), (1d) は〈旧情報〉の要素が文末の焦点位置にあるので不適格である．

次の (2) では，〈新情報〉としての a cat が文末に配置されている (2a) が自然である．

(2) What did you put out?
   a. We put out a CAT.
   b. ?We put a cat OUT.

この他，check it out, fill it in/out, put it on/off, take it on/off, turn it on/off などについても，同様なことが言える．

9.4.4　it 分裂文と擬似分裂文

英語には，**分裂文** (cleft sentence) と呼ばれる構文がある．たとえば，(1) に対して，(2a) を it 分裂文 (*it*-cleft) と呼び，(2b) を**擬似分裂文** (pseudo-cleft) と呼ぶ．

(1)　John lost his keys.
(2)　a.　It was his keys that John lost.
　　　b.　What John lost was his keys.

it 分裂文では，通例，It is/was … that の「…」の部分が新情報を担っており，ここに強勢が置かれる．一方，that 節内の情報は，通例，先行文脈から旧情報化されており，省略可能であることが多い．

(3)　a.　It was [MARY] [(that) John met yesterday].
　　　　　　　　　新　　　　　　　　旧
　　　b.　It was [YESTERDAY] [(that) John met Mary].
　　　　　　　　　　新　　　　　　　　　旧

擬似分裂文は，〈新情報〉を後ろへ回す働きをする．wh 節内の情報は，必ずしも先行文脈によって旧情報化されている必要はなく，場面や状況から聞き手が容易に連想できる内容であればよい．

(4)　a.　[What you need] is [MONEY].
　　　　　　　旧　　　　　　新
　　　b.　[What I liked] was [her HAIRSTYLE].
　　　　　　　旧　　　　　　　　新

it 分裂文も擬似分裂文も日本語では「X なのは Y だ」と同じ文になってしまうが，両者は先行文脈への依存度が異なっている．通例，it 分裂文は先行文脈を受けて用いられるのに対し，擬似分裂文は，文脈に限らず場面や状況を受けて用いられる．先生の研究室を訪ねる約束をしていた学生の発話として，次の 2 文を比較してみよう (cf. Prince (1978: 889))．

(5) a. It was about my grades that I wanted to talk to you.
    b. What I wanted to talk to you about was my grades.

会話の冒頭の発話であるとすれば，(5a) は奇異に響くが，(5b) には不自然さはない．なぜなら，聞き手（先生）にとって，「何か相談したいことがあるから訪ねて来たのだろう」という予測が容易に成り立つからである．このことから，擬似分裂文は発話場面を受けて用いられることがわかる．

9.5 話題と構文

本節では，〈話題〉の選び方が関与していると思われる構文について考察する．

9.5.1 話題化

話題化 (topicalization) は，先行文脈とのつながりを滑らかにしたり，対比を表したりする働きをする．

(1) I'll have to introduce two principles. *One* I'm going to introduce now and *one* I'm going to introduce later.
(Ward and Prince (1991))
(2) A good cook does wonders, and *that* I know you have.
(3) "Willie says his [the dog's] name is Bert." "Then *Bert* it is."
(Steele, *A Perfect Stranger*)
(「ウィリーは，子犬の名前はバートにするって」「じゃあ，バートに決まりね」)
(4) A: "Do you know John?"
    B: "*Jóhn*, I know."

(4) は，直前の発話を受けて用いられる形であり，「（他の人は知らないが）ジョンなら知っている」という対比が意図されている．このため John には**対比強勢** (contrastive stress) が付与される．

9.5.2 受身文

情報構造の視点からすれば，受身文は，受動者を話題化する機能をもっている．(1a, b) の真理条件は同じであるが，話題が異なっている．(1a) は，John について述べている文であり，(1b) は，Mary について述べている文である．

(1) a. *John* loves Mary.
　　b. *Mary* is loved by John.

したがって，次の文脈では，Mary が話題として維持される (2a) が強く好まれることになる．

(2) What happened to *Mary*?
　　a. *She* was arrested (by the police).
　　b. ?The police arrested *her*.

Quirk et al. (1972: 807) によれば，受身文の約 80% では by 句が生じないと報告されているが，にもかかわらず by 句が表現されているとすれば，それはこの部分が〈新情報〉を担っているときである．

(3) "E.T." was directed *by Steven Spielberg*.

9.5.3 主語繰り上げ

従属節中の主語が主節の主語位置に繰り上げられる構文がある．seem, appear, be likely, be certain を用いる文には，次のような二つの形がある (t は移動した he の痕跡)．

(1) Tell me something about John.
　　a. It seems/appears that *he* is clever.
　　b. *He* seems/appears [t to be clever].

(1a) と (1b) では，情報構造的にどちらが自然なのだろうか．(1a) では，he is clever 全体が新情報として提示されている．一方，(1b) では，従属節中の he が主節の主語として繰り上げられて話題化されている．(1) の文脈では，

すでに John が話題としてとりあげられ，彼に関する情報が求められているのであるから，(1b) のほうが自然に感じられる．

次の (2) でも，主語を繰り上げた (2b) のほうが自然である．

(2) How is John doing in your class?
    a. It is likely/certain that *he* will pass my course.
    b. *He* is likely/certain to pass my course.

次の (3) では，主語繰り上げが 2 回行われている．これも〈旧情報〉を文頭に置きたいという動機が主語繰り上げの引き金になっている．

(3) Is John likely to win?
    a. He seems *t* to be likely *t* to win.
    b. He appears *t* to be certain *t* to win.

9.6 倒置と焦点化

倒置 (inversion) には，文法上の倒置と文体上の倒置とがある．

(1)   *Is* he a student?
(2)   a. *Never* have I felt better.
     b. I have *never* felt better.

(1) の主語・助動詞の倒置は文法上の倒置であり，倒置は義務的 (obligatory) である．他方，(2a) の否定辞の倒置は文体上の倒置であり，倒置は随意的 (optional) である．つまり，倒置のない (2b) でも一向にさしつかえない．

文体上の倒置は，強調のための倒置と呼ばれる．**強調** (emphasis) とは，〈新情報〉の〈焦点〉がどこであるかを明示することである．話し言葉では，強勢によって焦点がはっきりと示される．これに対して，強勢を利用できない書き言葉では，特殊な (有標の) 配列を作ることで〈焦点〉が明示される．

(3)   a. I've NEVER felt better.
     b. NEVER have I felt better.

倒置は，当然，話し言葉よりも書き言葉で利用されることが多い手段である．以下，さまざまな倒置を情報構造の視点から考察してみよう．

9.6.1 否定の焦点化
否定表現を文頭に置いて，その部分を〈新情報の焦点〉とするための倒置である．

(1) **Under no circumstances** *must* the switch be left on.
(2) **Hardly** *had* I arrived when trouble started.
(3) **In no way** *can* John be held responsible.
(4) **Nothing** *could* I find.

(1)-(4) の各文は，否定表現を無標（通常）の位置から有標（特殊）の位置である文頭へ回すことによって，新情報の〈焦点〉とし，そこにスポットライトを当てている表現であると言えよう．
なお，次の2例の意味はまったく違うことに注意されたい．

(5) *With no job* would John be happy.
(6) *With no job,* John would be happy.

9.6.2 副詞の焦点化
無標の位置では動詞の後ろにくる副詞を〈新情報の焦点〉とするための倒置である．このタイプは，文全体，すなわち状況全体を〈新情報〉として提示する役割を担っている．

(1) *HERE* comes our bus!
(2) *THERE* goes John!
(3) *DOWN* jumped a cat from the tree.
(4) *UP* popped a man from the hole in the ground.

((3)-(4)： Lumsden (1988))

この構文では，come, go のような移動を意味する動詞と，here, there, down, up などの方向を表す副詞が用いられる．状況全体が〈新情報〉であるから，固有名詞や定名詞句とともに用いてもさしつかえない．

9.6.3 主語を焦点化する倒置
9.6.3.1 場所・方向の前置詞句の倒置
場所・方向の前置詞句が先行文脈と関連のある〈旧情報〉を伝え，主語句の中の名詞を〈新情報の焦点〉として提示する．

(1) There was a big bed in the room. **On the bed** lay a beautiful GIRL.

(2) The university library holds more than 600,000 books, articles, and periodicals. **Adjoining to the library** (there) is a new COMPUTER CENTER.

(3) The Albert Stevens Inn is ideally located on one-way Myrtle Avenue. **Across the street** is WILBRAHAM PARK that encompasses the entire block.

(4) On a certain morning, Mary's mother was working in the kitchen. She heard a noise and looked up. **Into the room** walked MARY.

このタイプは，聞き手・読み手の注意を主語に向けさせることができるため，物語に新たな人物などを登場させる場合によく用いられる．同様に，このタイプは，視点をなめらかに移動させて，「旧→新」という，わかりやすい情報の流れを作る働きもしている．

9.6.3.2 形容詞句の倒置
前置された形容詞句が先行文脈と関連のある〈旧情報〉を伝え，主語を〈新情報〉として提示する．

(1) While we had thought that blue would look good, it looked surprisingly garish with the blues in the quilt. **Equally surprising** was how nice the maroon ink looked.
（ブルーが合うんじゃないかと思ってたんだけど，キルトのブルー系の色使いと合わせてみると，びっくりするほどけばけばしかったのよ．もうひとつ，びっくりしたのはね，栗色のインクがばっちりイケるってことだったわ）

(2) While Cote Benson and Al Freeman struggled for most of the season, Cote excelled, scoring 16 goals and 51 points. **More important** was Cote's play on defense.
(コート・ベンソンもアル・フリーマンもシーズンを通してがんばっていたが，勝ったのはコートのほうで，16 のゴールを決め，51 得点をあげた．さらに重要なのは，コートの守備力であった)

(1), (2) ともに，先行文脈によって「驚き」や「重要性」が明示または暗示されており，それを受けて〈新情報〉が提示されている．

9.6.3.3　分詞句の倒置

この倒置も「旧→新」という流れを保持するためものであり，とりわけジャーナリズムの英語で多用される．

(1) Dozens of people who heard about the stunt on the radio showed up in bikinis and shorts on Tuesday. **Splashing alongside them** were college students, secretaries and others in rolled-up jeans, T-shirts and summer dresses ...

(UStoday.com)

((巨大なバスタブを使う) スタントのニュースをラジオで聞きつけた何十人もの見物人がビキニや短パン姿で集まってきた．見物人たちの近くでパシャパシャと水をかけあっていたのは，学生，会社員などジーンズの裾を巻き上げたり，T シャツやサマードレス姿の人たちであった ...)

(2) **Coming up next** is a report from Wall Street.

(Bloomberg Radio)

(2) の Coming up (next) is ... は，ニュース番組でコマーシャルの直前などに使われる常套句と言ってよい表現である．

9.7　事実動詞と情報構造

補文の内容が真であることを〈前提〉とする動詞を**事実動詞** (factive verb),

それを前提としない動詞を**非事実動詞** (nonfactive verb) と呼ぶ.

次の文を比較してみよう.

(1) We *regret* that we mailed the letter to John.
(2) We *believe* that we mailed the letter to John.

(1) では,「ジョンに手紙を送ったこと」が話し手によって事実であると認識されているが, (2) ではそのことが事実であるという認識はない.

事実動詞には, discover, forget, learn, notice, realize, remember などがあり, これらの動詞が that 節を従えるとき, その内容は, 通例, 旧情報であるから, 疑問や否定の対象とはならない.

(3) Do you *regret* that you mailed the letter to John?
(4) We do not *regret* that we mailed the letter to John.

(3) でも (4) でも,「手紙をジョンに送った」ことは事実として扱われている.

これに対して, believe, think, suppose, guess などの非事実動詞を用いた (5) や (6) では, 本当に「手紙をジョンに送った」かどうかは不明であり, (6) では, むしろ「手紙を送っていない」という解釈が成立する.

(5) We *believe* that we mailed the letter to John.
(6) We do not *believe* that we mailed the letter to John.

すなわち, (6) の not は believe を飛び越して, 従属節の動詞 mailed にかかっているのである. このような解釈がなされる否定のパタンを**否定辞繰り上げ** (Neg-Raising) という.

9.8 副詞節と情報構造

副詞を文頭に置くか, それとも文末に置くかという選択も情報構造と強く結びついている. ここでは, 次のような配列の違いについて考えてみよう.

(1) I left *when John said he would leave.*
(2) *When John said he would leave,* I left.

典型的に, (1) は (3) の質問に対する答えとして使うことができる.

(3) When did you leave?

一方，(2) は (4) の質問に対する答えとして使うことができる．

(4) What did you do when John said he would leave?

このことから，概略，次のような一般化が成立する．

(5) 「時」や「理由」を表す副詞節が文頭に置かれるとき，その内容は通例，〈旧情報〉である．

次例を考察してみよう．

(6) ?I was born.
(7) *When I was born*, my father was in the United States.

(6) の文は，〈新情報〉を何ひとつ伝えていないのできわめて不自然であり，このような文が単独で使われることはない．話し手が「生まれている」こと自体は既知だからである．しかし，(7) では，when 節が〈旧情報〉に基づいて**場面設定** (scene-setting) という役割を担っており，その上で主節が〈新情報〉を伝えているので適格である．

他方，副詞節が文末に置かれるときには，その内容が〈新情報〉を担っていると言えよう．

(8) I better leave, *because here comes the tax collector*.
(9) **Because here comes the tax collector*, I better leave.

(Geis (1986))

(8) では，because 節が方向の副詞 here を焦点化する倒置を伴っていて，はっきりと〈新情報〉を提示している．このような because 節は，(9) に見るように文頭に置くことができないのである．[4]

---

4. (8) では副詞節だけでなく主節も〈新情報〉を表しているが，それは because の前にコンマがあるからである．次の例は because の前にコンマがないので，予想どおり主節＝〈旧情報〉，副詞節＝〈新情報〉になっている (§8.4.1 を参照)．
  (i) But things went bad and I had to fight for my Family. I had to fight *because I love and admire my father*.   (M. Puzo, *The Godfather*)

9.9 否定と情報構造

否定辞は，通例，新情報の焦点と強く結びついている．強勢の位置に注意して，次の各文の意味解釈を考えてみよう．

(1) a. JOHN did *not* fly to Chicago.
  b. John did *not* FLY to Chicago.
  c. John did *not* fly to CHICAGO.

たとえば，(1a) の場合，someone flew to Chicago が〈前提〉であり，「ジョンではない」が否定の〈焦点〉である．同様に，(1b) では「飛行機で行ったのではない」が，(1c) では「シカゴへ行ったのではない」が，それぞれ否定の〈焦点〉である．

(2) He is *not* a GOOD student.
(3) He does *not* speak Japanese VERY well.

(2), (3) で否定の〈焦点〉となっているのは，それぞれ good と very であり，「学生であること」や「日本語が話せること」は否定されていない．

9.10 実例の観察

ここでは，この章で学んだ情報構造の視点から実例を観察し，情報の配列や視点の移動，焦点の配置などについて考えてみよう．

まずは，Hearn の語る「耳なし芳一」の冒頭部分である．

(1) More than seven hundred years ago, **at Danno-ura, in the Straits of Shimonoséki**, *was fought* the last battle of the long contest between the Heiké, or Taira clan, and the Genji, or Minamoto clan.　　　　　　　　　(Hearn, *Kwaidan*)

二つ目は，アメリカの作家 Mario Puzo の *The Godfather* からの一節である．

(2) There Michael saw Tom Hagen's wife, Theresa, sitting stiffly

on the sofa, smoking a cigarette. **On the coffee table in front of her** *was* a glass of whiskey. **On the other side of the sofa** *sat* the bulky Clemenza.
(そこでマイケルは，トム・ヘイゲンの妻のテレサがソファーに堅苦しくすわって，たばこをふかしているのを見た．彼女の前のコーヒー・テーブルには，ウィスキーを入れたグラスが置かれている．ソファーの反対側にすわっているのは，図体の大きなクレメンツァだ）

三つ目は，大きな屋敷に盗みに入った男が部屋ほどの大きさがある金庫室の扉を開けて中をうかがっているくだりである．

(3) As his light swept through the darkness he was surprised to see an upholstered chair sitting in the middle of the room, which looked to be about six feet by six feet. **On the chair's arm** *rested* an identical remote, obviously a safeguard against being locked in by accident.

(Baldacci, *The Absolute Power*)

（ライトの光が暗やみを照らすと，6フィート四方とおぼしい金庫室の中央に置かれた皮張りの椅子が目にとまり，男は驚いた．椅子のひじ掛の上に置かれていたのは，先ほど見たのと同型のリモコンであった．明らかに，うっかり閉じ込められないようにするための予防手段だ）

最後に，倒置構文を用いた場合と用いない場合とを比べ，読み手として情景を想像しやすいのはどちらであるかを考えてみよう．太字体の部分の説明は，§9.6.3.1 を参照．

(4) a. I'm sitting here at my desk writing to you. **Outside my window** *is* a big lawn surrounded by trees, and **in the middle of the lawn** *is* a flower bed. It was full of daffodils and tulips in the spring.

（ここで机に向かってお便りしています．窓の外には林に囲まれた広い芝庭があって，庭の真中には花壇があります．花壇

では，春に水仙やチューリップが咲き誇っていました)
b. I'm sitting here at my desk writing to you. A big lawn surrounded by trees is outside my window and a flower bed is in the middle of the lawn. It was full of daffodils and tulips in the spring.

((a), (b): McCarthy (1991: 53–54))

(4a) の空間描写では，倒置構文をうまく使い，読み手に空間的な方向づけを与えているので視点の移動がなめらかであり，焦点もはっきりとしている．

しかし，(4b) の空間描写では，(4a) と同等の情報を伝えているのだが，空間的な方向づけがなく，焦点も定まっていない．このため，文の構成が平板で盛り上がりに欠けていると感じられる．

【recommended reading】

談話や情報構造については，久野 (1978), 神尾・高見 (1998), 福地 (1985), 安井 (1987) が薦められる．

【研究課題】

1. 次の各文で新情報と判断される部分を下線で示せ．
   (i)   He is a lonely man.
   (ii) She played the harp extremely well.
   (iii) I like this!
   (iv) She is the best person for the job.
   (v)   Here it is!
2. 参考文献の A にある英語学・言語学辞典などを参照し，「前提」と「焦点」について調べてみよう．
   (i)   前提とは何か
   (ii) 焦点とは何か
   (iii) 前提・焦点と文強勢との関係は何か

(iv)　前提・焦点と否定との関係は何か

3. 次の文章の中で使われている「は」について，〈話題〉としての解釈が優先されるものと〈対比〉としての解釈が優先されるものとに分けてみよう．また，〈対比〉の解釈が優先されるのはなぜかを考えてみよう．

　　いろいろな五輪があった．思いつくまま，過去の五輪を採点してみる．最低は 80 年のモスクワ五輪か．前年にソ連のアフガニスタン侵攻があり，米国をはじめ西独，日本などが参加しなかった．当然のことながら，盛り上がらなかった．
　　最悪は，72 年のミュンヘン五輪だろうか．パレスチナゲリラの選手村襲撃事件があった．結局イスラエル選手ら 17 人の命が奪われた．いや，最悪は，36 年のベルリン五輪という人もあろう．ヒトラーの国威発揚に利用された大会だ．
　　五輪はしばしば政治の影響，しかも悪い影響を受けてきた．
　　　　　　　　　（2001 年 7 月 15 日　朝日新聞「天声人語」一部抜粋）

4. 次の文脈で受身文が使われている理由を考えてみよう．

　　"Mrs. Steiner," I said gently, leaning forward on the couch. "Emily's kitten did not die of a broken heart. It died of a broken neck."
　　She lowered her hands and took a deep, shaky breath. Her eyes were red-rimmed and wide as they fixed on me. "What do you mean?"
　　"The cat died violently."
　　"Well, I guess *it got hit by a car.* That's such a pity. I told Emily I was afraid of that."
　　"*It wasn't hit by a car.*"
　　"Do you suppose one of the dogs around here got it?"
　　"No," I said as Marino returned with what looked like a glass of white wine. "*The kitten was killed by a person.* Deliberately."
　　　　　　　　　　　　　　　　　　(Cornwell, *The Body Farm*)

第 10 章

日英語の比較

10.1 語彙の比較

　私たちは英語を学び始めたころ，book は「本」，desk は「机」，north は「北」，walk は「歩く」，laugh は「笑う」というように，英語の単語と日本語の単語が意味上，1 対 1 の形で対応していると考えたことと思う．しかし，学習の途上で，英語は 1 語なのにそれに対応する日本語がいくつかある，「1 対多」の対応関係にもすぐに気がついたことと思う．具体例として，次を見てみよう．

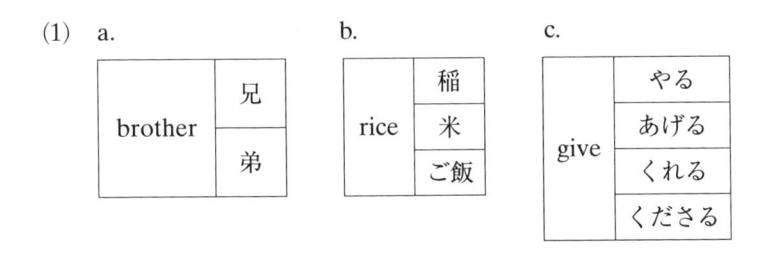

(1)　a. brother ｜ 兄 / 弟　　b. rice ｜ 稲 / 米 / ご飯　　c. give ｜ やる / あげる / くれる / くださる

brother は，「兄」と「弟」の両方を表し（同様に sister は，「姉」と「妹」の両方を表す），rice は，「稲」，「米」，「ご飯」のいずれをも表し，give は，「やる」，「あげる」，「くれる」，「くださる」（さらに「与える」，「さしあげる」等）のいずれをも表す．

　なぜこのように，1 対 1 ではない対応関係が生じるのだろうか．それは，さまざまな物や事象のどの部分を単語で区切って表現するかが，それぞれの言語で異なっているためである．英語では，〈自分と同じ両親をもつ男性〉を，

たとえば〈自分と同じ両親をもつ女性〉(=sister) と区切って brother と表すのに対し，日本語では，前者をさらに「年上」か「年下」かで区切り，それぞれ「兄」，「弟」として表す．言い替えれば，brother の意味は，おおむね，〈自分と同じ両親をもつ男性〉であり，「兄」，「弟」の意味は，それぞれ〈自分と同じ両親をもつ年上の男性〉，〈自分と同じ両親をもつ年下の男性〉である．このような基本的意味を**意義素**と呼び，brother と「兄」，「弟」は，それぞれの意義素が異なっていることになる．

さらに，日本語は，rice が表すものをさらに区別して語彙化し，農作物の場合（「稲」），その実のもみがらを取り除いた場合（「米」），炊いて食べ物とした場合（「ご飯」）で区切る．

また，日本語は，give が表す行為をさらに区別して語彙化し，(i) 丁寧体で表現するかどうか（「やる／くれる」と「あげる／くださる」），(ii) 物の移動が，話し手および話し手に近い人からそうでない人へか（「やる／あげる」），あるいはその逆か（「くれる／くださる」）で区切っている．

日英語で物や事象の区切り方が異なれば，当然，(1a-c) とは逆に，英語と日本語の語彙が「多対1」の形で対応する場合もある．

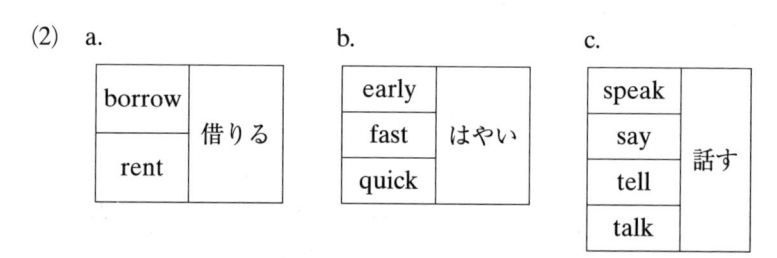

(2) a.　　　　　　　b.　　　　　　　c.

borrow	借りる
rent	

early	
fast	はやい
quick	

speak	
say	
tell	話す
talk	

(2a) では，「借りる」が borrow (無料で借りる) と rent (または hire)（有料で借りる）に対応し，(2b) では，「はやい」が early, fast, quick の三つに対応する（漢字を当てると，「早い」が early に，「速い」が fast と quick に対応する）．さらに (2c) では，「話す」（または「言う」）が speak, say, tell, talk の四つに対応している．

物や事象をどのように区切り，どこに視点を当てて語彙化するかが言語によって異なっているために，英語と日本語でお互いの語彙が対応せず，食い違っている場合も多い．たとえば，日本語の「折る」という動詞は，〈薄い物や細長い物に鋭い角ができるよう，二重にする力を加える〉という意義素を

もち（国広 (1970: 157) を参照），「木の枝を折る」，「膝を折る」，「紙を折る」のように用いられる．しかし，これらの表現は，英語ではそれぞれ break a branch, bend one's knees, fold a piece of paper となる．つまり，break は，「折る」の諸用法のうち，対象物が切り離される場合を指し，bend は「曲げる」と，fold は「たたむ」と部分的に対応している．この点を国広 (1970: 151) は次のように図示している．

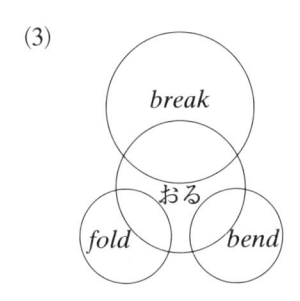

(3)

```
        _____
       /           \
      |    break    |
       _____/
         \       /
      _____/____
     /   おる        \
    /  _____    ____  \
   |  /     \  /    \ |
   | | fold  || bend | |
   |  \_____/  \____/  |
    _____/
```

このように考えると，日英語の語彙が1対1に対応している場合はむしろ少なく，科学用語などを除けば，一見対応していると思われる日英語の語彙も，それぞれの指示対象が多かれ少なかれ食い違っていると考えられる（国広（編）(1981) を参照）．

　英語の前置詞は，日本語に対応する品詞がないために，意味の食い違いがさらに大きい．その一例として，over を考えてみよう．

(4) a. A lamp was hanging *over* the table. 「～の上に」(above)
    b. The church is *over* the hill. 「～の向こうに」
    c. The plane flew *over* the mountain. 「～を越えて」
    d. The news spread *over* the town. 「～じゅうに」
    e. Let's talk *over* the problem. 「～について」(about)
    f. We discussed it *over* a cup of coffee. 「～しながら」(while)
    g. I'll be in London *over* the weekend.「～の間ずっと」(for)

これらの例からわかるように，over は日本語ではさまざまな意味として表現され，そのような意味は，部分的に他の前置詞 (above, about, for) や接続詞 (while)，動詞表現（「～を越えて」）と対応している．

それでは，over はどのような意義素をもっているのだろうか．この問題を考える前に，前置詞 in を見てみよう．次の (5a–d) からわかるように，in にもいくつかの用法があるが，これらの用法は，in のもつ〈ある物がある物の中にある状態〉という意義素に還元できる (§7.6.5 を参照)．

(5) a. The bird is *in* the cage. （場所）
　　b. I'll finish it *in* May. （期間）
　　c. John is *in* despair. （抽象物）
　　d. Mary told me this *in* all seriousness. （抽象物）

in は，(5a) では，「鳥かごの中」という物の内部を示し，(5b) では，「5 月に」というある期間の中を示す．(5c, d) では，「絶望して」，「とても真面目に」という意味からわかるように，in は，ジョンやメアリーがそれぞれ抽象物の「絶望」や「真面目さ」の中にいることを示している．よって，in がもつ意義素は，次のように図示される (Greenbaum and Quirk (1990: 191) を参照)．

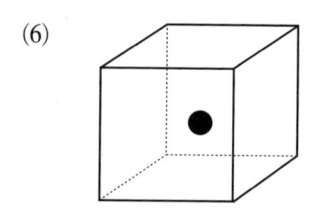

(6)

in の意義素をこのように考えると，over は，次に示すように，「半円形の経路」(semicircular path) を意義素としてもち，その経路のどの部分に視点を当てて表現するかで，(4a–g) に示したさまざまな意味が生じると考えられる (over の分析については，安藤 (2001) を参照)．

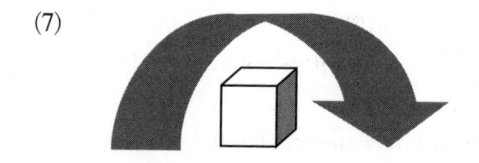

(7)

(4a) の over は，「テーブルの上 (方)」という意味から，弧の頂点に視点が当たっており，(4b) の over は，「丘の向こうに」という意味から，弧の終点に視点が当たっている．また，(4c) の over は，飛行機が (7) に示した半円形

の経路（＝山）をたどったあとを示し，(4d) では，ニュースが町じゅうに広がるという点で，「弧を描く経路」が話し手の意識の中にある．同様に，(4e) の「その問題をめぐって」，(4f) の「コーヒーを飲みながら」，(4g) の「週末はずっと」においても，比喩的な形で「弧を描く経路」という概念が話し手に意識されている．

以上のような考察から，日英語の語彙の多くは，1対1に対応しているのではなく，一見対応しているように見える語彙同士でも，両者の表す意味が食い違っていることがわかった．また，前置詞のように，英語には存在するが，日本語にはそれに対応する単一の語彙がないような場合もあることがわかった．これらの点は，それぞれの言語で物や事象の区切り方が異なるという事実の当然の帰結であり，英語を学ぶことは，日本語とは異なる区切り方，つまり英語独自の言語化の体系を学ぶことであると考えられる．

10.2 語順の比較

次に示すように，英語の基本語順は，SVO（動詞が目的語の前に現れる）であり，日本語の基本語順は，SOV（動詞が目的語の後ろに現れる）である．

(1) a. John [$_{VP}$ ate an apple].
　　　　S　　　　V　　O
　　b. ジョンが [$_{VP}$ りんごを 食べた].
　　　　S　　　　　　O　　　V

世界には3千から4千もの言語があると言われているが，SVO型は，英語，中国語，イタリア語，フィンランド語，オランダ語など35％，SOV型は，日本語，トルコ語，ヒンディー語，韓国語，モンゴル語など45％である（さらにアラビア語，ヘブライ語，タガログ語などのVSO型が18％，トンガ語，マラガシ語などのVOS型が2％）．その点で，日本語の語順は，世界の言語のうちで最も一般的な語順である．

さて，日英語は，(1) に示したように，動詞句（VP）の部分に関して，VとOが逆になっており，動詞句の中心をなす**主要部**（head）のVが，英語では動詞句の最初に，日本語では最後に置かれる．そしてこの点は，動詞句以外の句についても言える．

(2) 名詞句 (NP)
   a. stories [about languages]
       N   PP
   b. ［言葉についての］話
         PP   N

(3) 前／後置詞句 (PP)
   a. from [April] / since [he went to London]
      P   NP   P   S
   b. ［4月］から／［彼がロンドンへ行って］から
      NP   P   S   P

(4) 形容詞句 (AP)
   a. afraid [of dogs]
      A   PP
   b. ［犬を］恐がって
      PP   A

(2)-(4) からわかるように，名詞句 (NP) の主要部 N，前／後置詞句 (PP) の主要部 P，形容詞句 (AP) の主要部 A が，それぞれ英語では最初に，日本語では最後に現れている．つまり，動詞句を含め，それぞれの句において，英語は**主要部先頭** (head-initial) 言語であり，日本語は**主要部末端** (head-final) 言語である．

  以上の点をもう少し複雑な例で考えてみると，日英語の語順の特性がさらに明らかとなる．まず，次の英語と日本語の名詞句を考えてみよう．

(5) a. the man [who criticized the book [John wrote]]
    b. ［［ジョンが書いた］本を批判した］男

(5a) の英語を日本語に直すと，(5b) に示したように，右端の John wrote が最初に現れ，次に残りの部分が右から左へと逆の語順で現れ，先頭の the man が，「男」として最後に現れる．つまり，英語と日本語で語順がほぼ逆になっており，この点を (簡略化した) 構造で表すと，次のようになる．

(6) a. (=(5a))　　　　　　　　　　　　　b. (=(5b))

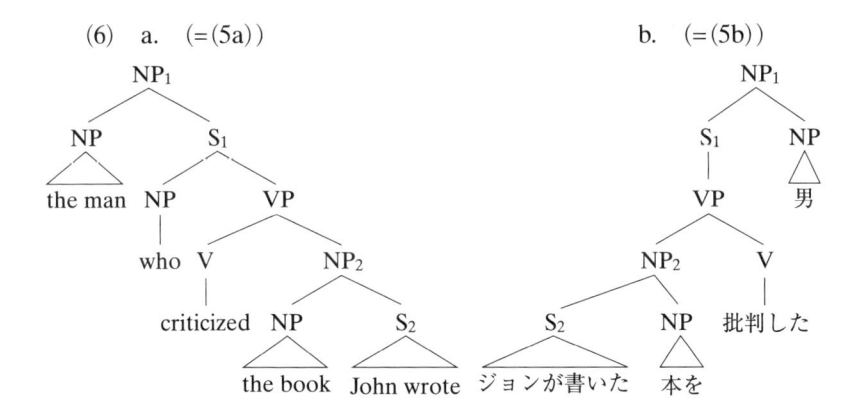

```
            NP₁                                              NP₁
           /   \                                            /    \
         NP     S₁                                         S₁     NP
        /      /  \                                       /  \     \
    the man  NP    VP                                    VP   NP    男
            /    /    \                                /    \
          who   V     NP₂                            NP₂    V
              /      /   \                          /  \    \
         criticized NP    S₂                       S₂   NP  批判した
                    |     |                        |    |
                the book John wrote          ジョンが書いた 本を
```

(6a) では，名詞句 NP₁ が S₁ という関係節を含み，S₁ は NP₂ という名詞句を含み，NP₂ は S₂ という関係節を含んでいる．つまり，NP₁—S₁—VP—NP₂—S₂ が構造上，右へ右へと枝分かれしており，英語が構造上，**右枝分かれ** (right-branching) 言語であることがわかる．

これに対し (6b) では，NP₁—S₁—VP—NP₂—S₂ が構造上，左へ左へと枝分かれしており，日本語は構造上，**左枝分かれ** (left-branching) 言語である．そして (6a) と (6b) が，ほぼ左右対称であり，日英語が**鏡像関係** (mirror image relation) になっていることがわかる (久野 (1973: 4-9) を参照)．

日英語の語順が逆で，両者が鏡像関係にあるという点は，次のような例でさらに明らかとなる (柴谷・影山・田守 (1982) を参照)．

(7)　a.　本を読ませられたくなかった．
　　　b.　did not want to be made to read books

両者の構造を簡単に示せば，次の (8) のようになる．(時制要素を含む最上位の統語範疇を I(nflection)（屈折要素）の投射と考え，I′ として示す．) (8a) の日本語では，目的語の「本を」に動詞「読む」が続き，それに使役を表す「させ」が続いて「本を読ませ」となる．その後に受身を表す「られ」が続き，次に願望を表す「たい」が続いて，「られたく」となり，その後に否定を表す「ない」と過去時制を表す「た」が続いて，「なかった」となる．

(8) a. (=(7a))　　　　　　　　　b. (=(7b))

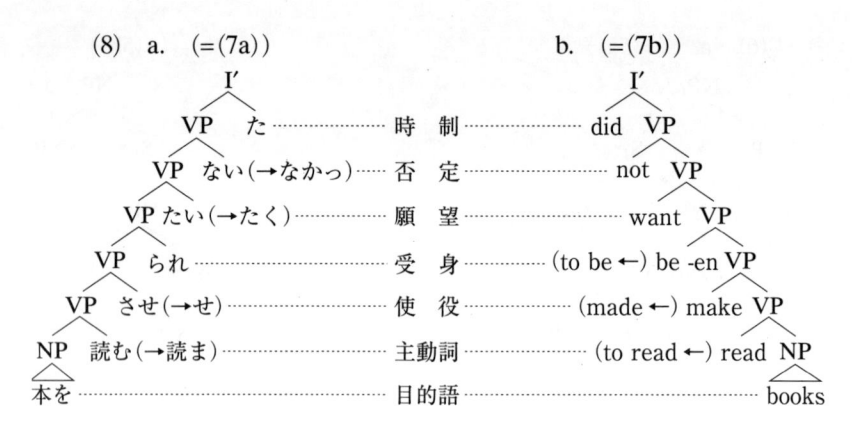

```
         I′                                    I′
       VP  た ············ 時 制 ············ did  VP
     VP ない(→なかっ)····· 否 定 ············ not  VP
   VP たい(→たく)······· 願 望 ············ want  VP
  VP られ ············· 受 身 ········ (to be ←) be -en VP
 VP させ(→せ)········· 使 役 ········ (made ←) make VP
NP 読む(→読ま)········ 主動詞 ········ (to read ←) read NP
本を ················ 目的語 ··················· books
```

　一方,(8b) の英語では,この語順がまったく逆になり,時制 (did),否定 (not),願望 (want),受身 (be -en),使役 (make),主動詞 (read),目的語 (books) の順に現れて,did not want to be made to read books となる. つまり,日本語と英語で表されるそれぞれの要素がまったく逆の語順で現れており,美しい左右対称の鏡像関係をなしている.

10.3　文構造の比較

　前節の (8a, b) で観察したように,日英語は,主語を除く部分の要素が逆の語順で現れるが,主語はともに文頭に現れる.そのため,前節の (1a, b) の文 (以下に再録) は,それぞれ次のような構造をもっている.

(1) a. John ate an apple.　　b. ジョンがりんごを食べた.

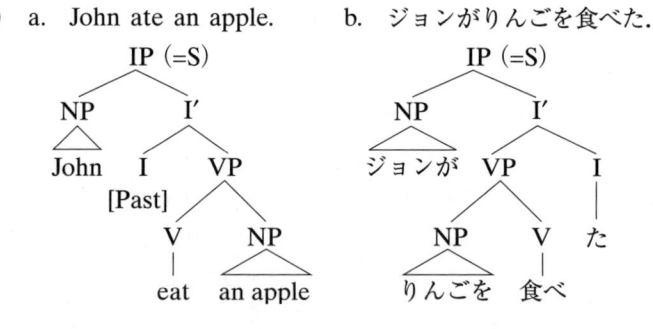

```
        IP (=S)                      IP (=S)
       /    \                       /    \
     NP     I′                    NP     I′
     |     /  \                    |    /   \
    John  I   VP                 ジョンが VP    I
       [Past] / \                      / \   |
             V   NP                  NP   V  た
             |   |                   |    |
            eat an apple           りんごを 食べ
```

　(1a, b) から明らかなように,主語は日英語でともに先頭に現れる.一方,

第 10 章 日英語の比較

屈折要素 (Inflection) の投射 (I′) の内部の語順は日英語で逆になっており，英語では I—V—NP の順で現れるのに対し，日本語では NP—V—I の順で現れる（英語では，I が表す要素 Past と動詞の原形 eat が一緒になって，動詞 ate となるが，日本語では，動詞「食べた」の語幹「食べ」が V に，過去を表す助動詞「た」が I に当たる）．

次に，(1a, b) が文中に埋め込まれた複文構造を見てみよう．

(2) a. Mary said that [John ate an apple].
    b. メアリーは，[ジョンがりんごを食べた]と言った．

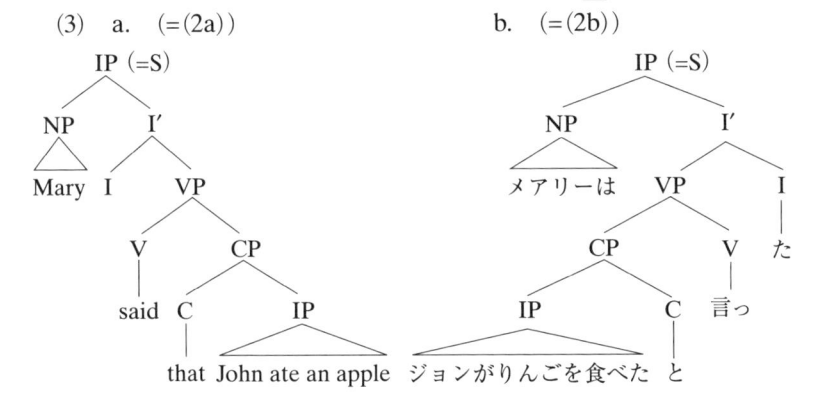

(3) a. (=(2a))   b. (=(2b))

```
          IP (=S)                                IP (=S)
         /     \                                /     \
        NP      I′                             NP      I′
        △    /   \                            △    /   \
      Mary  I    VP                       メアリーは  VP    I
                / \                                /  \    た
               V   CP                             CP   V
              said / \                           /  \  言っ
                  C   IP                        IP   C
                  |   /\                       /\    と
                 that John ate an apple    ジョンがりんごを食べた
```

英語は SVO 語順のため，目的語が文要素 (=John ate an apple) になると，**補文標識** (C(omplementizer)) (=that) を伴って，主節動詞 (=said) の後ろに置かれる．一方，日本語は SOV 語順のため，目的語に当たる文要素「ジョンがりんごを食べた」が補文標識「と」を伴い，主節動詞「言った」の前に置かれる．ここで，英語の補文標識 that は，補文 (John ate an apple) の前に置かれ，前置詞的に機能するのに対して，日本語の補文標識「と」は，補文の後ろに置かれ，後置詞的に機能している点でも，両者の語順が逆転している．

さて，文中の要素が who, what, how などの疑問詞になり，疑問文が作られる場合，英語の疑問詞は，文頭あるいは節頭に義務的に移動しなければならない．そのため，(4a) や (5a) は非文法的であり，(4b)，(5b) のように表現されなければならない．((4a) は，問い返し疑問 (echo question) やクイズ番組の司会者が用いる特殊な質問 (quiz question) としては適格である．)

(4) a. *John ate *what*?
　　b. *What*ᵢ did John eat tᵢ?
(5) a. *I don't know (that) John ate *what*.
　　b. I don't know *what*ᵢ John ate tᵢ.

　一方，日本語の疑問詞は，文頭あるいは節頭に移動しなくてもよく，疑問文をマークする「か」が文末や節末に付くのが一般的である．そのため，疑問詞の移動を伴わない (6a)，(7a) は，疑問詞の移動を伴う (6b)，(7b) とまったく同様に文法的である（興味深いことに，SOV 言語の大部分が疑問詞の移動を行わず，非 SOV 言語の大部分が疑問詞の移動を義務的に行う）．

(6) a. ジョンは何を食べたか．
　　b. 何をジョンは食べたか．
(7) a. 私は，ジョンが何を食べたか知らない．
　　b. 私は，何をジョンが食べたか知らない．

　ここで，たとえば (4b) と (6a) の構造を示すと次のようになる．

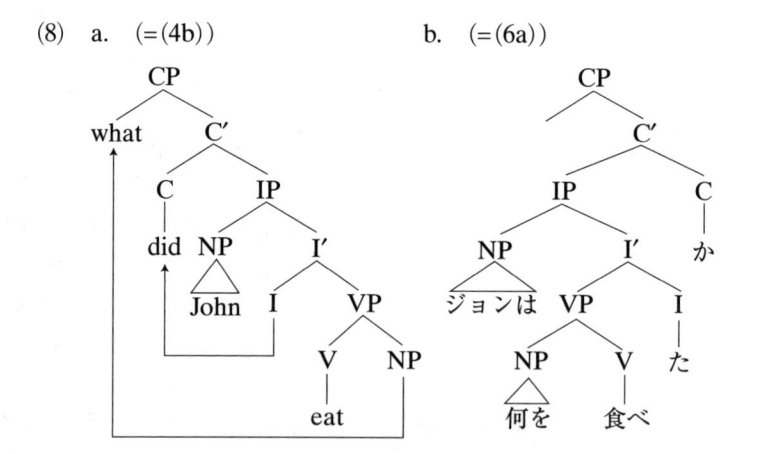

(8) a. (=(4b))　　　　　　　b. (=(6a))

[構造樹形図：(8a) CP-what, C'[C-did, IP[NP-John, I'[I, VP[V-eat, NP]]]]；(8b) CP[C'[IP[NP-ジョンは, I'[VP[NP-何を, V-食べ], I-た]], C-か]]]

　(8a) では，まず did が I から C へ移動し，yes/no 疑問文が作られる．そして，次に目的語位置にあった疑問詞 what が文頭（CP の指定部）に移動し，(4b) の wh 疑問文が作られる．一方 (8b) では，「何を」が目的語位置にそのまま (in situ) 残り，疑問文であることを示す「か」が C の位置に現れている．

第10章　日英語の比較　　　247

英語では疑問詞が文頭や節頭に移動しなければならないため，そのような移動は，次のような場合には非文法的になる（疑問詞が移動する元の位置を＿＿で示す）．

(9)　a. *Who did John believe [NP the rumor that Mary kissed ＿＿]?　　　　　　　　　　　　　　（複合名詞句内からの移動）
　　　b. *Who did John take a bath [PP after he wrote a letter to ＿＿]?　　　　　　　　　　　　　（副詞節内（＝付加部）からの移動）
　　　c. *Who did John meet [NP Mary and ＿＿] yesterday?
　　　　　　　　　　　　　　　　　　　　　　　　（等位構造内からの移動）

(9a) では，「名詞句＋形容詞節」という構造をもつ，いわゆる**複合名詞句**（complex NP）の中から who が文頭へ移動し，(9b) では，副詞節の中から who が文頭へ移動し，(9c) では，and で結ばれた**等位構造**（coordinate structure）の中から who が文頭へ移動しており，これらの文はいずれも非文法的である（§6.8 を参照）．

一方，日本語では疑問詞（＝ド系）が移動しなくてもよいので，疑問文を作る際に，英語には見られない自由度が与えられている．そのため，(9a–c) に対応する日本語は，次に示すようにすべて文法的である（久野 (1973: 12–19) を参照）．

(10)　a.　ジョンは，[メアリーが誰にキスしたという噂] を信じたか．
　　　b.　ジョンは，[誰に手紙を書いてから] 風呂に入ったか．
　　　c.　ジョンは，昨日 [メアリーと誰に] 会ったか．

日本語で疑問詞が移動する例として (6b)，(7b) を上であげたが，この移動は，疑問文形成のための移動ではなく，**かき混ぜ**（scrambling）規則と呼ばれる移動であり，その点で，次の (b) のような文と共通している．

(11)　a.　太郎がりんごを食べた．
　　　b.　りんごを太郎が食べた．
(12)　a.　日本人は卵を生で食べる．
　　　b.　日本人は生で卵を食べる．

かき混ぜ規則の興味深い点は，次に示すように，やや不自然になるが，文

中の二つ以上の要素を移動することができるという点である.

(13) a. 太郎が花子を 次郎に紹介した.
b. 花子を 次郎に太郎が紹介した.
c. 次郎に 花子を太郎が紹介した.

(13b, c) では,「花子を」,「次郎に」という二つの要素が, 主語「太郎が」の左側へかき混ぜられている.

日本語では二つ以上の要素をかき混ぜることができるという点は, 疑問詞にも適用し, 次のような文では疑問詞が二つ現れ, ともに主語の左側にかき混ぜられている.

(14) a. 誰を 誰に太郎が紹介した (の) か.
b. どこで 何を君は買った (の) か.

一方, 英語にはかき混ぜ規則が存在せず, 二つ以上の疑問詞が文中にある場合, 次に示すように, 一つだけを文頭 (あるいは節頭) に移動し, 他の疑問詞は元の位置に残さなければならない.

(15) a. *What* did John buy *where*?
b. *Where* did John buy *what*?
(16) a. **What where* did John buy?
b. **Where what* did John buy?

英語にはかき混ぜ規則は存在しないが, 文中のある要素を文頭へ移動する**話題化** (topicalization) という規則は存在する. 次の例を見てみよう.

(17) a. *This book*$_i$, many people are reading t$_i$.
b. *John*$_i$, everybody adores t$_i$.

(17a, b) では, 文頭へ移動した要素がそれぞれの文の**話題**となり, 文全体が「この本」,「ジョン」について述べている. このような場合, 日本語では話題を表す係助詞の「は」を付けて, 次のように表す.

(18) a. この本は, 多くの人が読んでいる. (話題)
b. ジョンは, みんなが敬愛している. (話題)

ただ,「は」は,話題だけでなく**対照** (contrast) も表す.したがって次のような文は,他の本と対照して「この本」がどうかを述べたり,「犬」と「猫」を対照して,両者がどうかを述べている.

(19) a. この本は,まだ読んでいない.(対照)
b. 犬は好きだが,猫はきらいだ.(対照)

以上の考察から,日本語では,文中のある要素をそのまま文頭へ移動すれば,かき混ぜ規則の適用となり,文中のある要素に「は」を付けて文頭へ移動すると,話題の意味と対照の意味が生じることになる.

英語では,文中のある要素を文頭へ移動すると,その要素は通例,(17a, b) に示したように話題として機能するが,比較的まれではあるが,話し手が聞き手に最も伝達したい重要な情報,つまりその文の**焦点** (focus) を文頭へ移動する場合もある.次の例を見てみよう.

(20) A: What kind of book$_i$ do you like to read t_i?
B: *Detective stories*$_i$ I like to read t_i.

(20A) の質問に対する答え (20B) では,Detective stories が文頭へ移動し,話し手が聞き手に最も伝達したい焦点要素として機能している.このような焦点要素の移動は,**焦点の話題化** (focus topicalization) と呼ばれ,文強勢が置かれて,その後に音声上の切れ目(ポーズ)がない.よって,(20B) では,(17a, b) と異なり,文頭へ移動した要素の後ろにコンマがない(英語の話題化については,福地 (1985) を参照).

10.4 後置文の比較

前節では,文中のある要素が文頭へ移動する場合を見たが,英語や日本語には,次の例のように,基本語順とは異なり,文中のある要素が文末に置かれる構文がある.

(1) a. Max bought t_i for Sue [an emerald necklace]$_i$.
b. A man t_i came yesterday [with blue eyes]$_i$.
(2) a. ハワイへ t_i 行きましたか,[何回か]$_i$?

b. 突然，t_i 大男が現れました，[2メートルぐらいの]$_i$.

(1a) では，目的語 an emerald necklace が文末に置かれ，(1b) では，主語 a man with blue eyes の一部である前置詞句 with blue eyes が文末に置かれている．前者の移動は**重名詞句転移** (heavy NP shift) と呼ばれ (§6.7.4 を参照)，後者の移動は**名詞句からの外置** (extraposition from NP) と呼ばれる (§6.7.5 を参照)．(2a) では，副詞「何回か」が文末に置かれ，(2b) では，主語「2メートルぐらいの大男」の一部である名詞修飾辞「2メートルぐらいの」が文末に置かれている．本節では，日英語のこれらの構文を便宜上，一括して「後置文」と呼ぶ．

さて，後置文ではどのような要素でも文末に置かれるわけではない．次の文を上の文と比べてみよう．

  (3) a. *Max read t_i nude [the book he borrowed from Sue]$_i$.
     b. *A man t_i came by taxi [with blue eyes]$_i$.
  (4) a. *ハワイへ t_i 行きましたか，[何回]$_i$?
     b. A: どこのりんごが一番おいしいですか．
       B: *t_i りんごが一番おいしいですよ，[青森の]$_i$.

(3a) では，(1a) と同様に目的語が後置され，(3b) では，(1b) と副詞（句）yesterday / by taxi が異なるだけで，後置要素は同一である．それにもかかわらず，(3a, b) は不適格である．また，(4a) では疑問詞が後置され，(4bB) では，(2b) と同様に，主語を修飾する名詞修飾辞が後置されている．しかし，(4a, bB) は (2a, b) と異なり，まったく不自然で不適格な日本語である．本節では，日英語の後置文がどのような条件のもとで適格になったり，不適格になったりするのか考えてみたい．

10.4.1 英語の文の情報構造

次の談話を見てみよう．

  (1) A: What$_i$ did John buy t_i for Mary?
     B: He bought t_i for her [an emerald necklace]$_i$.
  (2) A: Who$_i$ did John buy an emerald necklace for t_i?
     B:*He bought t_i for Mary [the emerald necklace]$_i$.

(1A) の質問部分 what に対して，その答えの an emerald necklace が後置されている (1B) は適格である．一方，(2A) の質問部分 who に対して，その答えの Mary とは異なる要素 (=the emerald necklace) が後置されている (2B) は不適格である (以下，表記上の煩雑さを避けるため，移動要素とそのもとの位置を示す同一指標を省略する)．

　英語の平叙文 (つまり，IP) の情報構造は，聞き手がすでに知っている情報，つまり**旧情報**から，聞き手がまだ知らない情報，つまり**新情報**へと配置されるのが一般的である (第9章を参照) (疑問文など，IP の上位範疇である CP が関与する場合は，この限りではない)．言い替えれば，話し手が聞き手にある文を述べる際，最も伝達したい重要な情報，つまり焦点要素は，できるだけ文末に置かれるのが一般的な情報上の原則であると言える．したがって，(1B) では，焦点要素 (=an emerald necklace) が文末に置かれているので適格となり，(2B) では，焦点 (=(for) Mary) ではない要素 (=the emerald necklace) が文末に置かれているので不適格になっていると考えられる．そしてこの観察から，英語の後置要素は文の焦点であり，文中で最も重要な情報を伝達すると考えられる．

　さらに，§10.4 の (1b) と (3b) を基本語順に直した次の文を比べてみよう．

(3) a. [A man [with blue eyes]] came *yesterday*.
　　b. [A man [with blue eyes]] came *by taxi*.

基本語順の (3a, b) は，文末の yesterday と by taxi の部分のみが異なるため，§10.4 の (1b) と (3b) の適格性の違い (以下に再録) は，これらの副詞(句)に原因があると考えられる．

(4) a. 　A man came *yesterday* [with blue eyes].　(=(1b))
　　b. *A man came *by taxi* [with blue eyes].　(=(3b))

実際，yesterday のような時を表す副詞句と，by taxi のような手段を表す副詞句の間には，統語的・意味的な違いがある．たとえば，時を表す副詞 yesterday は，文頭の話題を示す位置に置かれるが，手段を表す副詞句 by taxi は文頭に置くことができない．

(5) a. 　*Yesterday*, a man with blue eyes came.

b.?**By taxi*, a man with blue eyes came.

　文の話題とは，それについて何かを述べるものであるから，聞き手はその話題については知っており，話題は旧情報である．そのため，話題の位置に文の焦点や新情報を置くことはできない．(5a) で yesterday が話題の位置に置かれるということは，時を表す副詞(句)が旧情報になって，文の焦点ではないことを示している．つまり，この文は，「昨日」に関して，昨日どういうことが起こったかを述べている．この点は，(5a) の yesterday が「昨日は」と訳され，話題を示す係助詞「は」でマークされることからも明らかである．

　一方 (5b) で，by taxi が文頭の話題の位置に生じないということは，手段を表す副詞句 by taxi が新情報であり，(3b) の文において焦点として機能していることを示している．上で観察したように，後置要素が文の焦点であると考えると，(4a) では yesterday が焦点ではなく，後置要素の with blue eyes が焦点として解釈されるために適格となり，一方 (4b) では by taxi が焦点であるため，with blue eyes は後置されているにもかかわらず，焦点として解釈されず不適格になる，と説明できる．

　上の考察は，(4a) の文で，yesterday に強勢 (stress) を置くと，不適格になる点からも支持される (強勢を大文字で表記する)．

　　(6) *A man came YESTERDAY with blue eyes.

文中で強勢が置かれる要素は，話し手が聞き手に最も伝達したい要素であり，その文の焦点として解釈される．そのため，(6) では，yesterday がこの文の焦点となり，with blue eyes は (後置されているにもかかわらず) 焦点として解釈されず，不適格になると説明できる．

　以上の考察から，次の仮説を立てることができる．

　　(7)　英語の後置文に対する機能的制約：
　　　　英語の後置文は，後置要素が文の焦点 (＝最も重要な情報) として
　　　　解釈される場合にのみ適格となる．

上でも見たように，文中で強勢が置かれる要素は，話し手が聞き手に最も伝達したい重要な情報である．英語の通常の平叙文では，強勢が文末の要素，または文末に近い要素に置かれるため，この韻律上 (プロソディー) の観点か

らも，文末の要素（または文末に近い要素）が最も重要な情報であると言える．したがって，(7) の制約は，韻律上の観点から考えても自然な制約であると言える．

さて，上で見た (4a, b) の例では，主語の名詞句から外置が起こっている．そしてこれらの文の動詞は自動詞であり，目的語がない．興味深いことに，主語名詞句からの外置は，他動詞文で目的語がある場合には，一般に起こらない．次の，基本語順の (a) 文と後置文の (b) 文を比べてみよう．

(8) a. [A man [with blue eyes]] hit Mary.
b. *A man hit Mary [with blue eyes].
(9) a. [A book [by David]] delighted Mary.
b. *A book delighted Mary [by David].

一般に SVO の構文が通例のイントネーションで発音された場合，文末の目的語に強勢が置かれることからもわかるように，目的語が文の焦点となる．したがって，(8b), (9b) では，目的語の Mary が文の焦点として解釈され，主語の一部である with blue eyes, by David は後置されているにもかかわらず，焦点として解釈されず，(7) の制約に違反して不適格となる．よって，主語からの外置が他動詞文では起こらないという事実が説明される．

興味深いことに，次の文は他動詞文で，目的語 (=a talk) があるが，(10b) で主語から外置が起こっている．

(10) a. [A man [with blue eyes]] gave a talk.
b. A man gave a talk [with blue eyes].

しかし，gave a talk は一見，「動詞 + 目的語」の形をしているが，意味的には自動詞の talked と同じであるため，(10b) の適格性は (4a) の適格性と同様に説明することができ，上の観察の反例とはならない．

さて，§10.4 の (1a) と (3a)（以下に再録）は，ともに重名詞句転移が適用されているのに，なぜ適格性が異なるのだろうか．

(11) a. Max bought for Sue [an emerald necklace].
b. *Max read nude [the book he borrowed from Sue].

人が誰かに何かを買うのはごく普通の行為であり，(11a) ではマックスがス

ーに何を買ったかが問題となっている．そのため，後置要素が焦点として解釈され，(11a) は (7) の制約に合致して適格となる．一方，人が何かを読むのに裸の状態で読むというのは，他人の注目を引く意外な行為である．そのため (11b) では，nude に聞き手の関心が集まり，この部分が焦点として解釈されるため，(7) の制約に違反して不適格となる．よって，重名詞句転移の適格性も，名詞句からの外置の適格性と同様に説明することができる．

　以上の考察から，英語の後置文は，<u>後置要素が文の焦点として解釈される場合にのみ適格になる</u>，と結論づけられる．

10.4.2　日本語の文の情報構造
　まず，次の 2 文を比べてみよう．

　　(1)　太郎は花子と京都へ行ったの？
　　(2)　太郎は京都へ花子と行ったの？

両文をどの句にも強調ストレスを置かないで読んだ場合，(1) では質問の部分（つまり，疑問の焦点）が「京都へ」であるのに対し，(2) では「花子と」であると解釈される．つまり，(1) では，話し手は太郎が花子とどこかへ行ったことを知っており，それが京都であるかどうかを尋ねていると解釈される．一方，(2) では，話し手は太郎が京都へ誰かと行ったことを知っており，それが花子とであるかを尋ねていると解釈される．この事実は，日本語では，動詞が文の焦点でない場合，<u>動詞の直前の要素が焦点となること</u>を示している（久野 (1978: 60) を参照）．

　さて，上の (1)，(2) を次の後置文と比べてみよう．

　　(3)　太郎は花子と行ったの，京都へ？
　　(4)　太郎は京都へ行ったの，花子と？

(3) は (1) と異なり，疑問の焦点が「花子と」になり，後置要素の「京都へ」は補足的な情報として解釈される．同様に (4) も (2) と異なり，疑問の焦点が「京都へ」になり，「花子と」は話し手が確認のために追加的に述べた情報としてしか解釈されない．日本語では動詞の直前の要素が文の焦点となるため，(3)，(4) の文は，日本語の後置要素が，英語の場合と異なり，文の焦点ではなく，焦点以外の要素に限られることを示している．

上記の観察は，次の例からも裏づけられる．

(5) A: 太郎は花子とどこへ行ったの？
    B_1: 彼は花子と京都へ行った．
    B_2:*彼は花子と行った，京都へ．
(6) A: 君，博多へ行ったの？
    B_1: うん，でも新幹線で行ったんじゃないよ．
    B_2:*うん，でも行ったんじゃないよ，新幹線で．
(7) *ハワイへ行きましたか，［何回］？（=§10.4の(4a)）

(5B)の「京都へ」は(5A)の質問の答えであるため，文の焦点である．(5B_1)が適格であり，(5B_2)が不適格であることから，文の焦点を後置することはできないことがわかる．次に，(6B)は，話し手が博多へ行ったが，新幹線では行かなかったという意味であり，「新幹線で」が否定され，否定の焦点となっている．(6B_2)が不適格であることから，否定の焦点も後置することができないことがわかる．さらに(7)は，聞き手がハワイへ行ったのが何回かを尋ねる疑問文であり，「何回」という疑問詞が疑問の焦点となっている．(7)が不適格であることから，疑問の焦点も後置することができないことがわかる．

以上の考察から，次の仮説を立てることができる．

(8) 日本語の後置文に対する機能的制約：
    日本語の後置文は，後置要素に焦点以外の要素が現れる場合にのみ適格となる．

英語の後置文では，後置要素とそれより前の要素との間に韻律上の切れ目（ポーズ）がなく，文として統合された形で発話されるのに対し，日本語の後置文では，後置要素の前で韻律上の切れ目が生じ，そこで文が完結した形となる．そのため後置要素は，その文に補足的に追加される情報となり，焦点以外の要素でしかありえないことになる．

さて，(7)が不適格であるのに対し，§10.4の(2a)（以下に再録）はなぜ適格なのだろうか．

(9) ハワイへ行きましたか，［何回か］？

その理由は，(9) の副詞「何回か」は疑問詞（＝疑問の焦点）ではなく，補足的に追加された情報であり，この文の疑問の焦点は，聞き手がハワイへ行ったかどうかであるためである．よって，(9) は (8) の制約に違反せず適格となる．

(8) の制約は，次の文の対比も説明できる．

 (10) a. やって来ましたよ，例の青年が．
    b. *やって来ましたよ，ある青年が．
 (11) a. 僕はもう生まれていました，昭和 35 年には．
    b. *僕は生まれました，昭和 35 年に．

(10a) の後置要素「例の青年が」は，「例の」という表現からわかるように，すでに旧情報になっており，この文の話題であって，焦点ではない．一方，(10b) の「ある青年が」は不定表現であり，この文で初めて談話に登場しているため，文の焦点として解釈される．そのため，(10a, b) は適格性が異なる．さらに (11a) は，昭和 35 年には話し手がすでに生まれていたかどうかを述べた文であり，「昭和 35 年には」は，この文の話題であり，焦点ではない．一方 (11b) は，話し手がいつ生まれたかを述べようとしているため，「昭和 35 年に」がこの文の焦点である．それにもかかわらず，その焦点要素を後置しているため，この文は不適格となる．

 名詞修飾辞の後置についても同様のことが言える．まず，次の会話を見てみよう．

 (12) A: 太郎は，どの国の音楽に夢中なんですか．
    B_1: 彼は，イタリアの音楽に夢中なんです．
    B_2:*彼は，音楽に夢中なんです，イタリアの．

(12A) の疑問の焦点は「どの国の」であり，(12B) ではその答えとなる「イタリアの」が文の焦点である．($12B_2$) では，その焦点要素「イタリアの」が後置されているため，(8) の制約に違反して不適格となる．

 さらに，次の対比を見てみよう．

 (13) a. 彼はボルドーのワインだけ飲む．
    b. *彼はワインだけ飲む，ボルドーの．

(14) a. 彼は千円の寄付さえ拒否した．
　　 b. *彼は寄付さえ拒否した，千円の．

(13a)，(14a) の「だけ」，「さえ」という焦点化の副詞が強調しているのは，「ボルドーの」，「千円の」であり，これらの名詞修飾辞が文の焦点となっている．そのため，これらの要素は後置されず，(13b)，(14b) は (8) の制約に違反して不適格となる．

最後に，§10.4 の (2b) と (4b)（以下に再録）を考えてみよう．

(15) a. 突然，大男が現れました，[2 メートルぐらいの]．
　　 b. A: どこのりんごが一番おいしいですか．
　　　　 B: *りんごが一番おいしいですよ，[青森の]．

(15a) では，「2 メートルぐらいの」が，主語の「大男」を追加的に説明しているだけで，焦点ではないため適格となる．一方 (15b) では，「青森の」が文の焦点として解釈されるため不適格となる．

10.4.3 日英語の情報構造の相違

本節では，日英語の後置文を考察し，英語の後置文は，後置要素が文の焦点であるのに対し，日本語の後置文は，後置要素が文の焦点以外の要素であることを観察した．それではなぜ，英語と日本語でこのようにまったく逆の関係になっているのだろうか．

英語の基本語順は SVO であり，目的語 O が通例，文の焦点として解釈される．つまり，英語の文の情報構造は，旧情報から新情報へという情報の流れの原則に従っている．この原則により，話し手は，基本語順では焦点が文末に生じない場合，その要素に特別のストレスを置いて，その要素が焦点であることをマークしなければならない．一方，日本語の基本語順は SOV であり，どの句にも強調ストレスを置かない場合，目的語 O，つまり動詞の直前の要素が文の焦点となる．そのため，話し手は焦点が動詞直前にない場合，その要素に強調ストレスを置いて，その要素が焦点であることをマークしなければならない．よって，動詞の後ろに現れる後置要素は，焦点以外の要素に限られる．

以上から，英語と日本語で動詞と目的語の位置が鏡像関係になっており，

焦点の位置が動詞の後ろと前で逆になっているという事実が，両言語の後置要素に関して対照的な違いを引き起こしている，と結論づけられる．

10.5 受身文の比較

英語の受身文は，通例，他動詞の目的語を主語にして作られるが，このようにして作られる受身文がすべて適格になるわけではない．次の例を見てみよう．

(1) a. *Mary* was hit by John yesterday.
      (cf. John hit *Mary* yesterday.)
    b. **Mary* is resembled by Susan.
      (cf. Susan resembles *Mary*.)

(1a, b)はともに，対応する能動文の目的語が主語になっている受身文であるが，(1a)は適格であり，(1b)は不適格である．日本語の場合も同様で，(1a)に対応する受身文(2a)は適格であるが，(1b)に対応する受身文(2b)は不適格である．

(2) a. メアリーはジョンに昨日殴られた．
      (cf. ジョンは昨日メアリーを殴った．)
    b. *メアリーはスーザンに似られている．
      (cf. スーザンはメアリーに似ている．)

(2a)のタイプの受身文に加え，日本語には興味深いことに，対応する能動文が存在しない次のような受身文がある．

(3) a. 田中さんは奥さんに逃げられた．
      (cf. *奥さんが田中さんを／に逃げた．)
    b. 僕は子供に泣かれた．
      (cf. *子供が僕を／に泣いた．)

このような受身文は**間接受身文**（または**被害受身文／迷惑受身文**）と呼ばれる．英語にはこのような受身文が存在せず，(3a, b)は次のように表現される．

(4) a. Mr. Tanaka had his wife run away (on him).
    (cf. *Mr. Tanaka was run away by his wife.)
   b. I had my child cry (on me).
    (cf. *I was cried by my child.)

英語や日本語の受身文は，どのような条件のもとで適格になったり，不適格になったりするのだろうか．両言語の受身文は，どのような点で違いがあり，そのような違いはなぜ生じるのだろうか．本節ではこのような問題を考察したい．

10.5.1 英語の受身文

まず，次の対比を見てみよう．

(1) a. Mary was hit by John yesterday. （=§10.5 の (1a)）
   b. *Mary is resembled by Susan. （=§10.5 の (1b)）
(2) a. The window was broken by Mary.
   b. *The drama was enjoyed by Mary.
(3) a. I was approached by the stranger.
   b. *I was approached by the train.
(4) a. The page was turned by George.
   b. *The corner was turned by George.

(1)-(4) の (a) 文は適格であるが，(b) 文は英語として容認されない不適格文である．(a) 文と (b) 文の構造はまったく同一であるのに，なぜこのような違いが生じるのだろうか．

(1)-(4) の (a) 文と (b) 文を比べてみると，次の事実に気がつく．(1a)，(2a) では，メアリーが殴られたり，窓が壊されたりすると，メアリーや窓は，そのような行為によって変化や影響を受ける．一方，(1b) では，スーザンがメアリーに似ていても，それはスーザンが非意図的に，勝手に陥る状態であり，メアリーは変化や影響を受けるわけではない．また，(2b) では，メアリーがドラマを楽しんでも，そのドラマは何の変化も影響も受けない．さらに，(3a, b) では，見知らぬ人が話し手の所へ近づいてくれば，話し手は精神的圧迫などの影響を受けうるが，プラットフォームで電車を待っている

話し手の所へ電車が近づいてきても，話し手は変化や影響を受けるわけではない．また，(4a, b) では，ある本のページを誰かがめくれば，そのページは変化や影響を受けると考えられるが，街角をジョージが曲がっても，街角は何ら変化や影響を受けない．

このような相違から，次の制約を立てることができる (Bolinger (1975)，久野 (1983) を参照)．

 (5) 受身文の主語は，動詞の表す行為によって変化や影響を受け，何かがなされていると解釈される場合に適格となる．

英語には，(1)–(4) のように，他動詞の目的語が主語になる通例の受身文に加え，次のように，(自動詞文の) 前置詞の目的語が主語になる，**擬似受身文** (pseudo-passive) と呼ばれる受身文がある．

 (6) a. *This bridge* has been walked under by generations of lovers.
    (cf. Generations of lovers have walked under *this bridge*.)
  b. *This river* should not be swum in—you might be drowned.
    (cf. You should not swim in *this river*.)

(6a) では，何世代もの恋人たちがその橋の下を歩けば，その事実により，その橋はたとえば「恋人橋」と呼ばれたりして有名になり，影響を受けると考えられる．よって，この文の適格性も仮説 (5) により説明できる．

しかし，(6b) では，影響を受けるのは，溺れるかもしれない能動文の主語 you であり，その人が川で泳ぐことによって，川が変化や影響を受けるとは考えられない．むしろ，この文は，この川で泳ぐと溺れるかもしれないので，泳ぐには適さない川であるという，その川の**特徴づけ** (characterization) をしていると考えられる．

この点は，次の対比を説明する上でも有効であると考えられる．

 (7) a. *I was waited for by Mary yesterday.
  b. I don't like to be waited for. (I always try to be early.)
 (8) a. *The pen was written with by John.

b. That pen was written with by Charles Dickens in the 19th century.
(9) a. *The room was walked through by the boy.
　　　b. This room was walked through by the boy before he killed his mother.

たとえば，(7a, b) では，メアリーが話し手を待ったとしても，それは話し手の「特徴づけ」にはならないが，話し手が人を待たせるのがきらいだという事実は，話し手の一つの「特徴づけ」になっている．また (8a, b) でも，ジョンがそのペンを用いて何かを書いたとしても，その事実はペンの「特徴づけ」にはならないが，イギリスの文豪ディケンズがそのペンを用いたのであれば，その事実はペンの「特徴づけ」となりうる．

　「特徴づけ」という概念に基づく説明は，擬似受身文だけでなく，次のような通例の受身文の適格性を説明する上でも有効である．

(10) a. The drama was enjoyed *even* by Mary.　(cf. (2b))
　　　b. The couple next door is *only* known by John.
　　　c. Boston is visited by *thousands* of tourists *every* year.

たとえば，(10a) では，メアリーでさえそのドラマを楽しんだという事実から，そのドラマは誰もが楽しめる興味深いドラマであるというような「特徴づけ」がなされている．また，(10b) では，ジョンだけがその夫婦を知っているという記述から，その夫婦はほとんど誰にも知られていないという「特徴づけ」がなされている．

　以上の考察から，(5) を修正して，次の仮説を立てることができる．

(11)　英語の受身文に課される機能的制約：
　　　英語の受身文は，その主語が，動詞の表す行為によって変化や影響を受け，何かがなされていると解釈されるか，述部によって特徴づけられていると解釈される場合に適格となる．

10.5.2　日本語の受身文

　前節で示した英語の受身文に関する制約 (11) は，日本語の受身文の適格性を説明する上でも有効である．たとえば，次のような対比を見てみよう．

(1) a. 弘は太郎に土の上に転がされた．
    b. ポスターが電柱からはがされた．
    c. 生徒は成績別に振り分けられる．
(2) a. *講堂は全校生徒に集まられた．
    b. *成田空港は飛行機に出発された．
    c. *公園は群衆に走り抜けられた．

(1a-c) では，弘が土の上に転がされたり，ポスターがはがされたり，生徒が成績別に振り分けられたりすれば，弘，ポスター，生徒は，それぞれの行為によって変化や影響を受け，何かがなされたと解釈される．一方，(2a-c) では，講堂，成田空港，公園が変化や影響を受けているとは解釈されない．

一方，次のような対比は，受身文の主語が特徴づけられているかどうかに依存している．

(3) a. *このペンは，太郎に使用された．
    b. このペンは，イギリスの文豪チャールズ・ディケンズに何度も使用された（ものである）．
(4) a. *このワープロは，私に愛用されている．
    b. 我が社のワープロは，ノーベル賞作家の大江健三郎氏にも愛用されています．
(5) a. *文部省唱歌「赤とんぼ」は，昨日，花子によって演奏され，京子によって歌われた．
    b. 文部省唱歌「赤とんぼ」は，三木露風によって作詞され，山田耕作によって作曲された．

たとえば，(3a) で，太郎という普通の人があるペンをたまたま使ったとしても，その事実は，そのペンを特徴づけるものではない．一方 (3b) で，イギリスの文豪ディケンズがあるペンを何度も使用したとすれば，その事実によってそのペンは有名になり，特徴づけられる．

以上では，英語と日本語の受身文で共通する部分を考察したが，両者で異なる部分もある．たとえば，次の対比を見てみよう．

(6) a. This computer was used by John.
    b. The car is always driven by my father.

　　　　c. These shoes were worn by John (when he climbed Mt. Fuji.)
(7)　a.??このコンピューターは，太郎に使われた．
　　　b. *その車は，いつも私の父に乗られている．
　　　c. *この靴は，（富士山に登る時）太郎に履かれた．

　これらの例は，主語が無生物で，by句や「ニ格」名詞句が特定の人間である．このような場合，(6)，(7)の受身文の主語，コンピューター，車，靴は，それぞれ使ったり，乗ったり，履いたりされることによって，変化や影響を受け，何かがなされていると解釈される．よって，(6a-c)の英語の受身文の適格性は，§10.5.1の(11)の制約によって説明することができる．
　しかし，それではなぜ日本語の受身文(7a-c)は不適格なのだろうか．(7a-c)を次の例と比べてみよう．

(8)　a. このコンピューターは，僕のものなのに，しょっちゅう太郎に使われ，困っている．
　　　b. その車は，僕が知らない間にどうも弟に乗り回されていたようだ．
　　　c. この靴は，知らない間に姉に履かれて，かかとがすり減っていた．

　(8a-c)は，(7a-c)と同様の動詞が用いられているが適格である．両者の違いは何だろうか．(7a-c)では，「太郎がこのコンピューターを使った」，「父がその車に乗っている」，「太郎がこの靴を履いた」というような，話し手にとって損得とはかかわりのない中立的な意味をわざわざ受身文を用いて表そうとしている．それに対し，(8a-c)では，話し手がこのような事態を受身文を用いることによって，<u>被害や迷惑の気持ちを伝達しようとしている</u>．この点が両者の適格性の違いであると考えられる．
　次に示すように，英語では無生物を主語にして，人間を目的語（やby句）などにする構文が頻繁に用いられるのに対し，日本語ではそのような構文が避けられ，できるだけ人間を主語にする構文が用いられる．

(9)　a. What brought you here?
　　　b. *何が君をここに連れてきたのか．

　　　　c. なぜ君はここに来たのか．
(10) a. Bad weather prevented us from climbing up the mountain.
　　　　b. *悪天候が私達が山に登るのを妨げた．
　　　　c. 悪天候のため，私達は山に登れなかった．
(11) a. The news surprised me.
　　　　b. *その知らせが私を驚かせた．
　　　　c. 私はその知らせに驚いた．

このように，英語では無生物主語構文が一般的であるため，(6a–c) の英語の受身文も，§10.5.1 の (11) の制約を満たしているため適格となる．しかし，(7a–c) の日本語の受身文は，この制約を満たしてはいるものの，日本語では無生物主語構文が一般に避けられるため，このような無生物主語の受身文を用いるだけの特別な理由がない限り，不適格になると考えられる．(8a–c) の適格性から，そのような特別な理由とは，被害や迷惑の意味を伝達することであると考えられる．つまり，(7a–c) が不適格なのは，被害や迷惑の意味が伝達されておらず，中立的な事実の描写であるため，そのような事実の中立的描写は，わざわざ受身文を用いなくても，より簡単な能動文を用いればよいことになる．

　被害・迷惑という意味概念は，日本語に特有の間接受身文を考察する上でも重要な役割を占めている．次の例は，いずれも対応する能動文をもたない間接受身文であるが，(a) 文では，被害・迷惑の意味が伝達されていないため不適格となるが，(b) 文では，そのような意味が伝達されているため適格となる．

(12) a. *犬に通りを歩かれた．
　　　　b. 犬に種を蒔いたばかりの畑を歩かれて，種が台無しになってしまった．
(13) a. *池を見ていたら，魚にはねられた．
　　　　b. 魚を料理しようとしたら，突然ぴしゃっとはねられ，顔に水がかかってしまった．
(14) a. *太郎に歌を歌われた．
　　　　b. 太郎に歌を歌われると，みんなうんざりする．

以上の考察から，日本語の受身文では，英語の受身文に対する制約 (11) に加え，被害・迷惑という概念が重要な役割を果たしていることがわかった．そしてこの点は，日本語では，無生物主語構文が稀であるという事実と，英語には存在しない間接受身文が存在するという事実に密接に関係していると考えられる．

10.6　終わりに

本節では，日英語の語彙，語順，文構造，後置文，受身文を比較し，両言語の共通点と相違点を考察した．§10.1 で指摘したように，それぞれの言語は，さまざまな物事や事象を言語化する際，その言語独自の言語体系に基づいて言語化を行う．そのため，言語間で共通する部分もあるが，異なる部分も当然生じることになる．英語学を勉強し，英語の言語体系を学ぶことは，ひるがえって，私たちの母語である日本語の言語体系をも意識することになり，日本語をより深く知ることにつながるものと考えられる．

【recommended reading】

日英語の全般的な比較については，国広 (1970)，柴谷・影山・田守 (1982)，安藤 (1986) などを参照．

日英語の語彙の比較については，国広(編)(1981) を参照．

日英語の語順や文構造の比較については，久野 (1973) を参照．

日英語の後置文，受身文については，安藤・天野・高見 (1993)，高見 (1995) などが詳しい．

日本語の間接受身文については，高見・久野 (2000) を参照．

【研究課題】

1.　英語の come は日本語の「来る」と 1 対 1 に対応し，go は「行く」と 1 対 1 に対応していると一見思われるかもしれない．しかし，たとえば I'm coming. は，「今行きます」となり，1 対 1 の対応を示さない．英語の come, go と日

本語の「来る」,「行く」は,どのように対応し,またどのように食い違っているか,さまざまな例を挙げて考察してみよう.

2. 次の日本語は,若干解釈するのが難しいかもしれないが,全体が名詞句であり,その中に文が三つ埋め込まれている.

 (i) 花子が飼っている猫が殺したネズミが食べたチーズ

(i) の名詞句の構造を §10.2 の議論を参考にして樹形図で示せ. さらに, (i) に対応する英語とその構造を示し,両者の共通点と相違点を述べよ.

3. 英語と日本語の並列文で,動詞を省略する場合,次の例からわかるように,英語では2番目の動詞を省略するのに対し,日本語では最初の動詞を省略する(ϕ は,省略要素を表す).

 (i) a. John *ate* apples, and Mary *ate* oranges.
   b. John *ate* apples, and Mary ϕ oranges.
   c. *John ϕ apples, and Mary *ate* oranges.
 (ii) a. 太郎はりんごを<u>食べ</u>,花子はオレンジを<u>食べた</u>.
   b. *太郎はりんごを<u>食べ</u>(食べた),花子はオレンジを ϕ.
   c. 太郎はりんごを ϕ,花子はオレンジを<u>食べた</u>.

一方,英語と日本語の並列文で,目的語を省略する場合,次の例からわかるように,英語では最初の目的語を省略するのに対し,日本語では2番目の目的語を省略する.

 (iii) a. John respected *the man*, and Mary criticized *the man*.
   b. *John respected *the man*, and Mary criticized ϕ.
   c. John respected ϕ, and Mary criticized *the man*.
 (iv) a. 太郎は<u>その人</u>を尊敬し,花子は<u>その人</u>を批判した.
   b. 太郎は<u>その人</u>を尊敬し,花子は ϕ 批判した.
   c. *太郎は ϕ 尊敬し,花子は<u>その人</u>を批判した.

英語と日本語の動詞省略と目的語省略に関して,なぜこのような違いが生じるのか,§10.3 の議論を参考にして考えてみよう. また,主語の省略に関しては,英語と日本語で違いが生じるだろうか. また,それはなぜか考えてみよう.

4. 基本語順では主語位置に生じる要素が,後置される場合,英語では次のようないくつかのパタンがある. (a) (ib) のような場所句倒置構文 (Locative

第10章　日英語の比較　　　267

Inversion), (b) (iib) のような存在を表す there 構文 (Existential *There* Construction), (c) (iiib) のような提示機能をもつ there 構文 (Presentational *There* Construction), (d) (ivb) のような右方転移構文 (Right Dislocation) などである.

(i) a. *A team of acrobats* jumped into the midst of the revelers.
 b. Into the midst of the revelers jumped *a team of acrobats*.
(ii) a. *Several students* were in the park.
 b. There were *several students* in the park.
(iii) a. *Another book by Chomsky* has just appeared.
 b. There has just appeared *another book by Chomsky*.
(iv) a. *Your friend from London* has just arrived.
 b. He has just arrived, *your friend from London*.

(i)–(iv) のそれぞれ (a) と (b) は, 情報構造上, どのような違いがあるのだろうか. また, §10.4 で考察した「英語の後置文に対する機能的制約」は, (i)–(iv) の (b) の構文にも適用するかどうか考えてみよう.

5. 次の (ia) の give は, 日本語では (ib) に示すように,「やる」(または「あげる」) に対応し, (iia) の give は, (iib) に示すように,「くれる」に対応している.

(i) a. I *gave* Mary an apple.
 b. 私は, メアリーにりんごを<u>やった</u> (<u>あげた</u>) ／ *<u>くれた</u>.
(ii) a. Mary *gave* me an apple.
 b. メアリーは, 私にりんごを<u>くれた</u>／ *<u>やった</u>.

「やる」や「くれる」は, 補助動詞「〜てやる」,「〜てくれる」としても使用されるが, その場合も, 次に示すように (i), (ii) と同様のふるまいをする.

(iii) a. I *sent* Mary a picture postcard.
 b. 私は, メアリーに絵葉書を<u>送ってやった</u> (<u>あげた</u>) ／ *<u>送ってくれた</u>.
(iv) a. Mary *sent* me a picture postcard.
 b. メアリーは, 私に絵葉書を<u>送ってくれた</u>／ *<u>送ってやった</u>.

「やる」,「〜てやる」と「くれる」,「〜てくれる」は, どのように使い分けられているのだろうか. さまざまな例を挙げて, 両者の違いを考察してみよう.

中心となる内容:

参考文献

A. 英語学・言語学辞典

荒木一雄・安井稔（編）(1992)『現代英文法辞典』三省堂，東京．
安藤貞雄・小野隆啓（編）(1993)『生成文法用語辞典』大修館書店，東京．
安藤貞雄・樋口昌幸・鈴木誠一（編）(1990)『言語学・英語学小辞典』北星堂書店，東京．
石橋幸太郎（編）(1973)『現代英語学辞典』成美堂，東京．
原口庄輔・中村捷（編）(1992)『チョムスキー理論辞典』研究社出版，東京．
松浪有・池上嘉彦・今井邦彦（編）(1983)『大修館英語学事典』大修館書店，東京．
日本音声学会（編）(1976)『音声学大辞典』三修社，東京．
大塚高信・中島文雄（監修）(1982)『新英語学辞典』研究社出版，東京．
田中春美（編）(1988)『新言語学辞典』成美堂，東京．

B. 単行書・論文

Aarts, B. (1997) *English Syntax and Argumentation*, Macmillan, London.
Abercrombie, D. (1967) *Elements of General Phonetics*, Edinburgh University Press, Edinburgh.
Adams, V. (1973) *An Introduction to Modern English Word Formation*, Longman, London. ［杉浦茂夫・岡村久子（訳）(1981)『現代英語の単語形成論』こびあん書房，東京．］
Aitchison, J. (1994) *Linguistics*, reprinted by Hitsuzi Shobo, Tokyo.
安藤貞雄 (1983, 1985)『英語教師の文法研究』（正・続）大修館書店，東京．
安藤貞雄 (1986)『英語の論理・日本語の論理』大修館書店，東京．
安藤貞雄 (1996)『英語学の視点』開拓社，東京．
安藤貞雄 (2001)「OVER の意味分析」(上，中，下)『英語青年』Vol. 146, No. 10: 630–633, No. 11: 722–724, No. 12: 790–792.
安藤貞雄・小野捷 (1991)『英語学概論』英潮社，東京．
安藤貞雄・天野政千代・高見健一 (1993)『生成文法講義――原理・パラメター理論入門』北星堂書店，東京．
荒木一雄（編）(1996)『現代英語正誤辞典』研究社出版，東京．
Aronoff, M. (1976) *Word Formation in Generative Grammar*, MIT Press, Cambridge, MA.
Austin, J. L. (1962) *How to Things with Words*, Clarendon Press, Oxford. ［坂本百大（訳）(1978)『言語と行為』大修館書店，東京．］
Baltin, M. (1981) "Strict Bounding," *The Logical Problem of Language Acquisition*, ed. by C. L. Baker and J. McCarthy, 257–295, MIT Press, Cambridge,

Bauer, L. J., J. M. Dienhart, H. H. Hartvigson and L. K. Jakobsen (1980) *American English Pronunciation*, Gyldendal, Copenhagen.

Berlin, B. and P. Kay (1969) *Basic Color Terms*, University of California Press, Berkley.

Blakemore, D. (1992) *Understanding Utterances*, Blackwell, London. [武内道子・山崎英一 (訳) (1994)『ひとは発話をどう理解するか』ひつじ書房, 東京.]

Bloch, B. and G. L. Trager (1942) *Outline of Linguistic Analysis*, Waverly Press, Baltimore.

Bloomfield, L. (1933) *Language*, Holt, Rinehart and Winston, New York. [三宅鴻・日野資純 (訳) (1962)『言語』大修館書店, 東京.]

Bolinger, D. (1975) "On the Passive in English," *LACUS* 1, 57–80.

Bošković, Ž. (1997) *The Syntax of Nonfinite Complementation*, MIT Press, Cambridge, MA.

Bošković, Ž. (2000) "Sometimes in [Spec, CP], Sometimes in Situ," *Step by Step in Honor of Howard Lasnik*, ed. by R. Martin, D. Michaels and J. Uriagereka, MIT Press, Cambridge, MA.

Broeders, T., C. H. M. Gussenhoven and V. Urkewich (1997) "A Course in American English Pronunciation," ms., University of Nijmegen.

Brown, G. and G. Yule (1983) *Discourse Analysis*, Cambridge University Press, Cambridge.

Bühler, K. (1934) *Sprachtheorie*, Fischer, Stuttgart.

Catford, J. C. (2001) *A Practical Introduction to Phonetics*, 2nd edition, Oxford University Press, Oxford. [竹林滋・設楽優子・内田洋子 (訳) (2006)『実践音声学入門』大修館書店, 東京.]

Coates, J. (1983) *The Semantics of the Modal Auxiliaries*, Croom Helm, London. [澤田治美 (訳) (1992)『英語法助動詞の意味論』研究社出版, 東京.]

Chomsky, N. (1973) "Conditions on Transformations," *A Festschrift for Morris Halle*, ed. by S. Anderson and P. Kiparsky, 232–286, Holt, Rinehart and Winston, New York.

Chomsky, N. (1980) *Rules and Representations*, Columbia University Press, New York.

Chomsky, N. (1981) *Lectures on Government and Binding*, Foris, Dordrecht.

Chomsky, N. (1986a) *Knowledge of Language: Its Nature, Origin and Use*, Praeger, New York.

Chomsky, N. (1986b) *Barriers*, MIT Press, Cambridge, MA.

Chomsky, N. (1995) *The Minimalist Program*, MIT Press, Cambridge, MA.

Collins, B. S. and I. M. Mees (1993) *Accepted American Pronunciation: A Practical Guide for Speakers of Dutch*, Van Walraven, Apeldoorn.

Culicover, P. (1982) "*Though*-Attraction," Indiana University Linguistics Club, Bloomington.

Dane, F. (1974) "Functional Sentence Perspective and the Organization of the

Text," *Papers on Functional Sentence Perspective*, ed. by F. Dane, Mouton, The Hague.

Declerck, R. (1984) "The Pragmatics of It-clefts and Wh-clefts," *Lingua* 64, 251–289.

Declerck, R. (1991) *A Comprehensive Descriptive Grammar of English*, Kaitakusha, Tokyo.

Fauconnier, G. (1994^2) *Mental Spaces*, Cambridge University Press, Cambridge. ［坂原茂・水光雅則・田窪行則・三藤博（訳）(1996^2)『メンタル・スペース』白水社，東京.］

Fillmore, C. J. (1997) *Lectures on Deixis*, CSLI Publications, Stanford.

Fodor, J. A. (1970) "Three Reasons for Not Deriving 'Kill' from 'Cause to Die'," *Linguistic Inquiry* 1, 429–438.

福地肇 (1985)『談話の構造』大修館書店，東京.

Geis, M. L. (1986) "Pragmatic Determinants of Adverb Preposing," *CLS* 22/2, 127–139.

Gimson, A. C. and A. Cruttenden (2001) *Gimson's Pronunciation of English*, 6th edition, Arnold, London.

Goldberg, A. E. (1995) *Constructions: A Construction Grammar Approach to Arguement Structure*, University of Chicago Press, Chicago. ［河上誓作・早瀬尚子・谷口一美・堀田優子（訳）(2001)『構文文法論——英語構文への認知的アプローチ』研究社出版，東京.］

Green, G. M. (1989) *Pragmatics and Natural Language Understanding*, Lawrence Erlbaum Associates, Inc. ［深田淳（訳）(1990)『プラグマティックスとは何か——語用論概説——』産業図書，東京.］

Greenbaum, S. and R. Quirk (1990) *A Student's Grammar of the English Language*, Longman, London.

Grice, P. (1989) *Studies in the Way of Words*, Harvard University Press, Cambridge, MA. ［清塚邦彦（訳）(1998)『論理と会話』勁草書房，東京.］

Grimshaw, J. (1990) *Argument Structure*, MIT Press, Cambridge, MA.

Grundy, P. (2000^2) *Doing Pragmatics*, Arnold, London.

Haegeman, L. (1994) *Introduction to Government and Binding Theory*, 2nd edition, Blackwell, Oxford.

Halliday, M. A. K. (1985) *An Introduction to Functional Grammar*, Edward Arnold, London. ［山口登・筧壽雄（訳）(2001)『機能文法入門』くろしお出版，東京.］

Halliday, M. A. K. and R. Hasan (1976) *Cohesion in English*, Longman, London. ［安藤貞雄他（訳）(1997)『テクストはどのように構成されるか』ひつじ書房，東京.］

Hammond, M. T. (1999) *The Phonology of English: A Prosodic Optimality-Theoretic Approach*, Oxford University Press, Oxford.

原口庄輔 (1994)『音韻論』（現代の英語学シリーズ　第3巻）開拓社，東京.

原口庄輔・中島平三・中村捷・河上誓作 (2000)『ことばの仕組みを探る』研究社出版，東京.

Harris, J. K. M. (1994) *English Sound Structure*, Blackwell, Oxford.

橋内武 (1999)『ディスコース』くろしお出版, 東京.
林哲郎・安藤貞雄 (1988)『英語学の歴史』英潮社, 東京.
Huang, J. (1982) *Logical Relations in Chinese and the Theory of Grammar*, Doctoral dissertation, MIT.
今井邦彦 (1989)『新しい発想による英語発音指導』(英語指導法叢書) 大修館書店, 東京.
今井邦彦 (2001)『語用論への招待』大修館書店, 東京.
International Phonetic Association (1999) *Handbook of the International Phonetic Association: A Guide to the Use of the International Phonetic Alphabet*, Cambridge University Press, Cambridge.［竹林滋・神山孝夫 (訳) (2003)『国際音声記号ガイドブック——国際音声学会案内』大修館書店, 東京.］
Jackendoff, R. S. (1972) *Semantic Interpretation in Gerarative Grammar*, MIT Press, Cambridge, MA.
Jakobson, R. (1960) "Closing Statement: Linguistics and Poetics," *Style in Language*, ed. by T. A. Sebeok, MIT Press, Cambridge, MA.
Jespersen, O. (1922) *Language: Its Nature, Development, and Origin*, Allen and Unwin, London.
Jespersen, O. (1942) *A Modern English Grammar* V, Allen and Unwin, London.
Johnson, K. (1985) *A Case for Movement*, Doctoral dissertation, MIT.
Johnson, M. (1987) *The Body in the Mind*, University of Chicago Press, Chicago.［菅野盾樹・中村雅之 (訳) (1991)『心のなかの身体』紀伊國屋書店, 東京.］
Jones, D., P. J. Roach, J. W. Hartman and J. E. Setter (2006) *Cambridge English Pronouncing Dictionary*, 17th edition, Cambridge University Press, Cambridge.
神尾昭雄・髙見健一 (1998)『談話と情報構造』研究社出版, 東京.
Kay, P. (1997) *Words and the Grammar of Context*, CSLI Publications, Stanford.
Kayne, R. S. (1979) "Rightward NP Movement in French and English," *Linguistic Inquiry* 10, 710–718.
Kenyon, J. S., D. M. Lance and S. A. Kingsbury (1997) *American Pronunciation*, 12th edition, expanded, George Wahr, Ann Arbor.
Kiparsky, P. and C. Kiparsky (1971) "Fact," *Semantics: An Interdisciplinary Reader in Philosophy, Linguistics and Psychology*, ed. by D. Steinberg and L. Jacobovits, 345–369, Cambridge University Press, Cambridge.
小泉保 (1990)『言外の言語学』三省堂, 東京.
小泉保 (編) (2001)『入門語用論』研究社出版, 東京.
小泉保 (2003)『改訂 音声学入門』大学書林, 東京.
窪薗晴夫 (1995)『語形成と音韻構造』(日英語対照研究シリーズ 3) くろしお出版, 東京.
窪薗晴夫 (1998)『音声学・音韻論』(日英語対照による英語学演習シリーズ 1) くろしお出版, 東京.
窪薗晴夫・太田聡 (1998)『音韻構造とアクセント』(日英語比較選書 10) 研究社出版, 東京.
国広哲弥 (1970)『意味の諸相』三省堂, 東京.
国広哲弥 (編) (1981)『意味と語彙』(日英語比較講座 第 3 巻) 大修館書店, 東京.
久野暲 (1973)『日本文法研究』大修館書店, 東京.

久野暲 (1978)『談話の文法』大修館書店, 東京.
久野暲 (1983)『新日本文法研究』大修館書店, 東京.
桑原輝男・高橋幸雄・小野塚裕視・溝越彰・大石強 (1985)『音韻論』(現代の英文法 第3巻) 研究社出版, 東京.
Labov, W. (1973) "The Boundaries of Words and Their Meaning," *New Ways of Analyzing Variation in English*, ed. by Charles-James N. Bailey and Roger W. Shuy, 340–373, Georgetown University Press, Washington, D.C.
Ladefoged, P. N. (2005) *Vowels and Consonants: An Introduction to the Sounds of Languages*, 2nd edition, Blackwell, Oxford.
Ladefoged, P. N. (2006) *A Course in Phonetics*, 5th edition, Thomson Wadsworth, Boston.
Lakoff, G. (1987) *Women, Fire and Dangerous Things: What Categories Reveal about the Mind*, University of Chicago Press, Chicago.［池上嘉彦・河上誓作他 (訳) (1993)『認知意味論――言語から見た人間の心』紀伊國屋書店, 東京.］
Lakoff, G. and M. Johnson (1980) *Metaphors We Live by*, University of Chicago Press, Chicago.［渡部昇一・楠瀬淳三・下谷和幸 (訳) (1986)『レトリックと人生』大修館書店, 東京.］
Lakoff, G. and M. Turner (1989) *More than Cool Reason: A Field Guide to Poetic Metaphor*, Chicago University Press, Chicago.［大堀俊夫 (訳) (1994)『詩と認知』紀伊國屋書店, 東京.］
Lambrecht, K. (1994) *Information Structure and Sentence Form: Topic, Focus, and the Mental Representations of Discourse Referents*, Cambridge University Press, Cambridge.
Langacker, R. W. (1987) *Foundations of Cognitive Grammar*, Vol. 1, Stanford University Press, Stanford.
Langacker, R. W. (1991) *Foundations of Cognitive Grammar*, Vol. 2, Stanford University Press, Stanford.
Langacker, R. W. (2000) *Grammar and Conceptualization*, Mouton de Gruyter, Berlin.
Leech, G. N. (1974, 1981^2) *Semantics*, Penguin Books, London.［安藤貞雄 (監訳) (1977)『現代意味論』研究社出版, 東京.］
Leech, G. N. (1983) *Principles of Pragmatics*, Longman, London.［池上嘉彦・河上誓作 (訳) (1987)『語用論』紀伊國屋書店, 東京.］
Leech, G. N. (1987^2) *Meaning and the English Verb*, reprinted by Hitsuzi Shobo, Tokyo.
Levinson, S. C. (1983) *Pragmatics*, Cambridge University Press, Cambridge.［安井稔・奥田夏子 (訳) (1990)『英語語用論』研究社出版, 東京.］
Levinson, S. C. (2000) *Presumptive Meanings: The Theory of Generalized Conversational Implicature*, MIT Press, Cambridge, MA.
Lumsden, M. (1988) *Existential Sentences: Their Structure and Meaning*, Routledge, London.
Malinowski, B. (1923) "The Problem of Meaning in Primitive Languages," *Mean-

ing of Meaning, by C. K. Ogden and I. A. Richards, Routledge and Kegan Paul, London.

Marchand, H. (1969) *The Categories of Types of Present-Day English Word Formation*, Beck, Munich.

Marmaridou, S. S. A. (2000) *Pragmatic Meaning and Cognition*, John Benjamins, Amsterdam.

Martinet, A. (1960) *Eléments de linguistique générale*, Armand Colin, Paris.［三宅徳嘉（訳）(1972)『一般言語学要理』岩波書店，東京.］

松坂ヒロシ (1986)『英語音声学入門』(英語・英米文学入門シリーズ) 研究社出版，東京.

枡矢好弘 (1976)『英語音声学』こびあん書房，東京.

Mathesius, V. (1975) *A Functional Analysis of Present-Day English on General Linguistic Basis*, Mouton, The Hague.

McCarthy, M. (1991) *Discourse Analysis for Language Teachers*, Cambridge University Press, Cambridge.［安藤貞雄・加藤克美（訳）(1995)『語学教師のための談話分析』大修館書店，東京.］

Mees, I. M. and B. S. Collins (1992) *Sound American: A Practical Guide to American English Pronunciation for Speakers of Danish*, Copenhagen Business School Press, Copenhagen.

Mey, J. (1993) *Pragmatics: An Introduction*, Blackwell, London.［澤田治美・高司正夫（訳）(1996)『ことばは社会とどうかかわるか』ひつじ書房，東京.］

Mey, J. (2001^2) *Pragmatics: An Introduction*, Blackwell, London.

Monahan, K. P. (1982) *Lexical Phonology*, Doctoral dissertation, MIT.

中島平三（編）(2001)『最新英語構文事典』大修館書店，東京.

中村捷・金子義明・菊地朗 (1989)『生成文法の基礎——原理とパラミターのアプローチ』研究社出版，東京.

Olive, J. P., A. Greenwood and J. S. Coleman (1993) *Acoustics of American English Speech: A Dynamic Approach*, Springer-Verlag, New York.

太田朗 (1960)『構造言語学』研究社出版，東京.

Ouhalla, J. (1995) *Introducing Transformational Grammar*, Edward Arnold, London.

Papafragou, A. (2000a) "On Speech-Act Modality," *Journal of Pragmatics* 32, 519–538.

Papafragou, A. (2000b) *Modality: Issues in the Semantics-Pragmatics Interface*, Elsevier, Amsterdam.

Postal, P. (1974) *On Raising*, MIT Press, Cambridge, MA.

Prince, E. F. (1978) "A Comparison of Wh-clefts and It-clefts in Discourse," *Language* 54/4, 883–906.

Prins, A. A. (1972) *A History of English Phonemes*, Leiden University Press, Leiden.

Quirk, R., S. Greenbaum, G. Leech and J. Svartvik (1972) *A Grammar of Contemporary English*, Longman, London.

Quirk, R., S. Greenbaum, G. Leech and J. Svartvik (1985) *A Comprehensive Grammar of the English Language*, Longman, London.

Radford, A. (1988) *Transformational Grammar*, Cambridge University Press, Cambridge.
Roach, P. J. (2000) *English Phonetics and Phonology: A Practical Course*, 3rd edition, Cambridge University Press, Cambridge.
Robins, R. H. (1990) *A Short History of Linguistics*, Longman, London.
Rosch, E. H. (1973) "Natural Categories," *Cognitive Psychology* 4, 328–350.
Ross, J. (1967) *Constraints on Variables in Syntax*, Doctoral dissertation, MIT.
Ross, J. R. (1970) "On Declarative Sentences," *Readings in English Transformational Grammar*, ed. by R. A. Jacobs and P. S. Rosenbaum, 222–272, Ginn and Co, Waltham.
Rouchota, V. and A. H. Jucker (1998) *Current Issues in Relevance Theory*, John Benjamins, Amsterdam.
Sacks, H., E. Schegloff and G. Jefferson. (1974) "A Simplest Systematics for the Organization of Turn-Taking in Conversation," *Language* 50, 696–735.
Saeed, J. I. (1997) *Semantics*, Blackwell, Oxford.
佐久間鼎 (1966)『現代日本語の表現と語法』厚生閣, 東京.
Sapir, E. (1921) *Language*, Harcourt, Brace, and Winston, New York. [安藤貞雄 (訳) (1998)『言語——ことばの研究序説』岩波書店, 東京.]
Saussure, Ferdinand de. (1916) *Cours de linguistique générale*, Payot, Paris. [小林英夫 (訳) (1972)『一般言語学講義』岩波書店, 東京.]
澤田治美 (1993)「視点と主観性」ひつじ書房, 東京.
澤田治美 (1999)「語用論と心的態度の接点」『言語』Vol 28, No. 6, 58–63.
澤田治美 (2001a)「法助動詞の意味を探る——認知意味論的・語用論的アプローチ」『言語』Vol. 30, No. 2. 65–72.
澤田治美 (2001b)「認識のパタンと法助動詞の意味解釈 (上／下)」『英語青年』Vol. 147, No. 3–4, 185–189, 225–229.
Searle, J. R. (1969) *Speech Acts: An Essay in the Philosophy of Language*, Cambridge University Press, Cambridge.
関茂樹 (2001)『英語指定文の構造と意味』開拓社, 東京.
Selkirk, E. O. (1982) *The Syntax of Words*, MIT Press, Cambridge, MA.
柴谷方良・大津由起雄・津田葵 (1989)『英語学の関連分野』大修館書店, 東京.
柴谷方良・影山太郎・田守育啓 (1982)『言語の構造——意味・統語篇』くろしお出版, 東京.
島岡丘・枡矢好弘・原口庄輔 (編) (1999)『音声学・音韻論』(英語学文献解題　第6巻) 研究社出版, 東京.
Sperber, D. and D. Wilson. (1995^2) *Relevance: Communication and Cognition*, Oxford University Press, Oxford. [内田聖二他 (訳) (1999^2)『関連性理論: 伝達と認知』研究社出版, 東京.]
Stowell, T. (1981) *Origins of Phrase Structure*, Doctoral dissertation, MIT.
Swan, M. (1995^2) *Practical English Usage*, Oxford University Press, Oxford.
Sweetser, E. E. (1990) *From Etymology to Pragmatics*, Cambridge University Press, Cambridge. [澤田治美 (訳) (2000)『認知意味論の展開』研究社出版, 東京.]

高見健一 (1995)『機能的構文論による日英語比較』くろしお出版, 東京.
高見健一・久野暲 (2000)「日本語の被害受身文と非能格性」(上, 中, 下)『言語』Vol. 29, No. 8: 80–91, No. 9: 80–94, No. 10: 70–88.
竹林滋 (1988)『英語のフォニックス』ジャパンタイムズ, 東京.
竹林滋 (1996)『英語音声学』研究社出版, 東京.
竹林滋・斎藤弘子 (1998)『改訂新版 英語音声学入門』大修館書店, 東京.
Talmy, L. (1978) "Figure and Ground in Complex Sentences," *Universals of Human Language*, Vol. 4., ed. by J. Greenberg, Stanford University Press, Stanford.
Talmy, L. (1988) "Force Dynamics in Language and Cognition," *Cognitive Science* 12, 49–100.
Taylor, J. R. (1995²) *Linguistic Categorization*, Clarendon Press, Oxford. [辻幸夫 (訳) (1996)『認知言語学のための14章』紀伊國屋書店, 東京.]
Thomas, J. (1995) *Meaning in Interaction: An Introduction to Pragmatics*, Longman, London. [浅羽亮一監修・田中典子他 (訳) (1998)『語用論入門』研究社出版, 東京.]
Tregidgo, P. S. (1982) "MUST and MAY: Demand and Permission," *Lingua* 56, 75–92.
Ullmann, S. (1962) *Semantics: An Introduction to the Science of Meaning*, Blackwell, Oxford. [池上嘉彦 (訳) (1969)『言語と意味』大修館書店, 東京.]
Ungerer, F. and H.-J. Schmid (1996) *An Introduction to Cognitive Linguistics*, Longman, London. [池上嘉彦他 (訳) (1998)『認知言語学入門』大修館書店, 東京.]
Upton, C. S., W. A. Kretzschmar, Jr. and R. S. Konopka (2001) *Oxford Dictionary of Pronunciation for Current English*, Oxford University Press, Oxford.
Ward, G. and E. F. Prince (1991) "On the Topicalization of Indefinite NPs," *Journal of Pragmatics* 15.8, 167–178.
Wells, J. C. (1982) *Accents of English*, 3 vols., Cambridge University Press, Cambridge.
Wells, J. C. (2008) *Longman Pronunciation Dictionary*, 3rd edition, Pearson Education, Harlow.
Wexler, K. and P. Culicover (1980) *Formal Principles of Language Acquisition*, MIT Press, Cambridge, MA.
Wichman, A. (2000) *Intonation in Text and Discourse*, Pearson Education, Harlow.
Williams, E. S. (1981) "Argument Structure and Morphology," *The Linguistic Review* 1, 81–144.
Wittgenstein, L. (1953) *Philosophical Investigations*, Blackwell, Oxford. [奥雅博 (訳) (1995⁶)『哲学的考察』大修館書店, 東京.]
安井稔 (1955)『音声と綴字』(英文法シリーズ 第2巻) 研究社出版, 東京.
安井稔 (1987)『英語学概論』(現代の英語学シリーズ 第1巻) 開拓社, 東京.
安井稔 (1996)『英文法総覧』(改訂版) 開拓社, 東京.
Yule, G. (1996) *Pragmatics*, Oxford University Press., Oxford.

索　引

1. 見出し語は，日本語と英語に分け，英語の項目は末尾にまとめてある．配列は，日本語はあいうえお順，英語はアルファベット順となっている．〜は見出し語と同じ語(句)を示す．
2. 数字はページ数を表す．

[あ行]

アクセント (accent)　56
アクセントと分節　69
アメリカの標準発音　36
異音 (allophone)　34
意義素　238
イギリスの標準発音　36
異形態 (allomorph)　77
1項動詞 (one-place verb)　92
一般アメリカ英語の子音　48
一般言語学 (general linguistics)　4
移動の一般的制約　127
　主語条件　128
　左枝条件　128
　付加部条件　128
　複合名詞句制約　128
　文主語制約　128
　wh島の制約　128
意味関係 (semantic relation)　141
意味特徴 (semantic feature)　133
意味変化のタイプ　149
　悪化　149
　一般化　149
　含蓄的意味の定着化　149
　シネクドキ(提喩)的拡張 (synecdochic extension)　150
　特殊化　149
　メタファー(隠喩)的拡張 (metaphorical extension)　150
　メトニミー(換喩)的拡張 (metonymic extension)　150

　良化　149
意味変化の要因　147
意味役割 (semantic role)　137
意味論 (semantics)　133, 169
イメージ・スキーマ (image schema)　158
隠語 (jargon)　13
咽頭化 (pharyngealization)　51, 65
韻律外性 (extrametricality)　59
受身化 (passivization)　124
受身文　226, 258
　英語の〜　259
　日本語の〜　261
英語学 (English linguistics)　1
　言語学との違い　1
英語のアクセント規則　58
枝の交差禁止制約 (No Crossing Branches Constraint)　118
遠隔 (distal)　173
応用言語学 (applied linguistics)　8
音韻論 (phonology)　33
音響音声学 (acoustic phonetics)　32
音声器官 (vocal organs)　34
音声現象と分節　67
音節 (syllable)　35
音節主音 (syllable nucleus)　52
音節主音的子音 (syllabic consonant)　55
音節に基づく音声現象の一般化　63
音節の内部構造　52
音節副音 (syllable marginal)　52
音素 (phoneme)　34
音の高さ (pitch)　57

[か行]

開音節 (open syllable) 54
下位語 (hyponym) 146
会話の含意 (conversational implicature) 169, 201, 204
  関連の公理と〜 208
  質の公理と〜 207
  様態の公理と〜 210
  量の公理と〜 205
会話分析 (conversational analysis) 171
かき混ぜ (scrambling) 247
核 (core) 2
拡大投射原理 (Extended Projection Principle, EPP) 124
河口域英語 (Estuary English) 37
下節の条件 (Subjacency Condition) 128
カテゴリー化 (categorization) 152
間接的発話行為 (indirect speech act) 193
関連性理論 (Relevance Theory) 171
擬音語 (onomatopoeia) 11
記号 (sign) 10
記号学 (semiotics) 10
擬似受身文 (pseudo-passive) 260
擬似分裂文 (pseudo-cleft sentence) 94
機能言語学 (functional linguistics) 6
基本文型 92
  SVA 型 92
  SVCA 型 93
  SVC 型 93
  SVOA 型 95
  SVOC 型 98
  SVOO 型 96
  SVO 型 95
  SV 型 92
基本レベル・カテゴリー (basic level category) 154
脚 (foot) 61
旧情報 (old information) 215, 251
旧情報と新情報の特徴 216
強形 (strong form) 62
共時態 (synchrony) 5
強勢 60
強勢アクセント (stress accent) 57
鏡像関係 (mirror image relation) 243
強調 (emphasis) 227
協調の原則 (Co-operative Principle) 202
共鳴音 (sonorant) 45
近似同義語 (near synonym) 141
近接 (proximal) 173
緊張母音 (tense vowel) 39
  一般アメリカ英語の〜 42
空範疇原理 (Empty Category Principle, ECP) 130
句構造 (phrase structure) 102
屈折接辞 (inflectional affix) 76
句の意味 135
句範疇 (phrasal category) 103
クランベリーの原理 (cranberry principle) 75
繰り上げ (raising) 124
形相 (form) 14
形態素 (morpheme) 72
形態論 (morphology) 72
系列的関係 (paradigmatic relation) 13
結果構文 (resultative construction) 101
原型的 (prototypical) 134
言語学 (linguistics) 1
  英語学との違い 2
言語学的音声学 (linguistic phonetics) 33
言語活動 (langage) 4
言語記号 (linguistics sign) 10
言語ゲーム (language-game) 18
言語交際 (phatic communication) 17
言語の機能 16
  感情表出的 16
  交話的 17
  指示的 16
  詩的 17
  働きかけ的 16
  メタ言語的 17
言語の特徴 10

限定詞 (Det(erminer)) 135
語彙素 (lexeme) 75
語彙的主要部 (lexical head) 130
語彙の比較 237
語彙範疇 (lexical category) 103
硬口蓋化 (palatalization) 49
項構造 (argument structure) 137
合成語 (complex word) 73
構成素 (constituent) 102
構成素診断テスト 107
構成素統御 (constituent-command) 106
構造依存性 (structure dependency) 12
構造言語学 (structural linguistics) 6
拘束形態素 (bound morpheme) 72, 76
後置文の比較 249
公理 (maxim) 202
　関連の〜 203
　質の〜 203
　様態の〜 203
　量の〜 203
語幹 (stem) 79
語基 (base) 79
語形成 (word formation) 81
　転換 (conversion) 84
　派生 (derivation) 83
　紐状複合語 (string compound) 83
　併置総合複合語 (parasynthetic compound) 82
　頭文字語 (initial word, acronym) 87
　逆成 (back-formation) 86
　切り株語 (stump word) 86
　語根創造 (root creation) 88
　混成 (blending, contamination) 87
　複合 (compounding) 81
語順の比較 241
語の意味 133
語用論 (pragmatics) 167
痕跡 (trace) 90

[さ行]

最大投射 (maximal projection) 106

3項動詞 (three-place verb) 95
地 (ground) 152, 158
子音 (consonant) 35
子音音素
　一般アメリカ英語の〜 44
子音の脱落 66
子音の分類基準 44
　声 46
　調音位置 44
　調音様式 45
歯間音 (interdental) 49
弛緩母音 (lax vowel)
　一般アメリカ英語の〜 39, 40
事実動詞 (factive verb) 230
時制節 (tensed clause) 110
実験音声学 (experimental phonetics) 32
実質 (substance) 14
実践音声学 (practical phonetics) 32
指定部・主要部の一致 (SPEC-head agreement) 114
視点 (viewpoint) 181
シネクドキ (提喩) (synecdoche) 156
社会言語学 (sociolinguistics) 7
弱形 (weak form) 62
重音節 (heavy syllable) 59
自由形態素 (free morpheme) 72, 73
周辺 (periphery) 2
重名詞句転移 (heavy NP shift, HNPS) 125, 250
樹形図 (tree-diagram) 102
主語繰り上げ 226
主語指向の描写語 101
主題 (theme) 214
主要部 (head) 80, 106, 112, 135, 241
主要部移動 (head movement) 121
主要部先頭 (head-initial) 120, 242
主要部末端 (head-final) 120, 242
手話 (sign language) 10
上位語 (hypernym) 146
焦点化 228
　否定の〜 228
　副詞の〜 228

情報構造 (information structure)　214, 219, 267
　英語の文の〜　267
　日英語の相違　257
　日本語の文の〜　254
　否定と〜　233
　副詞節と〜　231
所記 (signifié)　11
叙述文 (constatives)　184
歯裏音 (postdental)　49
真偽条件 (truth condition)　185
神経言語学 (neurolinguistics)　9
新情報 (new information)　215, 232, 251
身体言語 (body language)　10
心理言語学 (psycholinguistics)　7
人類言語学 (anthropological linguistics)　8
図 (figure)　152, 158
遂行文 (performatives)　184
　基本的性質　186
随伴 (pied-piping)　116
数理言語学 (mathematical linguistics)　8
生成文法 (generative grammar)　6
成分分析 (componential analysis)　133
接近音 (approximant)　36, 50
説述 (rheme)　214
節の意味解釈　137
潜在的遂行文 (implicit performatives)　187
前置詞残留 (preposition stranding)　116
前提 (presupposition)　169, 195
　語彙的〜　197
　構造的〜　198
　事実的〜　197
　存在的〜　196
　反事実的〜　199
相互作用モデル　163
創造性 (creativity)　14
阻害音 (obstruent)　45
側面側近音 (lateral approximate)　46
反り舌の r (retroflex *r*)　51

[た行]

帯気 (aspiration)　34
ダイクシス (deixis)　171
対象言語 (object language)　17
対照言語学 (contrastive linguistics)　8
対比強勢 (contrastive stress)　225
代用 (substituent)　107
高さアクセント (pitch accent)　57
多義性 (polysemy)　142
　〜の原因　142
単一語 (simple word)　73
単一母音 (monophthong)　38
弾音 (flap)　34
弾音化 (flapping)　64
単語のアクセントの位置　57
短母音 (short vowel)　39
談話 (discourse)　215
着地点 (landing site)　121
調音音声学 (articulatory phonetics)　32
聴覚音声学 (auditory phonetics)　32
長母音 (long vowel)　39
直示 (性) (deixis)　171, 179
　時間の〜　177
　人称の〜　175
　場所の〜　179
直示表現 (deictic expression)　172
直接構成素 (immediate constituent, IC)　79
直接構成素分析 (IC 分析)　79
通時態 (diachrony)　5
丁寧さ (politeness)　172
摘出領域条件 (CED)　131
適切性条件 (felicity condition)　185, 190
　事前条件　190
　誠実性条件　190
　内容条件　190
　本質条件　190
転移言語 (displaced speech)　14
等位構造 (coordinate structure)　247
同音異義語 (homonym)　142
同音異綴り語 (homophone)　142

索　引　281

同化 (assimilation)　51
　予期～ (anticipatory assimilation)　51
同義性 (synonymy)　141
統合的関係 (syntagmatic relation)　13
統語論 (syntax)　89
頭子音 (onset)　52
頭子音と尾子音の配列　53
等時間隔性 (isochronism)　61
投射 (projection)　106
倒置 (inversion)　227
　形容詞句の～　229
　場所・方向の前置詞句の～　229
　分詞句の～　230
特徴づけ (characterization)　260

[な行]

なぜ音声現象は生じるのか　70
縄張り　173
軟口蓋化 (velarization)　66
軟口蓋の r (velar r)　51
2 項枝分かれ (binary branching)　81
2 項形容詞　93
2 項動詞 (two-place verb)　93
二重最上級　6
二重調音 (double articulation)　52
二重分節 (double articulation)　15
二重母音 (diphthong)　38
　一般アメリカ英語の～　43
二重目的語構文 (double object construction)　96
日本語の子音　47
認知意味論 (cognitive linguistics)　151
認知言語学 (cognitive linguistics)　7
ネクサス目的語 (nexus object)　101
能記 (singifiant)　11

[は行]

排他的な we (exclusive 'we')　176
破擦音 (affricate)　45, 49
派生接辞 (derivational affix)　76
　屈折接辞との区別　76

発話行為 (locutionary act)　188
発話行為 (speech act)　182
発話行為の分類　191
　確約型　192
　指令型　192
　宣言型　192
　断言型　191
　表出型　192
発話行為論 (speech act theory)　168
発話内行為 (illocutionary act)　188
発話媒介行為 (perlocutionary act)　188
発話様態動詞 (manner-speaking verb)　109
話し言葉と書き言葉　5
場面設定 (scene-setting)　232
パロール (parole)　4
反義関係 (antonymy)　144
反義語 (antonym)　144
　関係的～　145
　相補的～　144
　段階的～　145
　方向的～　146
鼻音 (nasal)　45, 50
鼻腔閉鎖音 (nasal stop)　45
尾子音 (coda)　52
非事実動詞 (nonfactive verb)　231
左枝分かれ (left-branching)　243
否定辞繰り上げ (Neg-Raising)　231
否定のもとでの不変性 (constancy under negation)　195
非弁別的特徴 (non-distinctive feature)　133
評言 (comment)　217
非両立関係 (incompatibility)　144
フィロロジー (philology)　3
　言語学との違い　3
フォニックス　20
　子音字の発音　20
　弱音節の母音　28
　発音されない子音字　29
　母音字の発音　24
付加部 (adjunct)　135
複合語 (compound word)　73, 74

複合名詞句 (complex NP) 247
複合名詞句転移 (complex NP shift) 125
不定詞節 (infinitive clause) 110
不発 (misfire) 186
プロトタイプ (prototype) 153
文 (sentence) 90
　種類 91
文構造の比較 244
分節音 (segment) 35
文体論 (stylistics) 8
文の生成 120
　NP 移動 124
　wh 疑問文 123
　yes/no 疑問文 121
　外置化 (extraposition) 126
　重名詞句移動 125
文末重心の原則 (End-Weight Principle) 126
閉音節 (closed syllable) 54
閉鎖音 (stop) 35, 48
弁別的特徴 (distinctive feature) 133
母音 (vowel) 35
母音化 (vocalization) 70
母音字の例外的な発音 30
母音四辺形 38
母音の長さ 39
母音の分類基準 37
包括的な we (inclusive 'we') 176
法助動詞の意味体系 160
　根源的法助動詞 160
　認識的法助動詞 160
　発話行為的法助動詞 160
補部 (complement) 135
補部と付加部 115
補文の構造 108
補文標識 (complementizer) 109, 245

[ま行]

摩擦音 (fricative) 36, 49
右枝分かれ (right-branching) 243
右側主要部規則 (right-hand head rule) 80

身振り言語 (gesture language) 10
無声 (voiceless) 40
無声化 (devoicing) 46
無標 (unmarked) 54
名詞句からの外置 250
メタファー (隠喩) (metaphor) 149, 154
メタファー的写像 (metaphorical mapping) 159
メトニミー (換喩) (metonymy) 150, 156
目的語指向の描写語 101

[や行]

唯一構成素 (unique constituent) 75
有声 (voiced) 40
有声化 (voicing) 46
有標 (marked) 54
容認発音 (Received Pronunciation) 36
与格構文 (dative construction) 96

[ら行]

ラング (langue) 4
濫用 (abuse) 187
リズム 61
　強勢に基づく～ 61
　モーラに基づく～ 61
隣接ペア (adjacency pairs) 163
類型論 (typology) 8
ルビンの盃 158
例外的格標示構文 (ECM) 112
連結動詞 (copulative verb) 93
連続循環移動 (successive cyclic movement) 129
論理実証主義 (logical positivism) 183

[わ行]

話題 (topic) 217
話題化 (topicalization) 225, 248
　焦点の～ 249

[英語]

do による支え (*do*-support) 123
it 分裂文と擬似分裂文 224
may の多義性 159
Move-α (α 移動) 127
put out the cat のタイプと put the cat out のタイプ 223
r 二重母音 (*r*-diphthong) 43
SVOO 型と SVOA 型 222
that 痕跡効果 (*that*-trace effect) 130
there 構文 219
though 牽引 (*though*-attraction) 119
X-bar 式型 (X-bar schema) 113, 135

〈著者紹介〉

安藤貞雄（あんどう　さだお）広島大学名誉教授．文学博士．
澤田治美（さわだ　はるみ）関西外国語大学教授．博士（英語学）．
南條健助（なんじょう　けんすけ）桃山学院大学准教授．修士（英語学）．
杉山正二（すぎやま　しょうじ）岡山理科大学教授．博士（文学）．
加藤克美（かとう　かつみ）元関西外国語大学助教授．博士（英語学）．
髙見健一（たかみ　けんいち）学習院大学教授．文学博士．

英語学入門　　　　　　　　　　　　　　　ISBN978-4-7589-2303-3　C3082

編　者　　安藤貞雄・澤田治美
発行者　　武村哲司
印刷所　　萩原印刷株式会社

2001年11月10日　第1版第1刷発行 ©
2019年 3月16日　　　　　第11刷発行

発行所　　株式会社　開拓社　　〒113-0023 東京都文京区向丘1-5-2
　　　　　　　　　　　　　　　電話　（03）5842-8900（代表）
　　　　　　　　　　　　　　　振替　00160-8-39587
　　　　　　　　　　　　　　　http://www.kaitakusha.co.jp

JCOPY 〈(社)出版者著作権管理機構 委託出版物〉
本書の無断複写は著作権法上での例外を除き禁じられています．複写される場合は，そのつど事前に，(社)出版者著作権管理機構（電話 03-3513-6969，FAX 03-3513-6979，e-mail: info@jcopy.or.jp）の許諾を得てください．